MOSAIK

Deutsche Kultur

MOSAIK

Deutsche Kultur

HORST M. RABURA / CHARLES M. BARRACK

University of Washington, Seattle

RANDOM HOUSE New York

This book was developed for Random House by Eirik Børve, Inc.

First Edition

987654321

Library of Congress Cataloging in Publication Data

Rabura, Horst M.
  Mosaik—deutsche Kultur.

  1. German language—Grammar—1950–   2. German language—Readers—Germany.   I. Barrack, Charles Michael, 1938-   II. Title.
PF3112.R3   438.2'421   82-3662
ISBN 0-394-32871-X   AACR2

Manufactured in the United States of America

Text and cover design by Christy Butterfield
Composition: Jonathan Peck, Typographer

Grateful appreciation is given for use of the photos provided by the following individuals and organizations:

Photos on pages 19 (top left), 37 (top right), 41, 195 (top left and bottom), 196, and 204 are courtesy German Information Center, New York.

Photos on pages 233, 235, 239, 241, and 245 are courtesy Austrian National Tourist Office, Portland.

Photos on pages 249, 254, 255, 259, and 261 are courtesy Schweizerische Verkehrszentrale, Zürich.

We wish also to acknowledge use of the following photos: page 47, Deutsche Zentrale für Tourismus; 55, Landesbildstelle Berlin; 77, Gesamtdeutsches Institut Bundesanstalt für Gesamtdeutsche Aufgaben; 92, Deutsche Presse-Agentur GmbH., Frankfurt/Main; 95, Gesamtdeutsches Institut Bundesanstalt für Gesamtdeutsche Aufgaben; 101 and 104, from the book Bei uns in Deutschland, by Friedrich Heiss (Volk und Reich Verlag Berlin, 1938); 155 (top right), Kaufhof; 168, Landesbildstelle Berlin; 175 (middle left), Adolf Leo; 215 (bottom left), Beckert/Kölbl; 231, Deutsche Zentrale für Tourismus.

All other photos courtesy Inter Nationes Bonn.

Preface

The Program

Mosaik is an integrated second-year German program for the college level. It consists of three integrated texts: *Mosaik: Deutsche Grammatik, Mosaik: Deutsche Kultur,* and *Mosaik: Deutsche Literatur.* The review grammar, *Deutsche Grammatik,* is the core of the program and is accompanied by a combination workbook and laboratory manual with a tape program. Any of the three texts can be used alone or in combination with the other two, depending on the objectives of the course:

1. *Deutsche Grammatik* and *Deutsche Kultur* present historical and contemporary aspects of the culture of German-speaking countries with a collateral grammar review.

2. *Deutsche Grammatik* and *Deutsche Literatur* can be used together for appreciation of literary texts with a collateral grammar review.

Each of the fourteen chapters of each component is integrated grammatically and thematically with the corresponding chapters of the other two components. The texts are therefore mutually supportive, each one illustrating and reinforcing the same grammatical structures, related vocabulary, and theme.

Mosaik: Deutsche Kultur

Mosaik: Deutsche Kultur is designed to give students information on the culture of the German-speaking world, including:

1. geographical conditions, important places, historical events, and customs of Germany (Chapters 1–3)

2. the transformation of German to a democracy beginning with the events leading up to the founding of the Third Reich and, later, the present

Federal Republic of Germany, with a discussion of the existing political parties (Chapters 4–7)

3. Germany today, characteristics of the German people, living conditions, customs and traditions, German youth and the educational system, sports and recreational activities (Chapters 8–12)

4. the German Democratic Republic (Chapter 5), Austria (Chapter 13), and Switzerland (Chapter 14)

Each chapter contains a preliminary *Wortschatz*, or vocabulary list, with exercises, and numerous photographs closely coordinated with the text and useful for further discussion. The readings are accompanied by true/false exercises, comprehension questions, and themes for composition or discussion. Following the readings are grammatical sections, *Grammatisches*, containing grammatical synopses and exercises based on the review grammar text. Following Chapter 14 is a complete German-English vocabulary, an appendix of principal parts of irregular verbs, and suggestions for films for each chapter. All of the suggested materials are available free of charge from the various German consulates in the United States.

Some of the readings in later chapters have been adapted from newspaper and magazine articles to give the students practice reading slightly more difficult materials; in these cases, sources are noted.

Acknowledgments

To Mary McVey Gill for her numerous suggestions and her coordination and supervision of this entire project.

To Brigette Turneaure for her reading of the manuscript and editorial suggestions.

To Professor Michael Ziemann for contributing to Chapter 5, to Heidi Owren for contributing to Chapter 6, to Dr. Walter Pauler and Gabriele Bodenmüller for contributing to Chapters 13 and 14.

Special thanks should be given to Inter Nationes Bonn, the German Information Center in New York, the Austrian National Tourist Office in Portland, Oregon, the Swiss National Tourist Office in San Francisco, and the Schweizerische Verkehrszentrale Zürich for the generous supplies of pictures and other informational material.

To Eirik Børve for initiating this project and for his continued optimism.

H.M.R.
C.M.B.

Contents

MOSAIK

Deutsche Kultur

1
Norddeutschland

Wortschatz

der Bauernhof (¨-e) farm

die Bedeutung (-en) meaning; importance

das Bundesland (¨er) state

die Bundesrepublik (-en) federal republic

die Brücke (-n) bridge

die Erholung (-en) recreation; rest

der Fluß (¨sse) river

die Gaststätte (-n) restaurant

die Grenze (-n) border

der Hafen (¨) harbor

die Hauptstadt (¨e) capital of a state or region

die Insel (-n) island

das Jahrhundert (-e) century

die Küste (-en) coast

das Meer (-e) ocean, sea

das Rathaus (¨er) town hall

das Schiff (-e) ship

fahren* to drive; to ride

fließen* flow

liegen* to lie; to be situated

verbinden* to connect

A. *Choose a word from the vocabulary list that you associate with each of the following.*

Zum Beispiel: Rhein

Fluß

1. Grönland
2. Titanic
3. Golden Gate
4. Riviera
5. Hong Kong
6. Deutschland

B. *Complete each sentence with a word from the vocabulary list.*

1. Wir _____ morgen mit dem Zug nach Hamburg.

2. Wir könnten auch mit dem _____ nach Hamburg kommen.

3. Im Osten von Niedersachsen ist die _____ zwischen der

   Bundesrepublic Deutschland und der Deutschen Demokratischen Republik.

---

*Verbs marked with an asterisk are strong verbs; see the appendix for principal parts of strong verbs.

4. Die Weser (ein Fluß) _____ durch die Norddeutsche Tiefebene.

5. Bremen _____ an der Weser.

6. Die Flüsse Deutschlands sind von grosser _____ für

   den Handelsverkehr.

7. Die _____ Deutschland hat zehn _____.

8. Haben Sie schon mal in einer deutschen _____ gegessen?

9. Der Panamakanal _____ den Pazifischen Ozean mit dem

   Karibischem Meer.

10. Urlaub auf einer Insel ist eine gute _____.

C. *Give a word from the vocabulary list that is similar in meaning to the following words and expressions.*

1. die Farm
2. der Ozean
3. das administrative Zentrum einer Stadt
4. das Restaurant
5. die Signifikanz
6. eine Zeitspanne von hundert Jahren

Niedersachsen

Von der Elbe° bis an die holländische
Grenze dehnt sich° das Bundesland
Niedersachsen aus. Obwohl man oft von
diesem Gebiet° als dem norddeutschen
Flachland° spricht, ist die niedersächsische
Landschaft nicht nur flach, sondern oft recht
hügelig.°

Im Osten des Landes, an der Grenze zur
Deutschen Demokratischen Republik, liegt der
Harz,° eines der schönsten Mittelgebirge°
Deutschlands. Hier finden wir die bekannte
mittelalterliche° Stadt Goslar mit ihren
schönen Fachwerkhäusern,° der alten

name of a river
dehnt . . . extends

area
flatland

recht . . . rather hilly

*name of a mountain
range / mountain range
intermediate in size*
medieval
*half-timbered houses (see
photo p. 1)*

Lüneburger Heide

Kaiserpfalz* und vielen gotischen und barocken Bauten.° buildings

Nördlich von Hannover, der Hauptstadt des Landes, erstreckt sich° bis nach Hamburg die Lüneburger Heide.° In diesem großen Naturschutzgebiet° gibt es neben dem typischen Heidekraut° viele Wacholderbüsche,° Kiefern° und Birken.° Bei Mondschein oder Nebel° sieht diese Landschaft oft unheimlich° aus, und die Bewohner der Lüneburger Heide erzählen deshalb gerne Geister- und Gespenstergeschichten.° Die Stadt Lüneburg, am Ostrand der Heide, gelangte° schon vor Jahrhunderten zu Reichtum° durch Salzgewinnung und Salzhandel.° Auch andere Städte in der Umgebung° haben eine lange und reiche Vergangenheit,° so zum Beispiel

erstreckt . . . extends
heath, moor
nature preserve
heather / juniper / pine
birch / fog
eerie

ghost stories
attained
wealth
Salzgewinnung . . . salt mining and trade
surrounding area
past

*The **Kaiserpfalz** is an assembly hall built by Emperor Heinrich III in the tenth century.

Hildesheim mit seinem romanischen
Mariendom und Braunschweig an der alten
Ost-West Handelsstraße.°   *trade route*

   Nicht weit von Braunschweig liegt
Hameln, bekannt durch die Geschichte „Der
Rattenfänger° von Hameln." Diese Sage erzählt   *Pied Piper*
von einer großen Rattenplage in Hameln im
Jahre 1284. Tausende von Ratten fraßen alles
auf° und es entstand eine große Not° in der   *fraßen . . . were eating*
Stadt. Trotz aller Versuche° konnte man die   *everything*
Ratten nicht vernichten.° Die Stadt setzte eine   *entstand . . . there was great misery*
hohe Belohnung für den aus,° der die Stadt   *attempts*
von den Ratten befreien konnte. Ein Musikant   *destroy*
meldete sich° und versprach° Hilfe.   *setze . . . put up a high reward for whoever*
Flötespielend zog er durch die Stadt, und alle   *meldete . . . showed up / promised*
Ratten kamen aus ihren Löchern und folgten
ihm in den Fluß, wo sie alle ertranken.° Als   *drowned*
der Musikant sich seinen Lohn° abholen   *reward*
wollte, verweigerte° ihm der Stadtrat° das   *refused / city council*
Geld. Aus Rache° zog er wieder flötespielend   *revenge*
durch die Straßen. Nun folgten ihm viele
Kinder in eine Höhle° in einem Berg. Als alle   *cave*
in der Höhle waren, schloß sich der Eingang
und die Kinder sind bis heute noch
verschollen.° Als Erinnerung findet in jedem   *missing*
Jahr das Rattenfängerfest statt,° wo das   *findet [. . .] statt takes place*
Ereignis° nachgespielt und so wieder   *event*
lebendig wird.

   Weiter südlich führt der Weg durch die alte
Universitätsstadt Göttingen. Die Universität
wurde im Jahre 1737 gegründet° und ist im   *founded*
Laufe der Jahre zu einem geistigen° Zentrum   *intellectual*
geworden. Bei einem Spaziergang° durch die   *walk*
Altstadt, fühlt man sich um einige Jahrhunderte
zurückversetzt.° Man versucht hier, wie in   *um . . . transported several centuries back in time*
vielen anderen deutschen mittelalterlichen
Städten, mit Hilfe eines großzügigen°   *large-scale*
Restaurationsprogramms die alten Häuser vor
dem Verfall zu retten.°   *vor . . . save from decay*

   Hannover, die Hauptstadt des Landes,
ist besonders bekannt durch die jährliche°   *annual*
Industriemesse.° Diese Ausstellung° von   *industrial fair / exhibit*
Maschinen aller Art° ist eine der   *aller . . . of all sorts*
bedeutendsten Messen in Europa.

   Der nördliche Teil Niedersachsens,
Ostfriesland,° ist ein fruchtbares° Küstengebiet.   *East Frisia / fertile*

Hohe Deiche° schützen° das Land vor
Überschwemmungen.° Hinter den Deichen
liegen schöne, strohgedeckte° Bauernhöfe. Die
Einwohner leben vor allem° von der
Viehwirtschaft,° der Fischerei und dem
Fremdenverkehr.° Viele Sommergäste fahren
im Sommer zur Erholung auf die
Ostfriesischen Inseln. Sie genießen° die
schönen weißen Strände,° das Baden im Meer
und die salzige Meeresluft.

dikes / protect
floods
with thatched roofs
vor . . . mainly
cattle and dairy industry
tourism

enjoy
beaches

Übungen

A. **Stimmt das? Wenn eine Aussage falsch ist, geben Sie die richtige Antwort.** *(If a statement is false, give the correct answer.)*

   1. Niedersachsen ist das kleinste Bundesland.
   2. In Goslar gibt es viele Fachwerkhäuser.
   3. Lüneburg ist die Hauptstadt Niedersachsens.
   4. Göttingen ist eine Universitätsstadt.
   5. Auf den Inseln findet man im Sommer wenige Menschen.

B. **Fragen**

   1. Wie sieht die Landschaft in Norddeutschland aus?
   2. Was ist die Lüneburger Heide?
   3. Wer war der Rattenfänger von Hameln?
   4. Wohin fahren viele Touristen im Sommer?
   5. Wodurch ist Göttingen bekannt?

Schleswig-Holstein

Das nördlichste Land der Bundesrepublik
ist Schleswig-Holstein, die sogenannte
Brücke nach Skandinavien. Im Westen grenzt°
es an die Nordsee, im Osten an die Ostsee°
und im Norden an Dänemark. An der
Ostseeküste liegen die Hafenstädte Lübeck,
Kiel und Flensburg. In Lübeck wurde im
13. Jahrhundert der mächtige° Städtebund,
die Hanse,[1] gegründet. Die Hanse war ein

borders
Baltic Sea

powerful

---

[1]The **Hanse**, or Hanseatic League, was a medieval
league of free towns in northern Germany and adjoining

Nordseeküste von Schleswig-Holstein mit Aalreusen (nets for catching eels) im Vordergrund

Handelsbund wichtiger° Handelsstädte im 13. und 14. Jahrhundert in Norddeutschland und in den Nachbarländern. Das häufig abgebildete° Holstentor, das Rathaus und die Marienkirche—alles Backsteinbauten°— erinnern an eine große Vergangenheit. Lübeck ist die Geburtsstadt des weltberühmten Schriftstellers° Thomas Mann. Kiel, der größte Hafen an der Ostseeküste und die Hauptstadt Schleswig-Holsteins, ist bekannt durch die Kieler Woche, eine jährliche° internationale Segelregatta.

    Mitten durch das Land fließt der Nord-Ostsee-Kanal, der Ost- und Nordsee verbindet und eine wichtige internationale Schiffahrtsstraße° ist. Zwischen Kiel und Lübeck liegt die Holsteinische Schweiz, ein lieblicher, von zahlreichen Hügeln und Seen durchzogener Landstrich.°

important

häufig . . . frequently pictured

brick buildings

writer

annual

navigable waterway

lieblicher . . . lovely region dotted by numerous hills and lakes

---

countries, formed for economic advancement and protection. The most important members, besides Lübeck, were Hamburg and Bremen.

Die Nordfriesischen Inseln° Sylt, Föhr   *North Frisian Islands*
und Amrum und die kleinen Halligen[2]
liegen vor der Nordseeküste. Ein großes
Erlebnis für Touristen ist die Fahrt mit einem
Pferdewagen bei Ebbe° über das Wattenmeer[3]   *low tide*
zu den Halligen.

Der norddeutsche Heimatdichter° Theodor   *regional poet*
Storm (1812–1888) hat die schwermütige°   *melancholic*
Atmosphäre dieser Küstenlandschaft in seinen
Werken festgehalten.° Storms Liebe zu   *captured*
seiner Heimatstadt Husum kommt in einem
seiner bekanntesten Gedichte zum Ausdruck:°   *kommt . . . zum Ausdruck*
                                                  is expressed

Die Stadt

Am grauen Strand, am grauen Meer
Und seitab° liegt die Stadt;   *beside it*
Der Nebel drückt die Dächer schwer,
Und durch die Stille braust° das Meer   *rages*
Eintönig° um die Stadt.   *in a monotone*

Es rauscht kein Wald, es schlägt im Mai   *Es . . . There is no rustling in*
Kein Vogel ohn' Unterlaß°;   *the forest*
Die Wandergans mit hartem Schrei   *ohn' . . . without pause*
Nur fliegt in Herbstesnacht vorbei,
Am Strande° weht° das Gras.   *Am . . . At the beach / waves*
                                                  (in the wind)

Doch hängt mein ganzes Herz an dir,
Du graue Stadt am Meer;
Der Jugend Zauber für und für°   *für . . . forever*
Ruht lächelnd doch auf dir, auf dir,   *Ruht [. . .] auf Rests upon*
Du graue Stadt am Meer.
                           —Theodor Storm

Übungen

A. **Stimmt das? Wenn eine Aussage falsch ist, geben Sie die richtige Antwort.**

1. Schleswig-Holstein grenzt an Dänemark.
2. Die Hanse ist ein Bündnis zwischen Niedersachsen und Lübeck.
3. Der Nord-Ostee-Kanal ist eine Autostraße.
4. Die Halligen sind kleine Inseln im Wattenmeer.
5. Theodor Storm ist ein norddeutscher Dichter.

---

[2]**Hallig** is the name for the remnants of the marshy coastal land that was swept away by great floods.
[3]The **Wattenmeer** is a shallow part of the North Sea between the coast and the offshore islands.

1. Welche grösseren Städte findet man in Schleswig-Holstein?
2. Was ist die Kieler Woche?
3. Was ist für die Touristen an der Nordsee ein grosses Erlebnis?
4. Worüber hat Theodor Storm geschrieben?
5. Was ist die Deutsche Hanse?

Hamburg

An der Grenze zwischen
Schleswig-Holstein und Niedersachsen an der
Elbe liegt Hamburg, der größte Hafen
der Bundesrepublik. Mit seinen fast 2
Millionen Einwohnern ist dieser Stadtstaat
zugleich° die größte Stadt Westdeutschlands   *at the same time*
und das zweitkleinste Bundesland. Ungefähr
20 000 Schiffe aus aller Welt legen hier
jährlich an.° Deswegen wird Hamburg auch   *legen [. . .] an dock*
oft das „Tor° zur Welt" genannt. Die   *Gate*
Wirtschaft° der Stadt besteht aus° Schiffahrt,   *economy / besteht . . . consists of*
Handel und Industrie. Mit seinen vielen
Fabriken° und großen Schiffswerften° ist   *factories / shipyards*
Hamburg die größte westdeutsche
Industriestadt. Die vielen modernen Bauten
erinnern indirekt an die große Zerstörung°   *destruction*
der Stadt im Zweiten Weltkrieg. Ungefähr 80%
der Stadt wurde durch Bomben zerstört oder
beschädigt. Der Wiederaufbau machte es
möglich, die Stadt neu und modern zu
planen.

Das Wahrzeichen° der Stadt ist der   *landmark*
hohe Turm° der Michaeliskirche, der schon   *tower*
von weitem sichtbar ist. Im Stadtzentrum
liegen die zwei Alsterseen, auf denen man bei
schönem Wetter viele Segelboote sehen
kann. Das Vergnügungsviertel° von   *amusement area*
St. Pauli zieht viele Touristen und Seeleute

---

*The designation **Stadtstaat** (city state) alludes to the
fact that Hamburg has retained the autonomy that it
enjoyed as a **Reichstadt** (imperial town) in the German
empire.

an. In einem bekannten Lied heißt es:
„In Hamburg sind die Nächte lang". Damit
ist das Leben gemeint, das sich
in den Nachtlokalen° und anderen nightclubs
Vergnügungsetablissements auf der berühmten
Reeperbahn° in St. Pauli abspielt.° Viele der name of a street / takes place
alten restaurierten Häuser prägen° das Bild shape
der Altstadt. Die Elbe und die Alster, die
durch Hamburg fliessen, werden durch
schmale Wasserarme und Kanäle verbunden.
Man nennt diese Kanäle im Niederdeutschen
„Fleete".° Auf diesen Fleeten wurden früher small canals (dialect)
die Waren von den Schiffen im Hafen zu den
Lagerhäusern° gebracht. warehouses
    Hamburg hat natürlich auch viel
Kulturelles zu bieten, denn es ist das kulturelle
Zentrum Norddeutschlands. Nach dem
Zweiten Weltkrieg entstand hier eine große

Hamburg: Nikolaifleet

Universität. Hamburgs Theater, Oper und
Sinfonieorchester haben einen ausgezeichneten
Ruf.° Hier wurde Johannes Brahms,   *reputation*
Komponist romantischer Sinfonien und
Kammermusik, im Jahre 1833 geboren.
Gotthold Ephraim Lessing, einer der
einflußreichsten deutschen Schriftsteller der
Aufklärung und Begründer des deutschen
bürgerlichen Dramas, war von 1767–1770
Direktor des Hamburger Theaters.
   In der Nordsee vor der Elbmündung
liegt die Insel Helgoland. Den Rotsandstein
der Steilküsten° kann man weit über das   *cliffs*
Meer leuchten sehen. Deshalb ist die Insel
ein wichtiges Verkehrszeichen° für Schiffe   *landmark*
auf dem Weg nach Hamburg.

Übungen

A. **Stimmt das? Wenn eine Aussage falsch ist, geben Sie die
    richtige Antwort.**

   1. In Hamburg gibt es viele Bauernhöfe.
   2. Hamburg gehört zu Schleswig-Holstein.

Helgoland

3. St. Pauli ist ein bekanntes Vergnügungsviertel.
4. Es gibt wenig Industrie in Hamburg.
5. Es gibt keine Universität in Hamburg.

B. **Fragen**

1. An welchem Fluß liegt Hamburg?
2. Was liegt im Stadtzentrum?
3. Inwiefern (*In what way*) ist Hamburg ein kulturelles Zentrum?
4. Welcher berühmte Komponist wurde in Hamburg geboren?
5. Wodurch ist Helgoland bekannt?

Bremen

Die Stadt Bremen liegt an der Weser,°   *name of a river*
70 Kilometer von der Nordsee entfernt.
Zusammen mit der nördlich gelegenen
Stadt Bremerhaven bildet° Bremen das kleinste   *constitutes*
Bundesland. Bremen, wie die meisten
deutschen Städte, besteht aus einer Mischung
von Altem und Neuem. Im Kern der Stadt
liegt der mittelalterliche° Marktplatz, an dem   *medieval*
die über 900 Jahre alte Kathedrale und das
reichverzierte° Rathaus stehen. Vor dem   *highly ornate*
Rathaus wacht° der überlebensgroße°   *keeps watch / larger than life*
Roland.* Das Roland Standbild° erinnert an   *statue*
den Glanz° Bremens als Freie Hansestadt.   *splendor*

Seine ökonomische Bedeutung hat Bremen
keineswegs eingebüßt.° Auch heute noch   *forfeited*
ist Bremen eine wichtige Handelsstadt. Ein
großer Teil des deutschen Überseehandels geht
über Bremen. Besonders stark vertreten°   *represented*
sind die Kaffee-, Tee- und Tabakindustrien.
An manchen Tagen breitet sich der angenehme
Geruch frischgerösteten Kaffees über der
Stadt aus.°   *breitet . . . the pleasant aroma of fresh-roasted coffee extends over the city*
Der Bremer Ratskeller ist eine der
ehrwürdigsten° Gaststätten Deutschlands.   *most venerable*

---

*Roland is the hero of a medieval epic poem. He is depicted in statues in the marketplaces of some towns that belonged to the **Hanse** (medieval economic league) as a symbol of their economic and jurisdictional independence.

Er ist für die umfangsreichste° Auswahl deutscher Weine bekannt. In einem riesigen Gewölbe° befinden sich mächtige Weinfässer° aus dem 18. Jahrhundert. Die reichgeschmückten° Fässer bilden° den malerischen° Hintergrund für die Gäste aus aller Welt.

In der Nähe des Ratskellers steht ein Standbild° der Bremer Stadtmusikanten. Kennen Sie dieses Märchen° der Brüder Grimm? Ein Mann wollte seinen Esel,° der nicht mehr arbeiten konnte, töten. Da entschloß sich der Esel, nach Bremen zu laufen, um dort Stadtmusikant zu werden. Auf dem Wege traf er erst einen Hund, dann eine Katze und zuletzt einen Hahn.° Ihre Herren wollten sie ebenfalls° aus dem Wege schaffen.° Der Esel forderte sie auf,° mit ihm als Stadtmusikanten nach Bremen zu gehen. Als es dunkel wurde, kamen sie in einen Wald. Dort sahen sie ein erleuchtetes° Haus, in dem sie übernachten wollten. Der Esel blickte ins Fenster und sah Räuber an einem reich gedeckten° Tisch sitzen. Da sie sehr hungrig waren, entschlossen sie sich, die Räuber aus dem Haus zu jagen.° Der Hund stellte sich auf den Esel; die Katze sprang auf den Hund; und der Hahn flog der Katze auf den Kopf. Dann fingen sie an, ihre Musik zu machen. Der Esel schrie; der Hund bellte; die Katze miaute; und der Hahn krähte, und dabei stürzten° sie durch das Fenster ins Haus. Die Räuber meinten, ein Gespenst° zu sehen und flohen° in den Wald. Als die Tiere sich satt gegessen hatten,° schliefen sie ein.° Um Mitternacht kam einer der Räuber zurück. Die Katze kratzte ihn; der Hund biß ihn; und der Esel schlug ihn. Der Räuber lief zu Tode erschrocken° wieder in den Wald und erzählte seinen Kameraden, eine Hexe° hätte ihn gekratzt und mit einem Messer gestochen.° Keiner der Räuber kam je° in das Haus zurück. Von nun an hatten die heimatlosen Tiere wieder ein Zuhause.

Trotz seiner Grösse und Geschäftigkeit° ist Bremen noch überschaubar. Inmitten der

most extensive	
riesigen . . . *giant vault* / befinden . . . *huge wine barrels are found*	
beautifully decorated / *make up*	
picturesque	
statue	
fairy tale	
donkey	
rooster	
likewise	
aus . . . *get rid of* / forderte . . . *asked*	
illuminated, with a light burning	
reich . . . *covered with a lot of food*	
chase	
crashed	
ghost	
fled	
satt . . . *had eaten their fill*	
schliefen . . . *they fell asleep*	
scared	
witch	
pierced	
ever	
activity	

Die Bremer Stadtmusikanten Denkmal in Bremen

Stadt finden wir viele Grünanlagen mit
Teichen,° einer Windmühle und einen Park.   *ponds*
Obwohl jeder dritte Einwohner ein
Neubürger° ist, scheint heute noch jeder jeden   *new resident*
zu kennen. Um die Wohnungsnot° der   *housing shortage*
vielen Neubürger zu beheben,° wurde am Rand   *eliminate*
der Stadt eine riesige Wohnsiedlung errichtet.°   *built*
Dieses Projekt wurde als Modell für den
gesamten sozialen Wohnungsbau der

Bundesrepublik betrachtet. In wenigen Jahren wurde dieser neue Stadtteil mit seinen modernen Hochhäusern und Gartenanlagen errichtet. Heute wohnen fast 20 000 Menschen in dieser neuen Wohnanlage.

Übungen

A. **Stimmt das? Wenn eine Aussage falsch ist, geben Sie die richtige Antwort.**

1. Bremen ist ein Dorf an der Ostsee.
2. Das Rolandsdenkmal symbolisiert Bremens Unabhängigkeit (*independence*).
3. „Die Bremer Stadtmusikanten" ist ein Märchen der Brüder Grimm.
4. Bremen ist das größte Bundesland.
5. Wie haben die Bremer das Wohnungsproblem gelöst?

B. **Fragen**

1. Wo liegt Bremen?
2. Was gibt es auf dem Marktplatz von Bremen zu sehen?
3. Was ist die Hauptindustrie von Bremen?
4. Wer waren die Bremer Stadtmusikanten?
5. Wie haben die Bremer das Wohnungsproblem gelöst?

Diskussions- und Aufsatzthemen

1. Sie planen eine Reise nach Norddeutschland. Erzählen Sie, was Sie gern sehen möchten.
2. Sie haben Hamburg und Bremen besucht. Vergleichen Sie die beiden Städte.
3. Wie stellen Sie sich das Leben auf einer friesischen Insel vor? Beschreiben Sie einen Tag auf einer dieser Inseln.

Grammatisches: The Present Tense and the Imperative

The Present Tense

Formation

The present tense of regular verbs is formed by dropping the infinitive ending **-n** or **-en** and adding the endings shown in bold in the following conjugation of the regular verb **lernen**:

lernen

ich lerne	wir lernen
du lernst	ihr lernt

er ⎫
sie ⎬ lernt
es ⎭

Sie ⎫
sie ⎬ lernen

If the stem ends in an /s/ sound, **-t** rather than **-st** is added to form the second-person familiar: **essen: du ißt**. If the stem ends in **-d** or **-t**, then **-et** and **-est** are added rather than **-t** and **-st**: **antworten: du antwortest; regnen: es regnet**.

Some strong verbs have an umlaut on **a** or **o** in the stem of the second- and third-persons singular: **schlagen: du schlägst**. Some have an **e** to **i** stem change in the second- and third-person forms: **essen: er ißt**.

The present tense of the verb **haben** drops the **b** of the stem in the second- and third-persons singular: **du hast, er hat**. The present tense of the verb **werden** shows the following irregularities in the singular: **du wirst, er wird**. The verb **sein** is highly irregular in the present tense:

sein

ich bin	wir sind
du bist	ihr seid

er ⎫
sie ⎬ ist
es ⎭

Sie ⎫
sie ⎬ sind

Use

The present tense can be used to express almost any action that has not been completed in the past:

Ich fahre nach Bremen. ⎧ I travel to Bremen.
⎪ I am traveling to Bremen.
⎨ I do travel to Bremen.
⎩ I will travel to Bremen.

Word Order

In normal word order, the subject precedes the verb:

Hamburg liegt nordöstlich von Bremen.

In inverted word order, an emphasized element from within the predicate begins the sentence and the subject follows the verb:

Nordöstlich von Bremen *liegt Hamburg*.

In transposed word order, a subordinating conjunction (or relative pronoun) introduces the clause and the verb appears at the end of the clause:

Der Professor sagt, *daß Hamburg* nordöstlich von Bremen *liegt*.

However, coordinating conjunctions such as **aber, und,** and **oder** have no effect on word order:

> *Hamburg liegt* nordöstlich von Bremen, und *Flensburg liegt* nördlich von Hamburg.

In questions, the subject immediately follows the verb:

> *Liegt Hamburg* nordöstlich von Bremen?
>
> Wo *liegt Hamburg?*

Second-person familiar plural: drop **ihr.**

> ihr fahrt   →   Fahrt!
>
> ihr antwortet   →   Antwortet!

Second-person polite: place **Sie** after the verb.

> Sie fahren   →   Fahren Sie!
>
> Sie antworten   →   Antworten Sie!

Übungen

A. *Complete each sentence with the proper present-tense form of the verb in parentheses.*

1. Am Ostrand der Heide _____ Lüneburg. (liegen)

2. _____ du aus Hamburg? (stammen)

3. Das Schiff _____ nach Bremen. (fahren)

4. _____ ihr aus Norddeutschland? (sein)

5. Auf der Lüneburger Heide _____ viele Birken. (stehen)

6. Der Weg _____ durch die Altstadt. (führen)

7. _____ du nach Hamburg zu kommen? (versuchen)

8. Auf der Insel _____ ich mich wohl. (fühlen)

9. Der Nord-Ostsee-Kanal _____ die beiden Seen. (verbinden)

10. _____ du gern etwas über andere Länder? (hören)

B. *Change the subjects and verbs to the plural.*

1. Das Fachwerkhaus wird wieder aufgebaut.
2. Das Schiff legt in Kiel an.
3. Das Wahrzeichen der Stadt ist die Kirche.
4. Ich betrachte das alte Gebäude.
5. Mein Freund wohnt schon seit zehn Jahren in Braunschweig.
6. Der Tourist genießt den Wein im Ratskeller.

7. Kennst du den Dom in Bremen?
8. Das Werk zählt zu den größten der Welt.

C. *Complete the following sentences with an appropriate pronoun.*

1. Geht _____ in die Stadt?

2. _____ nimmt das Schiff.

3. Welche Städte kennen _____ in Deutschland?

4. Fährt _____ nach Schleswig-Holstein?

5. _____ kommen aus Amerika.

D. *Compose sentences in the present tense using the following groups of words. Use the correct form of the verb.*

1. zweitgrösste / sein / Hamburg / Deutschlands / Stadt / die
2. schliessen / Hamburg / einen Vertrag / Lübeck / mit
3. in den Harz / fahren / ich / im Sommer
4. im Ratskeller / guten Wein / trinken / man

E. *Rewrite the following sentences putting the italicized words or phrases first.*

1. Wir schwimmen in der Nordsee. (im Sommer)
2. Viele Touristen kommen nach Hamburg. (jedes Jahr)
3. Ich besichtige das Bremer Rathaus. (heute)
4. Der Zug fährt nach Flensburg. (in einer Stunde)
5. Der Wein ist ausgezeichnet. (im Ratskeller)

F. *Join the following sentences with the conjunction in parentheses at the end of each pair of sentences.*

1. Bremen ist das kleinste Bundesland. Es ist sehr reich. (aber)
2. Viele Schiffe kommen nach Hamburg. Es hat einen großen Hafen. (weil)
3. Ich fahre nach Hannover. Mein Freund wohnt da. (weil)
4. Meine Grossmutter stammt aus Niedersachsen. Mein Grossvater stammt aus Berlin. (aber)
5. Man erzählt mir. In Norddeutschland regnet es sehr viel. (daß)

G. *Form the corresponding imperative of the following sentences.*

1. Du siehst dir den Dom an.
2. Sie fahren nach Hamburg.
3. Ihr trinkt nicht viel Wein.
4. Du erzählst von deiner Reise.
5. Sie reisen nach Deutschland.

Düsseldorf: Reiterstandbild Kurfürst Johann II (top left)
Bonn: Regierungsviertel (top right)
Cochem an der Mosel (bottom left)
St. Goarshausen am Rhein (bottom right)

2
Zwischen Nord und Süd

Wortschatz

die Burg (-en) fort, citadel

das Denkmal (¨er) monument, memorial

der Dom (-e) cathedral

das Ereignis (-se) event, happening

die Geburtsstadt (¨e) native town

das Gebiet territory, area

die Gegend (-en) area, district

die Geschichte (-n) history; story

der Kaiser (-), die Kaiserin (-nen) emperor, empress

der König (-e), die Königin (-nen) king, queen

der Kurort (-e) health resort, spa

das Schloß (¨sser) castle

die Sehenswürdigkeit (-en) tourist attraction

besichtigen to visit; to view

gründen to found

schützen to protect; to preserve

stammen to be derived from; to come from

statt · finden* to take place

zerstören to destroy

berühmt famous

riesig enormous

A. *For each question on the left, choose a logical response from the column on the right.*

1. Warum hat Deutschland so viele Kurorte?

2. Hättest du Lust, in einem Schloß zu wohnen?

3. Wieviel wissen die Deutschen von der Geschichte ihres Landes?

4. War Frankfurt nicht die Geburtsstadt Goethes?

5. Was ist die berühmte Sehenswürdigkeit von Köln?

a. Eine Kindergartenfrage. Natürlich der Dom.

b. Nun, die Deutschen lieben eben gute Luft und heiße Bäder.

c. Klar, aber ich habe heute keine Lust auf Sehenswürdigkeiten.

d. Nun, sicherlich kennen sie wohl alle Denkmäler in ihrer Gegend.

e. Na, ich weiß nicht. Eine Woche lang würde ich da schon mal schlafen wollen.

---

*Verbs marked with an asterisk are strong verbs; see the appendix for principal parts of strong verbs.

B. Give a word from the vocabulary list that is similar in meaning to the following words and expressions.

1. das Schloß
2. der Kaiser
3. die Kirche
4. das Monument
5. sehr groß
6. kaputt machen
7. präservieren
8. Gebiet

C. *Complete the following sentences with words from the vocabulary list.*

1. Wo _____ die Winterolympiade _____?
2. Woher _____ Sie, Herr Neumann?
3. Die Vereinigten Staaten wurden im Jahre 1776 _____.
4. Haben Sie schon das Weiße Haus in Washington _____?
5. Welches _____, glauben Sie, war von großer Bedeutung in der Geschichte der Menschen?

Nordrhein-Westfalen

Südlich von Niedersachsen liegt das dichtbesiedelste° und reichste Land der Bundesrepublik, Nordrhein-Westfalen. Es ist in vier Gebiete gegliedert°: das Ruhrgebiet, das Rheinland, das Münsterland und das Sauerland.   *most densely populated*   *divided*

Dank des Bergbaus° und der Stahl- und Eisenindustrie ist das Ruhrgebiet das größte Industriezentrum Europas. Eine Stadt reiht sich an die andere°—ein Drittel aller deutschen Großstädte liegen in dieser Gegend, so daß man von der „Riesenstadt°" spricht. Essen ist der Mittelpunkt der Schwerindustrie, und Duisburg ist der größte Binnenhafen° Europas. Das Ruhrgebiet wurde   *Dank . . . Owing to coal mining*   *Eine . . . The cities are very close close to one another*   *giant (strip) city*   *river port*

im Krieg fast völlig zerstört. Trotz der
verpesteten° Luft und des ohrenbetäubenden° | *polluted / deafening*
Lärms° dieser Betonwüste° gibt es erstaunlich° | *noise / concrete desert /*
viele Oasen der Ruhe und Erholung. Bei dem | *surprisingly*
rapiden Wiederaufbau der Städte wurden viele
Parks und Grüngürtel° als Erholungsgebiete | *green belts (areas)*
angelegt.

Der Reichtum des Ruhrgebietes wirkt sich
auch auf das kulturelle Leben aus.° Neben | *wirkt sich [. . .] aus has an effect*
zahlreichen Museen und bedeutenden
Kunstgalerien haben viele Städte ihr eigenes
Theater, Opernhaus und Sinfonieorchester.
Während der bekannten Ruhrfestspiele, die
jährlich in Recklinghausen stattfinden,
geben die besten Bühnen° Deutschlands fünf | *theaters*
Wochen lang Gastvorstellungen.° | *guest performances*

Im Gegensatz zum Ruhrgebiet macht das
relativ dünnbesiedelte° Sauerland einen | *sparsely populated*
friedlichen° Eindruck. In dieser bewaldeten, | *peaceful*
hügeligen° Landschaft gibt es viele Ferien- und | *hilly*
Kurorte, wohin sich die Menschen aus der
Ruhrgebiet gerne an Wochenenden flüchten.
Das angrenzende Münsterland lebt heute
noch fast ausschließlich° von Ackerbau und | *exclusively*
Viehzucht.° Zu den Sehenswürdigkeiten | *Ackerbau . . . agriculture and*
dieser Gegend gehören die Wasserburgen. | *cattle raising*
Die bekannteste Stadt ist Münster mit dem Dom
und dem Rathaus, die beide aus dem
Mittelalter stammen.

Am Rande° des Ruhrgebietes, direkt am | *Am . . . On the edge of*
Rhein, liegt Düsseldorf, die Hauptstadt
Nordrhein-Westfalens. Der berühmte Sohn
Düsseldorfs, der Dichter Heinrich Heine
(1797–1856), würde die Stadt nicht
wiedererkennen. Düsseldorf ist ein finanzielles
Zentrum, ein nationaler und internationaler
Kongreßort und Deutschlands bedeutendster
Modemarkt.° Der Glanz des Wohlstandes° | *fashion center / Glanz . . . The*
ist nirgends in der Stadt so stark spürbar° wie | *glitter of affluence*
in der Hauptgeschäftsstraße, der Königsallee, | *evident*
mit ihren eleganten Geschäften und
Restaurants. In den einladenden° Straßencafés° | *inviting / street cafés*
kann man sich nach einem Einkaufsbummel° | *shopping jaunt*
erfrischen und dem geschäftigen Treiben° | *geschäftigen . . . bustling activity*
der Düsseldorfer zuschauen.

Auch die Altstadt ist voller Leben.
Jedoch ist die Atmosphäre hier viel

Düsseldorf: Café-Terrassen auf der Königsallee

zwangloser.° Die vielen Diskotheken, urigen
Kneipen° und internationalen Restaurants
bilden den Treffpunkt der Düsseldorfer Jugend.
    Wie in jeder deutschen Großstadt wird
auch in Düsseldorf viel Wert auf Kunst und
Theater gelegt. In einer Reihe von wichtigen
Galerien kann sich der Kunstliebhaber° an den
wertvollen Sammlungen° und an den laufend
wechselnden Ausstellungen erfreuen.°
Dank der Maler- und Kunstakademien
wirken in Düsseldorf viele Maler, Bildhauer°
und Architekten. Düsseldorfs Theater und
Oper genießen einen ausgezeichneten Ruf.°
Alles in allem ist es kein Wunder, daß diese
Stadt als das Paris Deutschlands gilt.
    Südlich von Düsseldorf liegt Köln, ein
wichtiges Wirtschaftszentrum. Köln ist eine
der ältesten deutschen Städte. Die Geschichte
Kölns geht auf die Römerzeit zurück, wovon
das schöne Römisch-Germanische Museum
Zeugnis ablegt.° Der eindrucksvolle° Dom
stammt aus dem 13. Jahrhundert und ist das

more casual

urigen . . . "funky" bars

art connoisseur

collections

*laufend . . . enjoy the constantly
  changing exhibitions*

sculptors

reputation

Zeugnis . . . testifies / impressive

größte gotische Bauwerk Deutschlands. Er
wurde erst gegen Ende des 19. Jahrhunderts
vollendet.° Hunderttausende von Besuchern   *finished*
besichtigen ihn jährlich. Wie durch ein
Wunder wurde der Dom im Zweiten Weltkrieg
nicht zerstört, so wie die meisten Gebäude der
Stadt, sondern nur beschädigt.° Derjenige,° der   *damaged / He*
die vielen Stufen des 160 Meter hohen Turmes
nicht scheut,° wird reichlich belohnt° mit einer   *shy away from / rewarded*
wunderbaren Aussicht° auf den Rhein, die   *view*
weitere Umgebung° und auf die architektonisch   *surroundings*
interessante Stadt mit ihren vielen
romanischen Kirchen und modernen Bauten.
Köln besitzt auch mehrere hervorragende°   *outstanding*
Museen und Galerien.

   Weltberühmt ist der Kölner Karneval,[1]
der am 11. November um elf Minuten nach elf
beginnt und sich bis zum Aschermittwoch°   *Ash Wednesday*
hinzieht.° In den ersten zwei Monaten   *lasts*
des neuen Jahres wird in den Karnevalclubs
viel getrunken, gegrölt und geschunkelt.°   *wird . . . there is a lot of drinking,*
Am Wochende vor Aschermittwoch finden   *boisterous singing, and*
die großen Karnevalsbälle statt, an denen fast   *swaying (to the rhythm of the*
jeder Kölner kostümiert teilnimmt.° Der   *music) in the Karneval clubs*
Höhepunkt der „Tollen° Tage" ist der   *participates*
Rosenmontagsumzug,[2] eine Parade mit vielen   *crazy*
geschmückten° Wagen und kostümierten
Gruppen. Ganz Köln steht dann Kopf,°   *decorated*
und jeder fühlt sich als ob er zu einer   *steht . . . goes wild*
großen Familie gehöre.

   Nicht weit von Köln entfernt liegt Bonn,
die Bundeshauptstadt. Man fragt sich, warum
gerade diese Stadt, die bei Kriegsende nur
70 000 Einwohner zählte, im Jahre 1949 die
Hauptstadt der Bundesrepublik wurde. Man
stand vor der Alternative: Frankfurt oder
Bonn. Man entschied sich für Bonn, weil
Frankfurt erstens sehr zerstört und zweitens
der Sitz der alliierten Militärregierung° und   *military government*
des amerikanischen Oberbefehlshabers° war.   *high command*
Man war der Meinung, daß in Bonn leichter

---

[1]**Karneval** is also called **Fastnachtszeit** or **Fasching**.
[2]**Rosenmontag**, the Monday before Ash Wednesday,
takes its name from the word **rasend** (*crazy*), which is
rose in the Cologne dialect.

Köln: Rosenmontag

eine von den Besatzungsmächten° unabhängige   *occupation forces*
Politik geführt werden könne. Bonn liegt am
Rande des rheinischen Schiefergebirges und
damit in einer der schönsten Gegenden
Westdeutschlands. Es ist eine Stadt mit zwei
Gesichtern: einmal° ein politisches Zentrum   *on the one hand*
mit den modernen Regierungs- und
Parteigebäuden, zum anderen° eine Kulturstätte   *zum . . . on the other hand*
mit vielen alten historischen Plätzen und
Häusern. Die Gründung dieser Stadt geht auch
hier, wie in Köln, auf die Zeit der Römer
zurück. Bis zum Ende des Zweiten Weltkrieges
war Bonn eine verhältnismäßig° kleine Stadt.   *relatively*
Die einmalig° schöne Lage am Rhein und der   *uniquely*
Sitz der Bundesregierung haben viele neue
Einwohner in diese Stadt gebracht. So ist die
Einwohnerzahl bereits auf über 275 000
angestiegen.°   *risen*
    Das romanische Münster und der
Marktplatz mit dem Rathaus, das im Rokokostil
erbaut ist, sind besonders sehenswert. In der
Altstadt steht das Haus, in dem der große
Komponist Ludwig van Beethoven im Jahre
1770 geboren wurde. Es wird alljährlich°   *every year*
von vielen Touristen besucht. Die

Musikliebhaber kommen in Bonn auf ihre
Kosten, da die Musik hier besonders gepflegt°   *cultivated*
wird. Die Bonner Universität, die einen
internationalen Ruf genießt, besteht seit dem
frühen 19. Jahrhundert.

Übungen

A. Stimmt das? Wenn eine Aussage falsch ist, geben sie die richtige Antwort.

1. Nordrhein-Westfalen besteht aus fünf Provinzen.
2. Ludwig van Beethovens Geburtshaus steht in Düsseldorf.
3. Die Städte im Ruhrgebiet sind weit voneinander entfernt.
4. Im Ruhrgebiet gibt es kein kulturelles Leben.
5. In Köln stehen nur moderne Gebäude.
6. Der Kölner Dom wurde 1880 gebaut.

B. Fragen

1. Welche Industrien gibt es im Ruhrgebiet?
2. Wodurch ist Duisburg bekannt?
3. Was sind die Ruhrfestspiele?
4. Was ist der Karneval in Köln?
5. Warum wurde Bonn die Hauptstadt der Bundesrepublik?

Hessen

Im Herzen der Bundesrepublik liegt Hessen.
Es ist ein Land der Berge, Wälder, Burgen und
Schlösser. Ebene° und gebirgige° Gegenden   *flat / hilly*
wechseln hier miteinander ab.°   *wechseln . . . alternate*
Fast 40% des
Landes sind bewaldet; es ist damit das am
meisten bewaldete Gebiet Deutschlands. In
diesen großen einsamen Wäldern ist das
deutsche Märchen° zuhause. Die Brüder   *fairy tale*
Grimm, die aus Hessen stammen, haben in
ihrer Sammlung der Kinder- und Hausmärchen
die Atmosphäre dieser einsamen Wälder
festgehalten.° In keinem anderen Bundesland   *captured*
gibt es noch so viele alte Sitten und
Gebräuche° wie in Hessen. In manchen Orten   *alte . . . old customs and*
ist es, als wäre die Zeit stehengeblieben. In   *traditions*
der Schwalm zum Beispiel, eine

Bauerngegend südlich von Kassel, fühlt man
sich um mehrere Jahrhunderte zurückversetzt.° um . . . *transported into bygone
centuries*
Hier tragen die Menschen noch wie in alter
Zeit die schönen farbenprächtigen Trachten.° farbenprächtigen . . . *colorful
costumes*

Das milde Klima und die vielen
Mineral- und Heilquellen° haben in Hessen *medicinal springs*
eine Reihe von Kurorten entstehen lassen,° haben . . . *gave rise in Hessen
to a number of spas*
von denen Wiesbaden der bekannteste
ist. Die vielen Deutschen, die zur
Kur fahren, halten an einer typisch deutschen
und zugleich alten Tradition fest.° halten an [. . .] fest *adhere to,
hold fast to*
Selbst die Römer haben schon von den
heilenden Quellen Gebrauch gemacht. Viele
Ärzte verschreiben ihren Patienten einen
Kuraufenthalt.° Die Quellwasser werden als *stay at a spa*
natürliche Heilmittel angesehen, und die
vom Arzt verschriebene Kur wird sogar von
der Krankenversicherung° bezahlt. In den *health insurance*
Kurorten gibt es herrliche Parks und
Promenaden, in denen die Kurgäste—oft mit
einem Glas Mineralwasser in der Hand—
spazierengehen. Zur Unterhaltung° der *entertainment*
Kurgäste gibt es Konzerte im Freien,° Kino- *out of doors*
und Theatervorstellungen und
Sportgelegenheiten.° *opportunities to practice sports*

Die größte Stadt Hessens, Frankfurt am
Main, ist ein internationales Industrie- und
Handelszentrum. Bis zum Zweiten Weltkrieg
war die umfangreiche° Altstadt gut erhalten.° *sizeable / preserved*
Heute ähnelt° Frankfurt mehr einer *resembles*
amerikanischen Großstadt, denn man hat die
zerstörte Stadt nicht wieder im alten Stil
aufgebaut. Allerdings° sind einige historisch *To be sure*
bedeutende Gebäude restauriert worden:
Goethes Geburtshaus,[1] das alte Rathaus und
die berühmte Paulskirche. Gegründet wurde
Frankfurt zur Zeit Karl des Großen.[2] Die
Frankfurter sind stolz° darauf, daß in ihrem *proud*
alten Dom bis zum Ende des 18. Jahrhunderts
die deutschen Könige und Kaiser gewählt° *elected*
wurden. In der Nähe des Doms steht die

---

[1]Johann Wolfgang von Goethe (1749–1832) is one of
Germany's greatest poets and writers. He spent the first
seventeen years of his life in Frankfurt and is considered its most famous citizen.
[2]Charlemagne (768–814) was king of the Franks.

Paulskirche, der Ort eines wichtigen
geschichtlichen Ereignisses.° Hier tagte°   *event / met*
1848–49 die erste deutsche
Nationalversammlung.° Vertreten° war   *national assembly / represented*
hauptsächlich das Bürgertum° mit seinen   *middle class*
Forderungen° nach Freiheit und Einheit.   *demands*
Aber dieses Parlament hatte eine große
Schwäche. Es fehlten alle Mittel° (Beamte,   *means*
Soldaten, Steuern), um Beschlüsse
durchzusetzen.° Man arbeitete monatelang   *um . . . to carry out resolutions*
an einer Verfassung,° die aber nie zustande   *constitution*
kam.° In der Zwischenzeit wurden die   *zustande . . . came to be*
Gegenkräfte° wieder sehr aktiv, und es kam   *opposition*
zur Demonstrationen und Kämpfen, das heißt
zur Revolution von 1848. Die Frankfurter
Nationalversammlung konnte sich nicht halten
und wurde 1849 wieder aufgelöst.° Viele   *dissolved*
Mitglieder der Nationalversammlung flüchteten
sich ins Ausland. Einer der bekanntesten war
Karl Schurz, der nach Amerika flüchtete und
beim Aufbau der Vereinigten Staaten half.

Westlich von Frankfurt liegt die Hauptstadt
Hessens, das schöne Wiesbaden. Die Stadt
wirkt° wie ein riesiger Park mit den vielen   *strikes one*
Promenaden, Bäumen und Villen. Das
Kurhaus mit den heißen Thermalquellen°   *hot springs*
und das Spielkasino ziehen viele Gäste an.

Übungen

A. **Stimmt das? Wenn eine Aussage falsch ist, geben Sie die richtige Antwort.**

1. Hessen hat keine Berge.
2. Es gibt in Hessen noch viele alte Sitten und Gebräuche.
3. In Hessen gibt es viele Kurorte.
4. Goethe wurde in Wiesbaden geboren.
5. Wiesbaden ist die Hauptstadt Hessens.

B. **Fragen**

1. Wie sieht Frankfurt heute aus?
2. Wodurch sind die Brüder Grimm berühmt geworden?
3. Warum fahren viele Deutsche zur Kur?
4. Wo wurden die deutschen Könige und Kaiser gewählt?
5. Welches große geschichtliche Ereignis fand in Frankfurt statt?

Rheinland-Pfalz

Eines der schönsten Bundesländer
ist Rheinland-Pfalz. Die wichtigsten
Einnahmequellen° sind Leichtindustrie   *sources of income*
und Ackerbau.° Ungefähr 80% der deutschen   *farming*
Weinproduktion kommt aus diesem Land.
Rheinland-Pfalz hat eigens° ein Ministerium°   *even / department*
für Weinbau,° der in den engen Tälern° der   *wine production / engen . . .*
Mosel, des Rheins, der Nahe und der Saar   *narrow valleys*
betrieben wird.° Die Weinlese° lockt° besonders   *betrieben . . . is carried out /*
viele Touristen in die Rhein- und Moseltäler.   *vintage / attracts*
Mit viel Fröhlichkeit und „Feuchtigkeit"°   *"moisture" (drinking)*
wird sie in den romantischen Weinschenken°   *wine taverns*
gefeiert.

Der Reiz° dieser Täler liegt in den   *charm*
Weinbergen mit den hochgelegenen
Schlössern, Burgen und Burgruinen und den
malerischen° Orten.° Die Burgen dienten als   *picturesque / places*
Festungen° und wurden im Mittelalter von   *fortresses*
Raubrittern bewohnt, die von dort aus°   *von . . . from there*
ihr Land bewachten° und von den   *guarded*
vorbeifahrenden° Schiffern Zoll° verlangten.   *passing / duty*
Zwischen den Städten Bingen und Koblenz
erstreckt sich eine Kette° von Burgen den   *chain*
Rhein entlang. Unzählige Touristen machen
auf dieser Strecke eine Rheinfahrt. Wenn das
Schiff an dem Bingener Mäuseturm, einem
ehemaligen° Zollturm mitten im Rhein,   *former*
vorbeifährt, erzählt ihnen der Reiseführer von
dem grausamen° Erzbischof Hatto (891–913).   *cruel*
Die Sage erzählt, daß er in den Turm gesperrt°   *locked up*
und von Mäusen aufgefressen° wurde,   *eaten up*
und somit ein schreckliches Ende fand.

Bald danach kommt das Schiff an dem
berühmten Lorelei-Felsen vorbei. Dieser
Felsen fällt steil in den Fluß ab.° Deswegen   *fällt . . . drops off steeply into*
gibt es hier viele starke Wirbel° und Strudel.°   *the river*
Früher fanden viele Schiffer hier den Tod.   *whirlpools / rapids*
Die Lorelei-Sage erklärt diese Tatsache°   *fact*
auf märchenhafte Art.° Die Schiffer, die bei   *auf . . . in a fantastical way*
Nacht an diesem Felsen vorbeifuhren, sahen

oben ein wunderschönes Mädchen sitzen, die ihr langes, goldenes Haar kämmte und bezaubernd° schön sang. Dieser Anblick° lenkte die Schiffer ab°; sie achteten° nicht mehr auf die Gefahren des Flusses. Oft zerschellten° ihre Schiffe am Felsen und sie kamen ums Leben.° Heinrich Heine bezieht sich° auf diese Sage in seinem berühmten Gedicht „Die Lorelei".

enchantingly / sight
lenkte [. . .] ab *distracted / paid attention*
were dashed against
kamen . . . *lost their lives*
bezieht . . . *refers*

Die Lorelei

Ich weiß nicht, was soll es bedeuten,
Daß ich so traurig bin;
Ein Märchen aus alten Zeiten,
Das kommt mir nicht aus dem Sinn.°
Die Luft ist kühl und es dunkelt
Und ruhig fließt der Rhein,
Der Gipfel° des Berges funkelt°
Im Abendsonnenschein.

kommt . . . *is haunting me*

peak / glistens

Die schönste Jungfrau sitzet
Dort oben wunderbar;
Ihr goldnes Geschmeide° blitzet,
Sie kämmt ihr goldenes Haar.
Sie kämmt es mit goldenem Kamme
Und singt ein Lied dabei,
Das hat eine wundersame,
Gewalt'ge° Melodei.

jewels

powerful, intense

Bacharach am Rhein: der Lorelei Felsen

Den Schiffer im kleinen Schiffe
Ergreift° es mit wildem Weh°;   *touches, moves / woe, sorrow*
Er schaut nicht die Felsenriffe,
Er schaut nur hinauf in die Höh'.
Ich glaube, die Wellen° verschlingen°   *waves / swallow up*
Am Ende Schiffer und Kahn,°   *boat*
Und das hat mit ihrem Singen
Die Lorelei getan.

                —Heinrich Heine

Auch die Mosel, die bei Koblenz in den
Rhein fließt, ist ein sehr schöner Fluß. Wenn
man die Mosel flußaufwärts fährt, kommt man
durch eine der schönsten Weingegenden·
Deutschlands. Hier liegen die alten bekannten
Weinorte wie Cochem, Traben-Trarbach und
Bernkastel. Besonders beliebt sind auch hier
die Weinfeste, die in alter Tradition und
mit viel Fröhlichkeit gefeiert werden.

Die historisch bedeutendste° Stadt an   *most significant*
der Mosel und zugleich eine der ältesten
deutschen Städte ist Trier. Hier erinnert
vieles an die römische Vergangenheit.
Sehenswert sind die Porta Nigra, eine Torburg
der ehemaligen römischen Stadtbefestigung°   *city fortification*
aus dem 3. Jahrhundert; die Kaiserthermen,
für die römischen Kaiser gebaute
Thermalbäder; das Amphitheater; die Basilika
mit dem Thronsaal° der römischen Kaiser;   *throne room*
der romanische Dom aus dem 6. Jahrhundert.

Auch Mainz, die Hauptstadt von
Rheinland-Pfalz, ist eine sehr alte Stadt.
Die Stadt entwickelte sich aus einer keltischen°   *Celtic*
Siedlung° an der Mündung des Mains in den   *settlement*
Rhein. Sie florierte besonders im Mittelalter.
Im 15. Jahrhundert erfand° Johannes   *invented*
Gutenberg hier die Buchdruckerkunst.°   *art of printing*
Die Mainzer Universität ist nach ihm benannt.

In Mainz, der Hauptstadt von
Rheinland-Pfalz, sowie in den südlicher
gelegenen Rheinstädten Worms und Speyer
befinden sich eindrucksvolle romanische
Kaiserdome. Alle drei Städte waren sogenannte
Freie Reichsstädte° des Heiligen Römischen   *Freie . . . autonomous imperial*
Reiches.° Worms und Speyer waren die   *towns*
                                             Heiligen . . . Holy Roman Empire

Trier: Marktplatz mit St. Gangolf im Hintergrund

Tagungsorte° vieler Reichstage.° Von großer
historischer Bedeutung war der Reichstag,
der im Jahre 1521 in Worms stattfand. Hier
sollte Martin Luther vor Kaiser und Reich
seine Thesen gegen die katholische Kirche
widerrufen.° Doch er bestand auf seiner Lehre°
mit den berühmt gewordenen Worten:
„Hier stehe ich, ich kann nicht anders, Gott
helfe mir, Amen." So wurde dieser Reichstag
zur Geburtsstunde der Reformation.

*meeting places / imperial
assemblies*

*Hier . . . Here Martin Luther
was supposed to retract his
theses against the Catholic
Church, before the king and
the empire. / Doch . . . However
he stood firm on his
teachings*

Übungen

A. **Stimmt das? Wenn eine Aussage falsch ist, geben Sie die richtige Antwort.**

1. In Rheinland-Pfalz spielt der Weinbau keine große Rolle.
2. Die Burgen dienten als Festungen.

3. Die Lorelei ist eine Burg.
4. Trier liegt am Rhein.
5. In Trier hat Johannes Gutenberg die Buchdruckerkunst erfunden.

B. Fragen

1. Warum ist die Rheinstrecke zwischen Bingen und Koblenz besonders interessant?
2. Was geschah in dem Binger Mäuseturm?
3. Was erzählt die Sage über die Lorelei?
4. Was kann man auf einer Reise von Koblenz nach Trier sehen?
5. Welche Sehenswürdigkeiten gibt es in Trier?
6. Wann und wo sollte Martin Luther seine Thesen widerrufen?

Das Saarland

Westlich von Rheinland-Pfalz, an der französischen Grenze, liegt das Saarland. Es ist eines der kleinsten Bundesländer. Erst 1959 wurde es der Bundesrepublik eingegliedert,° nachdem es jahrelang wegen der Kohle- und Eisenvorkommen° ein Streitobjekt° zwischen Deutschland und Frankreich gewesen war. Der französische Einfluß ist heute noch stark bemerkbar in den Lebensgewohnheiten der Saarländer, vor allem in der saarländischen Küche.

annexed

coal and iron deposits / object of contention

Saarbrücken, die Landeshauptstadt, ist umgeben von einer lieblichen Hügellandschaft. Es ist sowohl Industrie- und Handelszentrum als auch kultureller Mittelpunkt des Landes. Die Stadt besitzt mehrere Theater und Galerien, deren größte° eine umfangreiche Sammlung moderner Kunst enthält.°

deren . . . of which the largest

contains

Ausserhalb des Industriegebietes gibt es auch in diesem Land ruhige Orte und ländliche° Gegenden, in denen sich die Städter erholen° können.

rural

relax (go for recreation)

Übungen

A. Stimmt das? Wenn eine Aussage falsch ist, geben Sie die richtige Antwort.

1. Das Saarland ist das älteste Bundesland.
2. Die französische Küche ist im Saarland beliebt.
3. Das Saarland hat keine Industrie.

B. Fragen

1. Warum war das Saarland ein Streitobjekt zwischen Frankreich und Deutschland?
2. Wo kann sich der Saarländer erholen?

Diskussions- und Aufsatzthemen

1. Beschreiben Sie die verschiedenen Landschaften Nordrhein-Westfalens.
2. Welche wirtschaftliche Bedeutung hat das Ruhrgebiet?
3. Warum ist der Karneval ihrer Meinung nach so beliebt bei den Rheinländern? Welche Funktion erfüllt er in ihrem Leben?
4. Wählen Sie eine historische Figur Deutschlands (zum Beispiel Karl den Großen, Martin Luther oder einen Dichter) und bereiten Sie einen kurzen Bericht vor.
5. Warum gibt es so viele Kur- und Heilbäder in Deutschland? Waren Sie schon einmal in einem Kurort? Wie hat es Ihnen dort gefallen?

Grammatisches: The Past Tenses

There are three past tenses in German: the imperfect, the present perfect, and the past perfect. The imperfect and present perfect have basically the same meaning; the imperfect is used mainly in formal German, whereas the perfect is preferred in conversation. The past perfect is used to express an event that occurred prior to another past event:

Imperfect: Er sprach über das Ruhrgebiet.

Perfect: Er hat über das Ruhrgebiet gesprochen.

Past Perfect: Er hatte über das Ruhrgebiet gesprochen.

Formation of the Past Tenses

To form the stem of the imperfect of weak (regular) verbs, add **-te** to the stem of the infinitive: **lernen → lernte**. Strong verbs require additional changes in stem vowel: **sprechen → sprach**. The endings shown below in bold are added to the imperfect stem.

lernen

ich lernte	wir lernten
du lerntest	ihr lerntet
er ⎱	sie ⎱
sie ⎬ lernte	Sie ⎬ lernten
es ⎰	

sprechen

ich sprach	wir sprachen
du sprachst	ihr spracht
er ⎱	sie ⎱
sie ⎬ sprach	Sie ⎬ sprachen
es ⎰	

The present perfect is formed with the present tense of **haben** or **sein** together with a past participle. Most verbs require **haben** as an auxiliary, but intransitive verbs that express a change of place or condition require **sein**.

lernen

ich habe gelernt	wir haben gelernt
du hast gelernt	ihr habt gelernt
er ⎱	sie ⎱
sie ⎬ hat gelernt	Sie ⎬ haben gelernt
es ⎰	

gehen

ich bin gegangen	wir sind gegangen
du bist gegangen	ihr seid gegangen
er ⎱	sie ⎱
sie ⎬ ist gegangen	Sie ⎬ sind gegangen
es ⎰	

The past perfect is formed with the imperfect tense of **haben** or **sein** together with a past participle: **ich hatte gelernt, du hattest gelernt; ich war gegangen, du warst gegangen.**

Word Order with the Past Tenses

The past participle is always at the end of the clause in which it occurs:

Eberhard hat gestern Bonn *besucht.*

Hat Eberhard gestern Bonn *besucht?*

In transposed word order, the auxiliary verb directly follows the past participle.

Ich glaube, daß Eberhard gestern Bonn *besucht hat.*

Übungen

A. *Change the verbs from the present tense to the imperfect tense.*

1. Man weiß nie, ob man in eine andere Stadt kommt.
2. Viele Städte spielen eine wichtige Rolle.
3. Düsseldorf hat ein eigenes Theater.

4. In den größeren Städten gibt es einen Stadtpark.
5. Man sieht auf dem Rhein viele Schiffe.
6. Der Karneval beginnt am 11. November.
7. Auf dem Felsen sitzt ein schönes Mädchen.
8. Am Rhein befinden sich viele Burgen.

B. *Change the verbs from the imperfect to the perfect tense.*

1. Nordrhein-Westfalen entstand aus drei Provinzen.
2. Diese Städte waren Mitglieder der Hanse.
3. Schon früher gab es Heilquellen.
4. Die Touristen standen vor dem Dom.
5. Die Reise begann in Mainz.
6. Im Restaurant trank ich eine Flasche Wein.
7. Den Höhepunkt erreichte die Reise in Trier.
8. Die Menschen im Saarland erholten sich in den Bergen.

C. *Replace the pronouns in italics with the pronouns in parentheses and change the verbs accordingly.*

1. *Er* besichtigte das Schloß. (du)
2. *Wir* fuhren mit dem Schiff nach Köln. (ihr)
3. *Ich* las ein Buch über die Geschichte Triers. (er)
4. *Sie* fragte nach der Grenze. (ich)
5. Nahmen *Sie* am Karneval teil? (du)

D. *Complete the sentences with the proper form of the auxiliaries* **haben** *or* **sein**.

1. Das Denkmal _____ vor dem Rathaus gestanden.

2. Viele Schiffe _____ von Köln nach Mainz gefahren.

3. _____ ihr schon den Dom in Köln gesehen?

4. Das _____ den Touristen nichts ausgemacht.

5. _____ ihr schon einmal an der Mosel gewesen?

E. *Change the verbs to the past perfect tense.*

1. Hier liegt die berühmte Weinstrasse.
2. Er geht jeden Freitag zur Universität.
3. Heute bin ich im Münsterland.
4. Siehst du die alte Burg da?

Trachtenpaar aus Garmisch-Partenkirchen (top left)
Fraueninsel im Chiemsee (top right)
Tübingen: Rathaus (bottom)

3
Süddeutschland

Wortschatz

die **Ausgelassenheit** (-en)
exuberance, fun

der **Berg** (-e) mountain

das **Dorf** (¨er) village

das **Fest** (-e) festivity; holiday; party

das **Gebirge** (-) mountain range

die **Gebräuche** (-) customs, traditions

der **Hügel** (-) hill

das **Kloster** (¨) monastery

die **Landschaft** (-en) landscape

das **Münster** (-) cathedral

das **Schild** (-er) sign

die **See** (-n) ocean; der **See** (-n)
lake

die **Sitte** (-n) custom, tradition

die **Tracht** (-en) native costume

die **Wiese** (-n) meadow

benutzen to use

blühen to bloom

erhalten* to preserve, keep, maintain

feiern to celebrate

ähnlich similar

beschädigt damaged

dicht close; dense, thick

einzig single; unique

herrlich great, beautiful

stolz proud

A. *Match each word on the left with a word you associate with it on the right.*

1. blühen
2. feiern
3. Berg
4. Münster
5. erhalten
6. benutzen

   a. Instrument
   b. Rose
   c. Kloster
   d. Hügel
   e. Fest
   f. präservieren

B. *Complete with an appropriate word from the vocabulary.*

Zum Beispiel: $\dfrac{\text{Sitte}}{\text{Gebräuche}}$: $\dfrac{\text{Buch}}{\text{Bibliothek}}$

1. $\dfrac{\text{Blumen}}{\text{Garten}}$: $\dfrac{\text{Bauernhof}}{}$

2. $\dfrac{\text{Wort}}{\text{Schild}}$: $\dfrac{\text{Lederhosen}}{}$

---

*Verbs marked with an asterisk are strong verbs; see the appendix for principal parts of strong verbs.

3. $\dfrac{\text{Finger}}{\text{Hand}}$: $\dfrac{\text{Berg}}{\rule{3cm}{0.4pt}}$

4. $\dfrac{\text{Auto}}{\text{Straße}}$: $\dfrac{\text{Schiff}}{\rule{3cm}{0.4pt}}$

5. $\dfrac{\text{Wiese}}{\text{blühende}}$: $\dfrac{\text{Landschaft}}{\rule{3cm}{0.4pt}}$

6. $\dfrac{\text{Ferien}}{\text{Erholung}}$: $\dfrac{\text{Fest}}{\rule{3cm}{0.4pt}}$

C. *Complete each sentence with the appropriate adjective from the vocabulary list. Endings have been given.*

1. Sind Sie das _____e Kind Ihrer Eltern?

2. Erinnern Sie sich noch an Ihr _____es Fest?

3. Sind Sie Ihrem Vater oder Ihrer Mutter _____?

4. Ist der Verkehr in der Stadt oft _____?

5. Sollte man ein _____es Instrument benutzen?

6. Ist eine _____e Disposition immer die richtige?

Bayern

Im Süden der Bundesrepublik Deutschland liegt das größte Bundesland Bayern. Es ist das einzige Land, das 1945, am Ende des Zweiten Weltkriegs, seine alten Landesgrenzen behalten hat.

Die bayerische Geschichte ist reich an großen und schweren Ereignissen. Viele Reste aus der Vergangenheit, wie Denkmäler und Bauten, geben dem Land seinen besonderen Charakter. Der Einfluß der Römer aus dem Süden ist nicht nur in der alten Stadt Augsburg, sondern auch in vielen anderen Donaustädten zu sehen. Das kulturelle Erbe ist hier viel reicher und vielfältiger° als in anderen Ländern Deutschlands. Selbst in den Gesichtern der Menschen ist heute noch der südliche Einfluß zu spüren.° Durch seine

more varied

Einfluß . . . influence can be seen

Lage in der Mitte Europas war Bayern schon immer ein Treffpunkt° zwischen Ost und West und Nord und Süd. *(meeting place)*

Bayern ist ein typisches Beispiel dafür, wie sich die Selbständigkeit und das Nationalbewußtsein eines Stammes erhalten haben. Es trägt seit dem 6. Jahrhundert den Namen Bayern ununterbrochen° als *(without interruption)* Staatsnamen. Es ist das einzige Land, das eigene Grenzpfähle° hat. An den *(boundary-posts)* Grenzübergängen kann man Schilder mit der Aufschrift „Willkommen im Freistaat Bayern" sehen. Als einziges Bundesland hat Bayern eine eigene Partei und eine eigene Nationalhymne. Besonders ausgeprägt° ist die *(distinct)* Selbständigkeit° der Bayern im täglichen *(independence)* Leben. Sie haben ihre eigenen Trachten, die Dirndlkleider und Trachtenanzüge, und ihre eigene Sprache, den bayerischen Dialekt. Diese Sprache wird im alten Bayern überall und sogar auch in allen gesellschaftlichen° *(social)* Kreisen gesprochen.

Eine Reise nach Bayern ist für jeden immer ein großes Ereignis. Nicht nur wegen der schönen Landschaft, den vielen Schlössern, den vielen alten Kirchen und den zahlreichen Festen, sondern auch wegen der fröhlichen und gastfreundlichen° Menschen. *(hospitable)*

Von vielen Touristen wird Bayern, da es ganzjährig, geöffnet ist, das Ferienparadies Deutschlands genannt. Wenn sie an Bayern denken, denken sie an Berge, Seen, Schlösser, Trachten, viele Feste, gutes Essen und Bier.

Wie sieht das heutige Bild Bayerns nun in Wirklichkeit aus? Stimmt das Bayernbild noch? Denkt man nur an Bier, Blaskapellen,° *(brass bands)* Trachten, alte Kirchen und romantische Königsschlösser? Ja, das alles gibt es in Bayern, aber es ist auch ganz anders. Im Laufe° der letzten Jahre hat sich das Land *(Im . . . In the course)* von einem Agrar-° zu einem Industriestaat *(agricultural)* entwickelt. Besonders in den Städten Augsburg, Nürnberg, Fürth und München findet man viel Industrie. Viele der alten Traditionen werden nur noch für die Touristen aufrechterhalten.° *(kept up)*

In Oberbayern erstrecken sich die deutschen Alpen vom Bodensee° bis an die Österreichischen Alpen. Im Westen liegen die Allgäuer, im Osten die Berchtesgadener und dazwischen die Bayerischen Alpen. Das Allgäu besteht zum großen Teil aus fetten Weiden.° Es liefert den größten Teil des deutschen Butter- und Käseverbrauches.°

In den Berchtesgadener Alpen befinden sich° unterirdische Salzlager.° Eine Besichtigung des Salzbergwerkes ist ein großes Erlebnis für Alt und Jung. Ehe man ins Bergwerk hineinfährt, muß man sich wie Bergleute ankleiden. Oberhalb Berchtesgadens, am Obersalzberg, lag zusammen mit den Chalets anderer führender Nazis Hitlers Chalet, der „Berghof." In einem Bombenangriff° der Aliierten wurden sie kurz vor dem Ende des Krieges zerstört. Doch Hitlers „Adlerhorst"°

Lake Constance

fetten . . . rich grazing land
cheese consumption

befinden . . . are found
salt deposits

bomb attack

"Eagle's Nest"

Bayerische Alpen: Schönau bei Berchtesgaden

auf dem Gipfel° des Berges blieb verschont
und ist heute eine vielbesuchte Gaststätte.
In der Umgebung von Berchtesgaden liegt der
wohl schönste von Bayerns über hundert
Seen. Eine Schiffahrt auf dem Königssee,
der zwischen steilen Felsen eingebettet ist,°
ist ein unvergeßliches Erlebnis.

 Einer der bekanntesten Orte in den
bayerischen Alpen ist Garmisch-Partenkirchen.
Wie auch in vielen anderen Orten ist die
Vorderseite° vieler Häuser mit Szenen aus
dem bayerischen Leben und der Natur bemalt.°
Von Garmisch aus blickt man auf den
höchsten Berg Deutschlands, die Zugspitze
(2963 Meter). Die olympischen Winterspiele
wurden hier bereits zweimal ausgetragen°:
1936 und 1972. In der Nähe von

peak

der . . . which is embedded between steep cliffs

front, façade
painted

held

Bauer aus Oberammergau

Garmisch-Partenkirchen liegen Mittenwald, die
Stadt der Geigenbauer,° und der berühmte   *violin makers*
Passionsspielort Oberammergau. Im Jahre
1633 wurde Oberammergau von einer
Pestepidemie bedroht.° Die Bewohner   *von . . . threatened by a plague*
versprachen, alle° zehn Jahre ein großes   *every*
Spiel der Passion Christi aufzuführen,°   *stage*
wenn sie von der Pest verschont blieben.
Die Aufführung° dauert einen ganzen Tag   *performance*
und wird nur durch eine kurze Mittagspause
unterbrochen. Die Schauspieler,° die aus   *actors*
Oberammergau stammen müssen, bereiten sich
lange auf ihre Rolle vor.°   *bereiten sich [. . .] vor prepare*

 Ein Schauspiel ganz anderer Art bietet
sich° dem Besucher im Spätsommer, wenn die   *Schauspiel . . . spectacle of a*
Kühe von den höhergelegenen Bergweiden in   *very different sort is offered*
die Täler getrieben° werden. Die Tiere werden   *driven, brought*
mit Blumen bekränzt,° die Blasmusik° spielt,   *adorned / horn music*
das Bier fließt in Strömen,° und der Hirt° mit   *in . . . amply (in streams) /*
dem vollsten Bart bekommt einen Preis.   *shepherd*

 Eine der größten Touristenattraktionen in
Oberbayern sind die extravaganten
Königsschlösser. Das neu-gotische Schloß
Hohenschwangau wurde in den dreißiger Jahren
des vergangenen Jahrhunderts erbaut. Hier
verbrachte der ruhelose, unglücklicke
Ludwig II (1864–1886) seine Kindheit.
Innerhalb seines kurzen Lebens ließ er drei
Schlösser erbauen: das Rokoko Jagdschloß°   *hunting castle*
Linderhof; das Versailles nachgeahmte°   *Versailles . . . patterned after*
Schloß Herrenchiemsee, das auf einer Insel des   *Versailles*
Chiemsees steht; und das im mittelalterlichen
Stil erbaute Schloß Neuschwanstein. Es steht
auf einem Berg und wirkt geradezu
märchenhaft° mit den massiven grauen   *wirkt . . . has a fantastical*
Granitwänden und den vielen Spitztürmen°   *appearance*
und Zinnen.°   *spires*
                     pinnacles

 Im Alpenvorland liegen die größeren
Städte Bayerns: Augsburg, Nürnberg, Bamberg,
Regensburg und Würzburg. Alle blicken auf
eine lange Geschichte zurück und sind
reich an kulturellen Denkmälern. Keine
Stadt in dieser Gegend begeistert° die Besucher   *thrills*
mehr, wie das Städtchen Rothenburg tut.
Es liegt an der sogenannten Romantischen
Straße, die sich von Würzburg bis zu den
bayerischen Alpen hinzieht. Bei einem Gang

durch die Kopfsteinpflasterstrassen° mit
den spitzgiebeligen° Häusern, Türmchen°
und Erkerfenstern,° fühlt man sich ins 16.
Jahrhundert zurückversetzt.° Ein besonderes
Erlebnis ist es, auf der restaurierten
Stadtmauer° entlang zu gehen.

    Die größte Stadt Bayerns und die, die
meisten Touristen anzieht, ist natürlich
München. Ihre industrielle Bedeutung
verdankt° sie den verschiedenen Industrien
wie Maschinenbau, Chemische Werke, Optik
und Papierfabriken. Doch vor allem° ist
München die Stadt der Kunst, der Kultur und
der Lebensfreude. Die Entwicklung zur
Kunststadt begann im 16. Jahrhundert mit
der Wittelsbacher Königsfamilie,° deren
Residenz bis 1918 München war. Das
Nebeneinander° von herrlichen Bauten aus
allen Stilepochen gibt München sein
charakteristisches Gesicht.°

    Die Münchner Universität ist die größte
Universität Deutschlands. Zahlreiche
bedeutende Galerien und Museen, viele
Theater, Orchester und Chöre locken° Kunst-
und Musikliebhaber nach München.

    Auch der Besucher, der auf weniger seriöse
Weise unterhalten° werden möchte, kommt

cobblestone streets
gabled / turrets
bay windows
transported

rampart

owes to

Doch . . . But above all

royal family

juxtaposition

appearance

entice

entertained

München: Liebfrauenkirche, St. Peter und Rathaus

in München auf seine Kosten.° Das bayerische
Bier schmeckt nirgends besser als im
Hofbräuhaus° oder zur Zeit des Oktoberfests
auf der Theresienwiese. Das Fest beginnt
mit dem traditionelle Oktoberfestumzug.°
Viele Dörfer senden Abordnungen° zu diesem
Umzug. An den Trachten läßt sich erkennen,°
aus welchem Dorf oder aus welcher Gegend
die Teilnehmer° kommen. Eine besondere
Attraktion sind die festlich geschmückten°
Bierwagen der verschiedenen Brauereien. Nach
dem Umzug treffen sich alle auf dem Festplatz,
wo sich jeder nach seiner Art° amüsieren
kann. Es gibt Karussels, Schaubuden,°
Schießbuden° und Imbißstände.° Mittelpunkt
aller Ausgelassenheit sind die riesigen
Bierzelte,° die von den einzelnen Brauereien
aufgestellt werden. Hier sitzen die Gäste
an langen Tischen, trinken Bier und essen die
Münchner Brezeln dazu. Blasmusik spielt
ununterbrochen bayerische Lieder und
Marschmusik. Wenn auch außerhalb Bayerns
das Oktoberfest das bekannteste ist, so
ist es doch keineswegs das einzige Volksfest.
Fasching, die bayerische Version des
rheinischen Karnevals, wird auch hier mit
viel Schwung° gefeiert. Hinzu kommen° die
vielen kirchlichen Feste, wie zum Beispiel
Fronleichnam,° die hier wie Volksfeste
begangen° werden. Derjenige°, der bei einem
bayerischen Fest dabei war, wird die bunten
Trachten, die Musik, die Tänze und die
Ausgelassenheit nie vergessen.

kommt . . . can enjoy himself

a famous beer hall

Oktoberfest parade
delegations
An . . . One can tell from the
  clothing
participants

decorated

nach . . . as he or she likes
booths
shooting galleries / snackbars

beer tents

gusto / In addition there are

Corpus Christi
celebrated / He

Übungen

A. Stimmt das? Wenn eine Aussage falsch ist, geben Sie die richtige Antwort.

1. Es gibt keine Berge in Bayern.
2. Hitlers „Adlerhorst" ist heute ein Park.
3. Der höchste Berg Deutschlands ist die Zugspitze.
4. Die Münchener haben einen freien Lebensstil.
5. Das Oktoberfest ist ein kirchliches Fest.
6. Neuschwanstein ist ein Berg.
7. Die größte Stadt Bayerns ist Augsburg.
8. Die romantische Straße ist eine moderne Autostraße.

1. Woran erkennt man, daß die Bayern sehr selbständig sind?
2. Warum fahren viele Touristen nach Bayern?
3. Warum werden die Oberammergauer Passionsspiele nur alle zehn Jahre aufgeführt?
4. Was geschieht in Bayern im Spätsommer?
5. Was gibt München seinen besonderen Charakter?

Baden-Württemberg

Das Bundesland Baden-Württemberg entstand erst im Jahre 1952 durch den Zusammenschluß° der Länder Baden, Württemberg und Hohenzollern. Die Bewohner dieses Landes sind stolz darauf, daß aus ihrer Gegend die großen Herrschergeschlechter°—die Staufer, die Habsburger und die Hohenzollern—stammen.

union

dynasties

In der südlichsten Ecke Baden-Württembergs, am Bodensee,° liegt Konstanz. In Konstanz fand am Anfang des 15. Jahrhunderts ein wichtige Ereignis statt. Das kirchliche Konzil von 1417 beendete hier das große Schisma der römisch-katholischen Kirche.[1] Die schönen Patrizierhäuser, die Klöster, Türme und Tore weisen darauf hin, daß Konstanz einst° eine stolze Bischofs- und Reichsstadt war.

Lake Constance

formerly

Die beiden Inseln Reichenau und Mainau liegen in der Nähe von Konstanz. Auf Reichenau wurde im Jahre 724 ein Benediktinerkloster gegründet. Dieses Kloster war über 500 Jahre lang eine der führenden Bildungsstätten° im christlichen Abendland.° Die Insel Mainau mit ihrem schönen Park ist geradezu° ein tropisches Paradies. An den Ufern des Bodensees, zwischen den alten Städten Meersburg, Überlingen und Friedrichshafen, liegen viele Obst- und

educational institution / Occident

truly

---

[1]The schism within the Roman Catholic Church lasted from 1378 to 1417, when there were two and later three rivaling popes each with their own following.

Weingärten. In Friedrichshafen baute Graf Zeppelin die ersten Luftschiffe.

Auch in dieser Gegend wird vor der Fastenzeit° gefeiert. Zur Zeit der Fastnacht erwachen wieder alte Volksbräuche.° Man verkleidet sich als Narren° und trägt holzgeschnitzte,° groteske Masken. Die Narren übernehmen die Führung. In humorvoller Weise wird über die Stadtväter Gericht gehalten.° Am Aschermittwoch enden die Festlichkeiten.°

Nördlich des Bodensees liegt der Schwarzwald, Deutschlands größtes Waldgebirge. Liebliche grüne Täler und hüglige Wiesen wechseln mit dichten Tannenwäldern° ab. Eigenartig° und schön ist das Schwarzwaldhaus, ein großer Holzbau mit tiefherabgezognem Stroh- oder Schindeldach.° Das Haus lehnt gewöhnlich an einem Berghang,° sodaß der Bauer das Heu

Lent

popular customs

verkleidet . . . dresses as a clown, or jester

carved out of wood

wird . . . the city leaders are taken to task

festivities

fir forests / Unique

Holzbau . . . wooden structure with a thatched or straw roof and a low overhang

hillside

Schwarzwaldhaus im Gutachtal

direkt unter das Dach auf den Boden° fahren
kann. Der Kuhstall befindet sich in einem
Teil des Hauses. Auf den Balkons und in den
Blumenkästen vor den Fenstern blühen
Petunien oder Geranien.° Viele
Schwarzwaldbauern nehmen im Sommer
Feriengäste auf, die sich in der anheimelnden°
Atmosphäre sehr wohl fühlen. Doch sie
werden kaum den Bauern oder seine Söhne
Kuckucksuhren schnitzen° sehen, die den
Schwarzwald auch in Amerika berühmt
gemacht haben. Aus dieser einstigen°
Heimindustrie sind Industriebetriebe°
geworden, in denen die Uhren am Fließband
hergestellt° werden. Dank der
Abgeschiedenheit° vieler Bauernhöfe haben
sich so manche alte Sitten und Gebräuche
erhalten. Ein schöner Anblick° ist es, wenn
die ganze Verwandschaft und Nachbarschaft
auf einer Hochzeit° in ihren farbenprächtigen
Trachten versammelt° ist.

 Im Schwarzwald liegt die alte
Universitätsstadt Freiburg mit dem
mittelalterlichen gotischen Münster.
Besonders eindrucksvoll sind das Münster und
der hohe Turm bei nächtlicher Beleuchtung,°
die dem Münster, dem Marktplatz und den
historische Häusern ringsherum eine magische
Atmosphäre verleihen.° Lebhaft geht es auf
dem Marktplatz zu,° wenn die Bauern aus der
Umgebung° ihre Produkte auf dem
Wochenmarkt verkaufen.

 Einer der bekanntesten Orte im
Schwarzwald ist Baden-Baden, ein Kurort mit
Mineralquellen, die bereits von den Römern
benutzt wurden. Heute ist die Stadt ein
Treffpunkt der vornehmen europäischen
Gesellschaft.° Man geht im Kurpark spazieren
oder vertreibt sich° die Zeit im Spielkasino.

 Am Rande des Schwarzwaldes liegt
Karlsruhe, der ehemalige° Sitz der badischen
Kurfürsten. Im Zentrum von Karlsruhe liegt
das Schloß, von wo aus die Straßen
strahlenförmig in die Stadt führen.°
Heute ist Karlsruhe Sitz des
Bundesverfassungsgerichts.°

	loft
	geraniums
	quaint
	carve
	former
	manufacturing plants
	am . . . produced on an assembly line
	remoteness
	sight
	wedding
	gathered together
	bei . . . illuminated at night
	give
	Lebhaft . . . Things are very lively at the marketplace
	surrounding areas
	vornehmen . . . European high society
	vertreibt . . . whiles away
	former
	von . . . from which the streets radiate [like spokes of a wheel] into the city
	supreme court

Östlich von Karlsruhe liegt das Neckartal, eines der schönsten deutschen Flußtäler. An den bewaldeten Hügeln liegen Schlösser, Burgen, Klöster und Kirchen. Am bekanntesten ist das Heidelberger Schloß; seine Ruine dominiert die Stadt Heidelberg. Man sagt, wenn die Franzosen das Schloß nicht während kriegerischer Einfälle° in den Jahren 1688–97 in Brand gesteckt° hätten, dann wäre Heidelberg trotz seiner vielen anderen historischen und malerischen Gebäude nur halb so romantisch. Im Keller des Schlosses befindet sich das größte Weinfaß° der Welt mit einem Fassungsvermögen° von 221 226 Litern. Die Bauern zahlten seinerzeit° dem Kurfürsten° die Steuern° oft in Wein; man sagt, die Steuern seien damals sehr hoch gewesen.

während . . . *during wartime invasions* in . . . *set fire*

wine cask
capacity
in former times / prince entitled to take part in the election of the emperor
taxes

Die weltbekannte Heidelberger Universität wurde im Jahre 1386 gegründet und ist somit die älteste Universität Deutschlands. Viele Touristen besuchen den Karzer° der Universität. In diesem kleinen dunklen Raum stehen ein schmales° Bett, ein Tisch, zwei Stühle und ein alter Ofen.

detention room
narrow

Heidelberg mit Schloß

Hier wurden Studenten eingesperrt,° um
eine Strafe zu verbüßen.° Jeder Student, der
etwa° wegen Ruhestörung° oder Trunkenheit
in den Karzer kam, ritzte° seinen Namen und
das Datum der Haftzeit° in die Holzwand.
Der Besucher, der diese Namen liest, kann
versuchen sich auszumalen,° wie den armen
Studenten hier zumute gewesen sein muß.° Mit
Stätten wie dem Karzer, dem Schloß, den
Bogenbrücken,° Türmen, engen Gassen,°
alten Häusern und den gemütlichen Lokalen°
ist Heidelberg für Ausländer der Inbegriff°
einer romantischen deutschen Stadt.

    Weniger romantisch als Heidelberg, aber
dennoch wunderschön in einem Neckartal
gelegen, ist Stuttgart, die Landeshauptstadt
und wichtigste Industriestadt im Südwesten
der Bundesrepublik. Namen wie
Daimler-Benz, Zeiss-Ikon und Porsche sind
weltbekannt. Mit seinen vielen
Buchdruckereien° und Buchverlagen° nimmt
Stuttgart eine führende Stellung im
Verlagswesen ein.° Von dem 150 Meter hohen
Fernsehturm° hat man eine herrliche Aussicht
auf die Stadt und die Obstgärten und
Weinberge, die sie umgeben.°

    Auch das hübsche Tübingen liegt
am Neckar. Die über fünfhundert
Jahre alte Universität bestimmt° das Leben
der Stadt. Das schöne große Schloß
Hohen-Tübingen dominiert das Stadtbild.
In dem alten Augustinerkloster ist das
evangelisch-theologische Stift° untergebracht.°
Berühmte Leute der deutschen Literatur-
und Geistesgeschichte wie Mörike, Schelling,
Hegel und Hölderlin haben hier studiert oder
sind hier zur Schule gegangen.[2]

    Östlich von Tübingen, dicht an der
bayerischen Grenze, liegt die Donaustadt Ulm.
Der Turm des Ulmer Münsters ist der
höchste Kirchturm der Welt. Wie im Falle
des Kölner Domes, wurden die Türme und

locked in

um . . . to make amends for an offense

perhaps / disturbing the peace

carved

detention

imagine

zumute . . . must have felt

arched bridges / alleys

restaurants, pubs

epitome

printers / publishing houses

nimmt . . . Stuttgart is a leader in the publishing business

television tower

surround

determines

seminary / housed

---

[2]Eduard Friedrich Mörike was a poet and novelist, Friedrich Schelling and Georg Wilhelm Friedrich Hegel were philosophers, and Friedrich Hölderlin was a poet.

Spitze° erst am Ende des 19. Jahrhunderts *spire*
vollendet.° Der berühmteste Sohn Ulms ist *completed*
Albert Einstein, der hier 1879 geboren wurde.
Trotz der Industrie, den geistigen Stätten
und den Treffpunkten für Touristen, gibt
es in Baden-Württemberg noch Plätze der Ruhe
und Erholung. Bekannt dafür ist das etwas
abseits und einsam gelegene Taubertal in
nördlichsten Teil des Landes.

Übungen

A. **Stimmt das? Wenn eine Aussage falsch ist, geben Sie die richtige Antwort.**

1. Baden-Württemberg ist das älteste Bundesland.
2. An den Ufern des Bodensees gibt es viel Obst.
3. Im Schwarzwald gibt es besonders schöne Trachten.
4. Freiburg ist die Hauptstadt des Landes.
5. Es gibt keine Heilquellen im Schwarzwald.
6. Karlsruhe war früher der Sitz badischer Kurfürsten.

B. **Fragen**

1. Worauf sind die Baden-Württemberger besonders stolz?
2. Aus welchen Gebieten besteht Baden-Württemberg?
3. Wodurch sind die Inseln Reichenau und Mainau bekannt?
4. Warum sind so viele alte Sitten und Gebräuche im Schwarzwald noch erhalten geblieben?
5. Was war eine Heimindustrie der Bauern im Schwarzwald?
6. Wodurch ist Freiburg berühmt?
7. Warum hatte der Kurfürst in Heidelberg das größte Weinfaß gebaut?
8. Warum kamen Studenten der Universität Heidelberg in den Karzer?
9. Welche Industrien findet man in Stuttgart?

Diskussions- und Aufsatzthemen

1. Beschreiben Sie eine Reise in den Schwarzwald.
2. Nehmen Sie an, Sie seien in München gewesen. Jetzt schreiben Sie Ihrem Freund einen Brief über diese Stadt.
3. Sie haben jetzt Informationen über alle Bundesländer. Welches Land würden Sie am liebsten besuchen? Warum?

Grammatisches: Definite and Indefinite Articles

Definite and indefinite articles in German agree with the nouns they modify in gender (masculine, neuter, or feminine), number (singular or plural), and case. The nominative case indicates the subject of the sentence:

Der Bürgermeister kommt aus Kiel.

The nominative also indicates the predicate nominative:

Das ist der alte Dom.

The accusative case indicates the direct object:

Wir kennen den Bürgermeister gut.

The dative case indicates the indirect object:[1]

Der Beamte zeigt der Touristin eine Landkarte.

The genitive case indicates the possessor:[2]

Das ist das Haus der Lehrerin.

The use of the cases to express prepositional objects and their use in adverbial expressions is discussed in Chapter 11.

Definite and indefinite articles are declined as follows:

Definite Articles

	Masculine	Neuter	Feminine	Plural
Nominative	der	das	die	die
Accusative	den	das	die	die
Dative	dem	dem	der	den
Genitive	des	des	der	der

Indefinite Articles

	Masculine	Neuter	Feminine
Nominative	ein	ein	eine
Accusative	einen	ein	eine
Dative	einem	einem	einer
Genitive	eines	eines	einer

---

[1]Most nouns end in **-n** in the dative plural: **mit den Kindern.**
[2]Most masculine and neuter nouns end in **-(e)s** in the genitive singular: **das Haus des Mannes, das Haus des Mädchens.**

The definite article is used in certain situations in German where *the* is not used in English:

1. to indicate abstract concepts

   Die Liebe ist wunderbar.

2. with names of months, seasons, and parts of the day

   Der Dezember ist immer kälter als *der* Oktober.

   Was machen Sie *am* Nachmittag?

3. with countries that are feminine (most countries are neuter)

   Die Schweiz und *die* Tschechoslowakei liegen in Europa, aber *die* Türkei liegt in Asien.

4. with parts of the body and articles of clothing

   Setz *den* Hut auf! Du wirst dir *den* Kopf erkälten.

The indefinite article is not used in German in certain situations where *a*, *an*, or *one* would be used in English:

1. with unmodified predicate nouns denoting nationality, occupation, or social status

   Ilse ist Berlinerin.

   Franz ist Arzt.

   Herr Braun ist Witwer.

2. with the numbers **hundert** and **tausend** and with **Weh**

   Helmut hat hundert Mark für dieses Buch bezahlt.

   Diese Stereoanlage kostet tausend Mark.

   Hast du Zahnweh?

Übungen

A. *Use the nouns in parentheses as direct objects. Be sure to use the appropriate form of the definite article.*

   1. Ich besuche das Rathaus. (Dom, Stadt)
   2. Wir haben den Berg gesehen. (Fluß, Denkmal)
   3. Ich fotografiere das Schloß. (Burg, Markt)

B. *Replace the definite article with the indefinite article in Exercise A.*

C. *Choose the correct article to complete each sentence.*

   1. _____ Dom in Ulm ist schon sehr alt. (der, den)

   2. Ich will _____ Schwarzwald besuchen. (der, den)

3. Has du nie _____ Kurort gesehen? (ein, einen)

4. In München kaufe ich mir _____ Dirndltracht. (einen, ein)

5. Hast du _____ Schild gesehen? (die, das)

D. *Replace the nouns in italics with nouns in parentheses; first use the definite article, then the indefinite article.*

1. Das Schloß gehört *dem König.* (Kurfürst)
2. Ich erzähle *dem Amerikaner* von dem Oktoberfest. (Amerikanerin)
3. Der Ober bringt *dem Gast* ein bayerisches Essen. (Touristin)
4. Heidelberg hat *dem Studenten* gefallen. (Mädchen)
5. Der Reiseführer zeigt *der Gruppe* das große Weinfaß. (Junge)

E. *Replace the nouns in italics with the nouns in parentheses.*

1. Der Turm des *Ulmer Münsters* ist sehr hoch. (Rathaus)
2. Bayern ist das Land des *Barock.* (Bier)
3. Die Häuser der *Stadt* sind schon sehr alt. (Dorf)
4. Ich habe den Namen des *Denkmals* vergessen. (Fluß)

F. *Give a logical response to each of the following questions.*

1. Wann zeigen Sie die Bilder von Süddeutschland?
2. Wem hat das Schloß in München gehört?
3. Was möchten Sie gern in Baden-Württemberg sehen?
4. Wessen Haus ist das?
5. Welchen Wein trinken Sie lieber?
6. Wessen Tracht ist am schönsten?
7. Wem antwortet der Reiseführer?
8. Wen möchten Sie in Deutschland besuchen?

West-Berlin: Tiergarten mit Siegessäule (top left)
West-Berlin: Kurfürstendamm mit Gedächtniskirche (top right)
West-Berlin: Lützowplatz (bottom)

4
Berlin

Wortschatz

der **Ausdruck** (¨e) expression

die **Bevölkerung** (-en) population

die **Bühne** (-n) stage

der **Bürger** (-), die **Bürgerin** (-nen) citizen

der **Eindruck** (¨e) impression

der **Einwohner** (-), die **Einwohnerin** (-nen) inhabitant

der **Fortschritt** (-e) progress

das **Geschäft** (-e) store; business

die **Heimat** (-en) native land

das **Kino** (-s) movie theater

die **Lage** (-n) situation

der **Platz** (¨e) place; plaza

der **Verkehr** (-) traffic

der **Weg** (-e) path, way

das **Wohnhaus** (¨er) apartment building

beruhen (auf) to rest, be based (on)

bestehen* (aus) to consist (of)

entwickeln to develop

erleben to experience

folgen to follow

führen to lead

verbessern to improve

verschieden various

A. *Complete the sentences with an appropriate verb from the vocabulary list.*

1. Die Bundesrepublik Deutschland _____ aus zehn Ländern.

2. Die Einwohner dieses Wohnhauses _____ alle ganze

   verschiedene Leben.

3. Man _____ der letzten Mode in München.

4. Der Erfolg der Kurorte in Deutschland _____ auf jahrelanger

   Reputation.

5. Die Fernsehprogramme sollte man unbedingt _____ .

B. *Using the cues provided, create a logical question for each answer.*

1. (Ihre Heimat) Ich bin in Schleswig-Holstein geboren.

2. (Ihr Eindruck) Ich finde Deutschland sehr interessant.

---

*Verbs marked with an asterisk are strong verbs; see the appendix for principal parts of strong verbs.

3. (Bürger) Nein, ich komme aus Frankreich. Aber ich lebe schon seit Jahren in Deutschland.

4. (diesem Wohnhaus) Die Miete (*rent*) hier ist genau so hoch wie in einem Haus in der Vorstadt (*suburbs*).

5. (Weg zur Universität) Nein, es ist nicht weit von hier aus. Es ist eine höchst interessante Universität.

C. *Do you agree with the following statements? Why or why not?*

1. Die Kirche ist noch immer der traditionelle Ort für eine Hochzeit.

2. Ich sehe lieber einen Film im Kino als ein Theaterstück auf der Bühne.

3. Das Stadtleben war früher viel attraktiver, weil der Verkehr und die Verschmutzung nicht so stark waren.

4. Ein Komputerverkauf ist ein besseres Geschäft als ein Gemäldeverkauf.

5. Die Einwohner einer Großstadt erleben mehr Abenteuer als die Bevölkerung auf dem Land.

6. Fortschritt verbessert die Qualität des Lebens.

Berlin bis zum Zweiten Weltkrieg

West-Berlin ist eine einzigartige° Stadt. Ihre   *unique*
Einzigartigkeit beruht weitgehend° auf den   *mainly*
stark ausgeprägten° Gegensätzen,° von denen   *marked / contrasts*
die Stadt lebt. Trotz ihrer insularen Lage im
Herzen der Deutschen Demokratischen
Republik ist West-Berlin eine Weltstadt.
Ihre Weltoffenheit° zeigt sich vor allem in den   *cosmopolitanism*
vielen internationalen Messen° und   *fairs*
Ausstellungen,° die hier regelmäßig stattfinden   *exhibitions*
und in dem umfangreichen° Engagement   *extensive*
von Künstlern und Künstlergruppen von
internationalem Rang.° Diese größte   *renown*
Metropole der Bundesrepublik ist zugleich
eine Stadt im Grünen. Im Stadtgebiet wechseln
Kiefern- und Birkenwälder° mit Seen,   *Kiefern . . . pine and birch forests*
Flüssen und Kanälen ab. In dieser Stadt
der Rentner°—ein verhältnismäßig hoher   *retired persons*
Prozentsatz der Bevölkerung ist über 65 Jahre
alt—studieren viele junge Deutsche und
Ausländer an den zwei Universitäten und
an den Hochschulen.° Immer wieder   *technical colleges*

demonstrieren politische Aktivisten aus ganz Westdeutschland in dieser ehemaligen Hochburg° des preußischen Konservatismus. Und trotz der Schwierigkeiten, die das Leben in der geteilten und abgekapselten° Stadt mit sich bringt, haben die Berliner ihren berühmten Humor nicht verloren. Man braucht nur in eines der vielen Kabaretts zu gehen, um sich davon zu überzeugen.° Eine Stadt, in der es solche Gegensätze gibt, fasziniert jeden, der mit ihr in Berührung° kommt. Diese Faszination führt zu dem Verlangen,° etwas mehr über diese Stadt zu hören.

    Berlin entstand zu Beginn des 13. Jahrhunderts durch die Vereinigung der zwei Orte Berlin und Cölln in der Mark Brandenburg.° Dank der günstigen° geographischen Lage an der schiffbaren° Spree° entwickelte sich Berlin zu einer Handelsstadt. Am Anfang des 15. Jahrhunderts kam die Mark Brandenburg in den Besitz der Hohenzollern,°

stronghold

cut-off

convince

contact
desire

Mark . . . former Prussian province / favorable navigable / name of a river

name of a dynasty

West-Berlin: Schloß Charlottenburg

die Berlin-Cölln seit dem Ende des 15. Jahrhunderts zur kurfürstlichen° Residenzstadt machten. Zu Beginn des 17. Jahrhunderts hatte Berlin ungefähr 10 000 Einwohner; doch im Dreißigjährigen Krieg (1618–1648) erlitt° die Stadt große Verluste.° Bei Kriegsende war die Einwohnerzahl auf 6 000 gesunken. Der Große Kurfürst Friedrich Wilhelm[1] verbesserte die Stadt und ließ einen Kanal bauen, der die Oder° mit der Spree verband. Durch seine Aufnahme° der Hugenotten[2] profitierte Berlin sehr, denn unter ihnen befanden sich hauptsächlich Handwerker° und Akademiker.°

electoral (referring to the princes, who could vote to elect the emperor)

suffered
losses

name of a river
admittance

craftsmen / professionals

Mit der Gründung° des Königreichs Preußen durch König Friedrich I im Jahre 1701 erlebte Berlin einen großen Aufschwung.° Der König ließ für seine Frau Sophie-Charlotte das Residenzschloß Charlottenburg bauen, das noch heute, dank seiner Restaurierung nach dem Zweiten Weltkrieg, an Berlins glänzende° Vergangenheit erinnert. Unter der Herrschaft Friedrich Wilhelms I,[3] des Soldatenkönigs,° entstanden neue Stadtteile, breite Straßen und Plätze.° Später wurde die herrliche Prachtstraße° Unter den Linden° gebaut, und eindrucksvolle, neuklassische Bauten errichtet, wie die Oper und das Brandenburger Tor.

founding

prosperity

grand

soldier king

squares
boulevard / Unter . . . Under the Linden Trees

Nachdem Preußen 1806 den Krieg gegen Frankreich verloren hatte, zog Napoleon mit seinen Truppen in Berlin ein.° Drei Jahre lang wurde die Stadt von den Franzosen besetzt.° Im Zuge der nationalen Befreiungsbewegung° gründete Wilhelm von Humboldt[4] 1810 die Friedrich-Wilhelm Universität, die bald Deutschlands größte Universität wurde. Nach dem Krieg wurde sie auf den Namen ihres Gründers umgetauft.°

zog [. . .] ein marched into

occupied
Im . . . In connection with the national liberation movement

renamed

---

[1]The Great Elector (1620–1688) began ruling in 1640.
[2]The Huguenots were French protestants of the sixteenth and seventeenth centuries who were forced to leave France when Louis XIV abolished the Edict of Nantes, which had guaranteed religious freedom.
[3]Friedrich Wilhelm (1688–1740) became king in 1713.
[4]Wilhelm von Humboldt (1767–1835) was a Prussian statesman and author.

Seit 1948 ist sie ganz in den Händen der
Ost-Berliner Regierung.

Von Berlin aus festigte° Otto von
Bismarck,[5] der Eiserne Kanzler, auf
diplomatischem und militärischem Wege die
Macht Preußens. Als der preußische König
Wilhelm I[6] 1871 zum Kaiser des Zweiten
Deutschen Reiches proklamiert wurde,
begann auch für Berlin eine neue Epoche.
Berlin wurde Reichshauptstadt und
entwickelte sich zu einer Riesenstadt, die
sich zusehends° industrialisierte. Auch das
kulturelle Leben nahm einen beispiellosen°
Aufschwung.° Bald gab es in Berlin mehr
Theater als in den traditionellen deutschen
Kulturstätten wie Leipzig, Dresden, München
und Weimar.

Durch den starken Zuwachs° der
Bevölkerung entstanden zwischen dem
Stadtzentrum und den Vororten° große
Mietskasernen,° die mit ihren kleinen
Hinterhöfen und den öden° Straßen langsam
zu Elendsquartieren° wurden. Die
gesellschaftlichen Gegensätze verschärften
sich und trugen zu politischen Spannungen°
bei. Diese Spannungen wurden vorübergehend°
überdeckt durch die große nationale
Begeisterung,° mit der Ausbruch des Ersten
Weltkrieges im Jahre 1914 begrüßt wurde. Der
verlorene Krieg führte zum Zusammenbruch
der Monarchie. Am 9. November 1918
wurde vom Reichstag aus die erste deutsche
Republik ausgerufen.°

Trotz der stürmischen Jahre der Weimarer
Republik[7] erlebte Berlin eine kulturelle
Blütezeit.° In den „goldenen zwanziger
Jahren" war Berlin künstlerischer und
intellektueller Mittelpunkt der deutschen

consolidated

increasingly
unparalleled
boom

increase

suburbs
blocks of tenements
dreary
slum dwellings

tensions
temporarily

fervor

proclaimed

flowering

---

[5]Otto von Bismarck (1815–1898), the Prussian statesman who through his shrewd diplomacy created the
Second German Empire.
[6]Wilhelm I (1797–1888).
[7]The name of the republic derives from the fact that the
national parliament met not in Berlin but in Weimar,
where the constitution was drawn up.

Avantgarde. Auf allen künstlerischen Gebieten
wurde mit neuen Ausdrucksmitteln
experimentiert.

Zur selben Zeit, als sich in Berlin ein
überaus° fruchtbares kulturelles Leben   *exceedingly*
entfaltete,° spielten sich bittere Machtkämpfe   *was developing*
zwischen den größten politischen Parteien ab°:   *spielten . . . bitter power*
den Sozialdemokraten, den Kommunisten   *struggles took place*
und den Nationalsozialisten. Mit der
wirtschaftlichen Krise—1932 gab es in Berlin
allein 636 000 Arbeitslose—steigerten°   *intensified*
sich die Zusammenstöße° zwischen den   *clashes*
Kommunisten und den Nationalsozialisten.
Es kam fast täglich zu blutigen Straßenkämpfen,
bis die Nationalsozialisten triumphierten.

Mit Hitlers Machtübernahme° am 30.   *assumption of power*
Januar 1933 begann für Berlin eine dunkle
Epoche. Hitler wollte die Reichshauptstadt
zum Vorbild° und Symbol des Dritten Reiches   *example*
machen. Viele Teile des alten Berlins wurden
abgerissen,° um Riesenbauprojekten Platz   *torn down*
zu machen. So entstanden unter anderem
die Reichskanzlei° und das riesige   *chancellery*
Olympia-Stadion. Die Stadt wurde zur
Hochburg der Nationalsozialisten. Von hier aus
erklärte° Hitler am 1. September 1939 den   *declared*
Zweiten Weltkrieg. Diese folgenschwere°   *momentous*
Handlung änderte nicht nur die Geschichte
Berlins grundlegend,° sondern zugleich die   *significantly*
Geschichte der ganzen Welt.

Übungen

A. **Stimmt das? Wenn eine Aussage falsch ist, geben Sie die richtige Antwort.**

1. Berlin ist eine Großstadt wie alle anderen.
2. In Berlin gibt es nicht viele alte Menschen.
3. Die Berliner haben viel Humor.
4. Die Berliner Kurfürsten gehören der Dynastie der Habsburger an.
5. Die Ankunft der Hugenotten bereitete (*caused*) den Berlinern große Probleme.
6. Berlin war die Hauptstadt Preußens.
7. Unter den Linden ist ein schöner Park in Berlin.
8. Wilhelm von Humboldt gründete die Friedrich-Wilhelm-Universität zu Berlin.
9. Napoleons Truppen haben Berlin nicht besetzt.
10. Vor Hitlers Machtübernahme gab es nicht viele Arbeitslose in Berlin.

B. Fragen

1. Warum ist Berlin eine einzigartige Stadt?
2. Welche Wirkung hatte die Gründung des Zweiten Deutschen Reiches auf Berlin?
3. Was verstehen Sie unter dem Ausdruck „die goldenen zwanziger Jahre" Berlins?
4. Welche Parteien kämpften besonders hart in den Straßen Berlins während der Weimarer Republik?
5. Welche Rolle spielte Berlin in der Hitlerzeit?

Berlin nach dem Zweiten Weltkrieg

Durch die Bombenangriffe° auf Berlin wurden ganze Stadtteile dem Erdboden gleichgemacht,° wobei schätzungsweise° 52 000 Bürger ums Leben kamen.° Fast doppelt so viele Berliner wurden Opfer des Kampfes um Berlin.[1] Bei der Kapitulation der deutschen Wehrmacht° am 8. Mai 1945 war Berlin eine Trümmerwüste° von etwa 75 Millionen Kubikmeter Schutt.° Anstatt der 4,3 Millionen Einwohner, die bei Kriegsausbruch in Berlin gelebt hatten, waren es jetzt nur noch 2,8 Millionen. Die Wirtschaft,° der Verkehr und die Versorgung° waren zusammengebrochen.° Um der großen Not entgegenzukommen,° wurden Grundstücksbesitzer° verpflichtet,° auf jedem Stückchen Land Gemüse und Kartoffeln anzupflanzen.

Im Juli 1945 wurde Berlin in vier Besatzungssektoren aufgeteilt und dem Alliierten Kontrollrat° unterstellt.° Zunächst wurde die Stadt noch als Einheit von einem deutschen Magistrat verwaltet.° Als aber die

bomb attack

razed to the ground / an estimated
ums . . . lost their lives

army
ruined wasteland
rubble

economy / supply system
collapsed
alleviate
landowners / required

Control Council / placed under the authority
administered

---

[1]The Battle of Berlin was launched by the advancing Red Army on April 16, 1945.

Westmächte im März 1948 beschlossen,
ihre Zonen wirtschaftlich zu vereinen,
weigerte° sich der sowjetische
Vertreter,° den Sitzungen° des Alliierten
Kontrollrates beizuwohnen.° Daraufhin°
wurden die Sitzungen eingestellt,° und die
Russen traten aus der Alliierten
Kommandantur° aus. Die sich verschärfenden
Gegensätze° der Siegermächte° und die
westdeutsche Währungsreform,° die auch
in Berlin im Juni 1948 durchgeführt° wurde,
hatten eine Landblockade der Westsektoren
Berlins zur Folge. Durch dieses Vorgehen°
erhofften sich die Russen, die Westmächte
zur Aufgabe° ihrer Rechte auf Berlin zwingen°
zu können. Der amerikanische General Lucius
Clay organisierte die Luftbrücke,° durch die
West-Berlin weiterhin versorgt° werden
konnte. Alle drei Minuten landete ein
Transportflugzeug auf dem Flugplatz

refused
representative / meetings
to attend / As a result
stopped

traten . . . withdrew from the
  Allied commandant's office
differences / victorious powers
monetary reform
introduced

measure

relinquishment / force

airlift
supplied

Luftbrücke, 1949

Tempelhof. Die Blockade endete im Mai 1949, aber die Luftbrücke blieb bis zum September vorsichtshalber° bestehen. Vor dem Flughafengebäude steht seit 1951 das Luftbrückendenkmal, eine Versinnbildlichung der drei Luftkorridore, die West-Berlin während der Blockade mit Westdeutschland verbanden. Mit der Gründung einer eigenen Ost-Berliner Stadtregierung im November 1948 wurde die Trennung° von Ost- und West-Berlin endgültig vollzogen.° West-Berlin wurde in das Rechts-, Wirtschafts- und Finanzsystem der Bundesrepublik einbezogen.°

   Trotz—und vielleicht gerade wegen— der vielen politischen Schwierigkeiten, die die Sowjetunion und die Deutsche Demokratische Republik West-Berlin bereiteten,° machte der Wiederaufbau der Stadt große Fortschritte. Amerikas Unterstützung West-Berlins kam symbolisch zum Ausdruck,° als das amerikanische Volk 1950 Berlin die Freiheitsglocke° schenkte. Sie hängt im Turm des Schöneberger Rathauses und läutet jeden Mittag um zwölf Uhr. Nach dem Bau der berüchtigten° Mauer, der im August 1961 begann, bekundete° Amerika erneut seine Sympathie° gegenüber Berlin mit dem Besuch von Präsident Kennedy im Juni 1963. Als er den Berlinern auf einer Kundgebung° die berühmt gewordenen Worte zurief: „Ich bin ein Berliner," jubelten ihm die Berliner begeistert entgegen.°

   Im September 1970 unterzeichneten° die Alliierten und die Russen das Viermächte-Abkommen° über Berlin, daß die Spannungen zwischen Ost und West lockern sollte.° Seit seinem Inkrafttreten° im September 1971 und der Unterzeichnung° eines Vertrages zwischen der Bundesrepublik und der DDR im Dezember 1972 hat sich die Situation merklich° verbessert. Für Westdeutsche und Ausländer ist es seitdem° leichter, Ost-Berlin zu besuchen. Seit dem Abkommen zwischen dem Senat von Berlin und der DDR ist es auch West-Berlinern möglich, in den Ostsektor zu fahren.

as a precautionary measure

separation
endgültig . . . finalized

integrated

caused

kam . . . zum Ausdruck was expressed
liberty bell

infamous
expressed
friendship

rally

jubelten . . . the people of Berlin cheered him enthusiastically

signed
treaty among the four powers

lockern . . . were supposed to ease / enforcement
signing

noticeably
since then

Selbst der neutralste Beobachter kann
nicht umhin, den himmelweiten Unterschied
zwischen den zwei Berlins festzustellen.° kann . . . cannot help but notice
the enormous difference
between the two Berlins
Während Ost-Berlin einen nüchternen,° dreary
eintönigen° Eindruck macht, spürt man in monotonous
West-Berlin die Atmosphäre einer Weltstadt.
Rein vom Architektonischen° her ist Rein . . . From a purely
architectural viewpoint
West-Berlin beeindruckend.° Im Stadtzentrum impressive
steht die rußgeschwärzte° Turmruine der blackened from fire
ehemaligen° Kaiser-Wilhelm-Gedächtniskirche. former
Zu beiden Seiten dieses Kriegsmahnmals° war memorial
erhebt sich der zweiteilige Neubau der
Kirche: das oktogonale Hauptgebäude, das ein
Flachdach hat, und der im selben Stil erbaute
Glockenturm.° In der Nähe der bell tower
Gedächtniskirche steht das zwanzigstöckige° twenty-floor
Europa-Center, ein imposanter Bau aus
Stahl und Glas; es ist ein Symbol von Berlins
wirtschaftlicher Verknüpfung° mit den ties
europäischen Industrieländern. Berlins
internationale Ausrichtung° zeigte sich, als orientation
Architekten aus vierzehn Ländern gemeinsam
das Hansa-Viertel entwarfen, einen neuen
Stadtteil mit vielen Hochhäusern. Die
asymmetrische Philharmonie ist kühn° und bold
phantasievoll° gebaut. Das Dach macht den imaginatively
optischen Eindruck einer Meereswelle.° Hier ocean wave
spielt das weltberühmte Berliner
Symphonieorchester unter der Leitung
des hervorragenden° Dirigenten° Herbert outstanding / conductor
von Karajan. Die Neue Nationalgalerie,
das letzte Werk das großen Architekten
Mies van der Rohe,[2] ist eine Mischung aus
Glas und Stahl. Dort ist eine Sammlung
moderner Malerei beherbergt.° housed
    Der Wille, architektonisch neue Wege
zu gehen, ist jedoch nur ein Beispiel der
Experimentierfreudigkeit° der Berliner. joy in experimentation
Diese kommt vor allem in den vielen
Modellinszenierungen° der Berliner Bühnen model stagings
zum Ausdruck. Mit seinen etwa zwanzig
Bühnen ist West-Berlin die deutsche
Theaterstadt schlechthin.° Den Höhepunkt as such

---

[2]Mies van der Rohe (1886–1969) was one of the leading
architects of the twentieth century.

der schauspielerischen Darbietungen bilden
die jährlich im Herbst stattfindenden Berliner
Festwochen.° Während des Berliner   *festival weeks*
Theatertreffens im Frühjahr jedes Jahres
können die Berliner beachtenswerte°   *notable*
Inszenierungen anderer bundesdeutscher
Bühnen sehen.

   Auch im Bereich° der Malerei° und   *realm / painting*
der bildenden Künste° hat West-Berlin viel   *fine arts*
zu bieten. Im Dahlemer Museum sind Gemälde
vieler alter Meister zu sehen. Zum
Museumskomplex Charlottenburg gehören
unter anderem das Ägyptische Museum
und das Kunstgewerbemuseum.° Von den   *Museum of Decorative Arts*
vielen Ausstellungen,° die Besucher von überall   *exhibits*
nach West-Berlin bringen, hat keine so eine
große Anziehungskraft ausgestrahlt° wie die   *Anziehungskraft . . . attracted so*
Preußen Ausstellung im Herbst 1981, in der die   *much attention*
Geschichte Berlins eine große Rolle spielt.

Übungen

A. Stimmt das? Wenn eine Aussage falsch ist, geben Sie die richtige Antwort.

1. Mehr Berliner kamen im Kampf um Berlin ums Leben als in den Bombenangriffen.
2. Berlin wurde in zwei Besatzungssektoren aufgeteilt.
3. Die Landblockade war ein Versuch der Russen, die Westmächte aus Berlin zu treiben.
4. Ost-Berlin gründete bereits 1946 eine eigene Stadtregierung.
5. Die Freiheitsglocke ist ein Geschenk der Russen an Ost-Berlin.
6. Westdeutsche und Ausländer dürfen nicht nach Ost-Berlin fahren.
7. Die Gedächtniskirche ist ein Kriegsmahnmal.
8. Berlin ist keine bedeutende Theaterstadt.
9. Herbert von Karajan ist ein berühmter Architekt.
10. Viele Deutsche interessieren sich für die Geschichte Preußens, die zugleich weitgehend die Geschichte Berlins ist.

B. Fragen

1. Wie sah Berlin am Ende des Zweiten Weltkrieges aus?
2. Welche Faktoren führten zur Landblockade?
3. Wie wurde West-Berlin während der Blockade versorgt?
4. Seit wann ist Berlin eine geteilte Stadt?
5. Warum reagierten die West-Berliner so enthusiastisch auf Präsident Kennedys Besuch im Jahre 1963?

Berlin heute

West-Berlins größte Attraktion ist heute wie gestern der Kurfürstendamm, einer der schönsten Boulevards der Welt. Im folgenden Text „Berliner Kurfürstendamm durchgehend geöffnet,"* können Sie Näheres über diese berühmte Prachtstraße erfahren.

„Ich hab so heimweh nach° dem Kurfürstendamm . . . ," so lautet° ein Lied, das die Nostalgie der Berliner ausdrückt, die in der Fremde° leben. Was ist dran,° was muß anders sein an diesem BummelBoulevard,° daß man ihn mit Recht den einzigen nennt, der noch funktioniert?° Andere ehemalige Prachtstraßen° deutscher Großstädte haben längst ihren Glanz und ihre Anziehungskraft eingebüßt.° Die Büros stehen am Abend leer; Hausmeister° und Wachleute sind die einzigen Anwohner.° Aber am Kurfürstendamm geht es rund°—hier ist Betrieb,° Geschäftigkeit° und Amüsement rund um die Uhr.

So bunt° wie das heutige Leben des Kudamms ist, wie man ihn überall in Deutschland nennt, so bunt ist seine Geschichte. Ein Kaufmann namens Carstens erhielt 1875 die Erlaubnis,° aus dem Jagdweg° der Kurfürsten zum Grunewald° eine moderne Großstadtstraße zu machen. Kanzler Bismarck sah eine Chance, den Dammweg° nach dem Vorbild° der Pariser Champs-Elysees auszubauen. Die Breite der Straße wurde auf 53 Meter festgesetzt,° mit einer Promenade und einem Reitweg° von je fünf Metern in der Mitte.

Der Kudamm wurde noch kaum beachtet,° da machte er bereits Geschichte. Schon 1882 erprobte° Werner von Siemens hier das

hab . . .	*am homesick for*
	goes
in . . .	*away from Berlin / Was . . .*
	What is it all about
	shopping street
	has retained its character
	glamorous streets
längst . . .	*have long since lost their glitter and attraction*
	custodians
	inhabitants
geht . . .	*life never stops*
	activity / life
	colorful
	permission / hunting path
	name of a forest
	road
	model
	fixed
	bridle-path
wurde . . .	*was hardly noticed*
	tested

---

*This text was adapted from an article by Inge Bongert in *Scala, Zeitschrift der Bundesrepublik Deutschland* No. 9, 1980, pp. 234–37.

West-Berlin: Kurfürstendamm

erste Elektroauto der Welt, und 1886 fuhr die
erste Pferdebahn.° Es folgte eine
Dampfstraßenbahn,° die an weidenden°
Kühen vorbei fuhr. Später wurde sie von der
elektrischen abgelöst.°

    Gegen die Jahrhundertwende° wurde auf
dem Kurfürstendamm noch nicht viel
geboten.° Erst einmal spielte man hier Tennis,
lief Rollschuh° und lernte Rad- und Autofahren.
Buffalo Bill war mit seiner legendären
Wild-West-Schau zu Gast. Und mit einem großen
Feuerwerk°Spektakel, das sich die „letzten
Tage von Pompeji" nannte, demonstrierte
man einen dramatischen Ausbruch° des
Vesuvs.°

    Zu Beginn des 20. Jahrhunderts
entwickelte sich der Kudamm zu einem
Vergnügungs-° und Geschäftszentrum; er
wurde das „größte Caféhaus Europas." Die
Anwohner begannen sich über den Lärm zu
beklagen,° der aus den „zweifelhaften"°
Lokalen bis in den frühen Morgen hinausgellte.°

horse-drawn streetcar
streetcar run by steam / grazing

replaced

*Gegen . . . Around the turn of
the century*

offered

lief . . . roller skated

fireworks

eruption
Mt. Vesuvius

entertainment

complain / dubious

blasted

Auch heute noch beklagen sich die einen
darüber, während die anderen das Nachtleben
genießen.

Das „Café des Westens" war das erste
Kurfürstendamm-Café. Hier und im
„Romanischen Café" traf sich die literarische
Prominenz. Hier wurde Theater- und
Literaturgeschichte gemacht.

Auch das Kino tönte hier zum ersten
Mal. In den „Alhambra"-Lichtspielen°   movie theater
liefen schon 1922 die ersten Tonfilme.
Max Reinhard gründete hier die Komödie.
Das „Nelson-Theater" und das „Kabarett
der Komiker" sorgten für° kabarettistische   sorgten . . . supplied
Kurzweil.° Die Kinos entstanden in solcher   entertainment
Vielzahl° auf dieser „Vergnügungsmeile,"°   great numbers / "pleasure mile"
daß der Kurfürstendamm auch heute noch
Deutschlands imponierendste Kinostraße ist.

Nach dem Zweiten Weltkrieg gab es am
Kurfürstendamm von den ehemals 250 nur
noch 43 bewohnbare Häuser; der Rest war
beschädigt oder vollständig zerstört. Aber
schon sehr bald begann der Boulevard wieder
zu leben.

Auch die Gedächtniskirche entstand neu.
Die Ruine des Westturms, „hohler° Zahn"   hollow
genannt, blieb stehen, umrahmt° von der   framed
neuen Kirche und dem Glockenturm.° Die   bell tower
20 000 blauen Glasscheiben geben dem
Kircheninneren ein überraschend° warmes,   surprisingly
angenehm° gedämpftes° Licht.   pleasant / muted

Heute ist der Kudamm wieder komplett:
begehrte° Wohnhäuser renommierte°   desirable / renowned
Geschäftsaddresse und Vergnügungsstätte°   entertainment areas
für einheimische° und zugereiste° Tag- und   native / tourist
Nachtschwärmer.° Insgesamt gibt es hier   night revelers
etwa 500 Betriebe°; die meisten davon sind   businesses
Restaurants und Gaststätten. Viele
Modehäuser° und Boutiquen bestätigen,°   fashionable clothing stores
daß Berlins Prachtstraße immer noch dem   confirm
früheren Ruf° von der „Straße der   reputation
Schneidermeister"° gerecht wird.°   tailors / gerecht . . . lives up to

Das Feinste vom Feinen kann man in den
Schmuck-,° Pelz-° und Antiqitätenläden   jewelry / fur
kaufen. Galerien, Autosalons und Hotels und
Pensionen legen Wert° auf die noble Adresse.   legen . . . value

Kaiser Wilhelm Gedächtniskirche, 1945 (links); 1964 (rechts).

Aber auch „fliegende Händler"° bieten hier
Souvenirs und niedliche° Nichtigkeiten°
an. Und bei der sprichwörtlichen° Berliner
Toleranz goutiert° man sogar die Sex-Shops.

    Wer in der glücklichen Lage ist, bis elf sein
Frühstück in der Sonne einnehmen zu können,
ist oft Stammgast° in den Frühstückscafés.
Wem° morgens um drei nach einem Steak
gelüstet,° der wird am Kudamm immer
bedient.° Die vielen Restaurantvorgärten
sind im Sommer offen, im Winter aber
verglast° und beheizt.°

    Die West-Berliner halten den Kudamm für
den Mittelpunkt ihrer Stadt, und die Touristen
schreiten ihn süchtig ab°, kaum° daß sie
ihre Koffer im Hotelzimmer abgestellt° haben.

„fliegende . . . street vendors
cute / trinkets
proverbial
puts up with

regular customer
He who
has a craving
served

glassed in / heated

schreiten . . . walk up and down
  it obsessively / as soon as
deposited

Übungen

A. **Stimmt das? Wenn eine Aussage falsch ist, geben Sie die richtige Antwort.**

    1. Es gibt viele Straßen wie den Kurfürstendamm in Deutschland.
    2. Der Kurfürstendamm war vor 1875 ein Jagdweg, der zum Grunewald führte.

3. Bismarck war an dem Bau der neuen Straße gar nicht interessiert.
4. Der Kurfürstendamm entwickelte sich sofort zu einem Geschäftszentrum.
5. Am Kurfürstendamm wurde Musikgeschichte gemacht.
6. Man braucht nicht viel Geld zu haben, um in dem Geschäften am Kurfürstendamm einkaufen zu können.
7. Der Kurfürstendamm wurde nach dem Vorbild der Königsallee in Düsseldorf gebaut.
8. Das erste Elektroauto der Welt wurde auf dem Kurfürstendamm erprobt.

B. **Fragen**

1. Wonach haben so viele Berliner in der Fremde Heimweh?
2. Wie nennt man den Kurfürstendamm meistens?
3. Von wem stammt die Idee, den Kurfürstendamm zu bauen?
4. Was für Attraktionen gab es auf dem Kudamm, ehe er ein Geschäftszentrum wurde?
5. Warum nennt man den Kudamm das „Café des Westens"?

Diskussions- und Aufsatzthemen

1. Nehmen Sie an, Sie hätten eine Reise nach West-Berlin gewonnen. Was würden Sie während Ihres Aufenthaltes in Berlin am liebsten machen?
2. Versuchen Sie, sich vorzustellen, warum das Leben in West-Berlin in manchen Hinsichten schwerer ist als in anderen deutschen Großstädten. Führen Sie soviele Gründe wie möglich an.

Grammatisches: der- and *ein-*Words, Gender and Plural of Nouns; Declension of Nouns

*der-*Words

The **der** words are **dieser** (this), **jeder** (each; plural, **alle**), **jener** (that), **mancher** (many), **solcher** (such), and **welcher** (which). They are declined like the definite article.

	Masculine	Neuter	Feminine	Plural
Nominative	dieser	dieses	diese	diese
Accusative	diesen	dieses	diese	diese
Dative	diesem	diesem	dieser	diesen
Genitive	dieses	dieses	dieser	dieser

ein-Words

The **ein**-words are **kein** and the possessive adjectives **mein** (*my*), **dein** (*your, second-person familiar singular*), **sein** (*his*), **ihr** (*her*), **unser** (*our*), **euer** (*your, second-person familiar plural*), **ihr** (*their*), and **Ihr** (*your, second-person polite, singular and plural*). They are declined like the indefinite article in the singular and the definite article in the plural. The declension of **mein**, for example, is:

	Masculine	Neuter	Feminine	Plural
Nominative	mein	mein	meine	meine
Accusative	meinen	mein	meine	meine
Dative	meinem	meinem	meiner	meinen
Genitive	meines	meines	meiner	meiner

When **ein**-words are not followed by another adjective or noun they require the endings **-er** and **-es**, which they normally lack in the nominative masculine and the nominative and accusative singular neuter:

Ist das mein Wagen oder deiner?
Is that my car or yours?

Gender of Nouns

Masculine Nouns

Most nouns referring to males (**der Mann, der Löwe,** *lion*), days of the week, months, seasons, phenomena of weather (**der Sturm,** *storm;* **der Regen,** *rain*), and nouns ending in **-er** derived from verbs (**der Schwimmer**) are masculine.

Feminine Nouns

Most nouns referring to females (**die Mutter, die Kuh**), and most nouns ending in **-in** (**die Studentin**), **-schaft** (**die Landschaft,** *landscape*), **-ung** (**die Übung**), **-heit** or **-keit** (**die Schönheit, die Freundlichkeit**), **-ei** (**die Konditorei**), **-ion** (**die Nation**), and **-e** (**die Rose, die Nase,** *nose*) are feminine.

Neuter Nouns

Most nouns expression names of cities, continents, and countries (**das alte Köln**), most nouns containing the prefix **ge-** (**das Gebäude,** *building*), infinitives used as nouns (**das Essen**), and nouns ending in **-chen** or **-lein** (**das Mädchen, das Fräulein**) are neuter.

Compound Nouns

Compound nouns usually have the same gender as the last element: **das Haupt + die Stadt → die Hauptstadt.**

Plural of Nouns

The plural of most masculine nouns ends in **-e**, often with umlaut (**der Fuß, die Füße**). The plural of most feminine nouns ends in **-n** or **-en** (**die Frau, die Frauen**). The plural of most neuter nouns ends in **-er** and an umlaut (**das Buch, die Bücher**). Nouns ending in **-chen** or **-lein** are the same in the singular and plural (**das Mädchen, die Mädchen**).

Declension of Nouns

Most masculine and neuter nouns end in **-(e)s** in the genitive singular: **des Mannes, des Mädchens.** A few masculine nouns mainly of foreign origin and referring to males end in **-(e)n** throughout the singular and plural except in the nominative singular, where they have no ending or the ending **-e.** For example, the declensions of **Junge** and **Student** are:

	Singular	Plural	Singular	Plural
Nominative	der Junge	die Jungen	der Student	die Studenten
Accusative	den Jungen	die Jungen	den Studenten	die Studenten
Dative	dem Jungen	den Jungen	dem Studenten	den Studenten
Genitive	des Jungen	der Jungen	des Studenten	der Studenten

All nouns except those ending in **-n** or **-s** take the ending **-n** in the dative plural: **mit den Kindern, mit den Mädchen, in den Restaurants.**

Übungen

A. *Replace the definite article in italics with the proper form of the* **der-** *word in parentheses.*

1. *Der* Große Kurfürst wohnte in *dem* Schloß. (dieser)
2. *Die* Stadt war drei Jahre von den Franzosen besetzt. (dieser)
3. *Das* alte Gebäude wurde durch Bomben zerstört. (mancher)
4. Auf *den* Straßen ist viel Verkehr. (alle)
5. In *dem* Theater spielt man moderne Stücke. (jeder)

B. *Complete each sentence with the correct* **der-***word as indicated in English in parentheses.*

1. In _____ Café gehst du gern? (*which*)

2. _____ West-Berliner muß einen Paß haben, um nach Ost-Berlin zu gehen. (*every*)

3. In West-Berlin sieht man _____ Touristen. (*many*)

4. Haben Sie schon _____ Museum besucht? (*this*)

5. In _____ Gebäude war die Reichskanzlei. (*that*)

C. *Replace the definite article in italics with the proper form of the* **ein**-*word in parentheses.*

1. Berlin ist *die* Heimatstadt. (mein)
2. *Die* Eltern wohnen noch in Ost-Berlin. (sein)
3. Hast du *den* Bericht über die Blockade gelesen? (ein)
4. Heute fährt *die* U-Bahn zum Wannsee. (kein)
5. Wir fahren mit *dem* Boot auf dem Wannsee. (unser)

D. *Complete each sentence with the proper form of the* **ein**-*word in parentheses.*

1. Die Luft in Berlin ist sehr gut. _____ ist auch gut. (unser)

2. Ich habe keinen Paß bekommen. Hast du _____? (ein)

3. Viele Häuser wurden während des Krieges zerstört, aber

   _____ steht noch. (mein)

4. Das Hotelzimmer ist sehr teuer. Wieviel kostet _____? (dein)

5. Jeden Sontag machen wir einen Ausflug ins Grüne. Aber heute machen

   wir _____. (kein)

E. *Complete the sentences with the appropriate definite article.*

1. _____ Regierung hatte ihren Sitz in Berlin.

2. Wer ist _____ Bürgermeister von Berlin?

3. _____ Stadt ist in zwei Teile geteilt.

4. _____ Schloß Charlottenburg wurde von König Friedrich I gebaut.

5. _____ Freie Universität ist in West-Berlin.

6. _____ Theater ist sehr berühmt.

7. _____ Schauspielerin heißt Hildegard Knef.

8. Wohin fährt _____ Bus?

9. _____ Nazi-Partei war in Berlin sehr stark.

10. _____ amerikanische Präsident Kennedy hat Berlin besucht.

F. *Change the subject of each sentence from the singular to the plural.*

1. Der Russe eroberte 1945 Berlin.
2. Diese Straße führt zum Kurfürstendamm.
3. Das Gasthaus ist die ganze Nacht geöffnet.
4. Der Tourist kommt nach West-Berlin.
5. 1945 war der Kampf um Berlin beendet.
6. Das Filmfestspiel ist hier sehr bekannt.
7. Das Geschäft ist bei der Gedächtniskirche.

West-Berliner Brautpaar winkt seinen Angehörigen in Ost-Berlin über die Mauer zu.
(top left)
DDR Soldaten bei der Ablösung der Wache am Mahnmal für die Opfer des Faschismus
(top right)
Ost-Berlin: Kunstausstellung (bottom)

5
Die Deutsche Demokratische Republik

Wortschatz

der **Beamte** (*adj. noun*) (**-n**); **die Beamtin** (**-nen**) civil servant

der **Flüchtling** (**-e**) refugee

das **Gesetz** (**-e**) law

die **Kontrolle** (**-n**) control

die **Landwirtschaft** (**-en**) farming; agriculture

die **Mauer** (**-n**) wall

der **Osten** (**-**) east

die **Partei** (**-en**) political party

der **Paß** (**-̈sse**) passport

die **Regierung** (**-en**) government

die **Teilung** (**-en**) division

die **Wache** (**-n**) guard

die **Wahl** (**-en**) vote; election

der **Westen** (**-**) west

behaupten to claim

bewachen to guard

fliehen* to flee, escape

kontrollieren to control; to check

teilen to divide; to share

wählen to vote; to choose

verbringen* to spend, pass (time)

versuchen to try, attempt

zeigen to show

außerdem in addition to

ungefähr approximately

A. *Complete the following narrative by a citizen of West Germany who was born in East Germany with words from the vocabulary list.*

1. Ich lebe heute im _____.

2. Meine Geburtsstadt liegt jedoch im _____.

3. Nach der _____ im Jahre 1945 bin ich vom Osten hierher nach Westdeutschland gekommen.

4. Ich _____ sehr viel Zeit in meiner Heimat im Osten.

5. Man _____ jeden Besucher an der Grenze.

6. Ich muß meinen _____ zeigen.

7. Seit man die _____ gebaut hat, hat sich die Zahl der _____ stark reduziert.

---

*Verbs marked with an asterisk are strong verbs; see the appendix for principal parts of strong verbs.

8. Inzwischen glauben auch viele meiner Freunde im Osten an

ihre _____ und an die politische _____.

B. *Choose the verb that corresponds to each noun.*

1. die Kontrolle
2. die Teilung
3. die Wahl
4. die Wache
5. der Flüchtling

C. *Complete the sentences with words from the vocabulary list.*

1. Können Sie mir den Weg zum Grenzübergang _____?

2. Im Norden der DDR ist _____ sehr wichtig: die Hauptprodukte sind

   Getreide (*grain*) und Kartoffeln.

3. Die DDR _____, daß ihre Bürger alle glücklich seien.

4. An der Grenze kontrollierte _____ die Pässe.

5. Zwischen den Jahren 1945 und 1961 verließen _____ drei

   Millionen Ostdeutsche die DDR; _____ versuchten viele andere zu

   flüchten.

6. Muß das _____ alle Menschen gleich behandeln?

Land und Leute der DDR

In der Mitte Europas liegt die Deutsche
Demokratische Republik. Durch ihre
günstige Lage ist sie ein wichtiger
Verkehrsknotenpunkt° für den Handel   *crossroads*
zwischen Ost und West. Im Westen grenzt
sie an die Bundesrepublik Deutschland, im
Osten an Polen und im Süden an die
Tschechoslowakei. Die DDR ist nicht wie die
Bundesrepublik in Länder, sondern in
fünfzehn Bezirke° aufgeteilt, die aus den   *districts*
früheren deutschen Ländern Mecklenburg,
Brandenburg (einem Teil das ehemaligen
Preußens), Sachsen und Thüringen

Blick auf Erfurt

entstanden.° Im Vergleich° zur Bundesrepublik   *were formed / comparison*
mit ihren etwa 60 Millionen Einwohnern
leben in der DDR nur 16 Millionen Menschen.
Etwa 75% davon wohnen in Städten.

   Die Landschaft ist abwechslungsreich.°   *diversified*
Vom Norden bis zum Süden erstreckt sich° ein   *erstreckt . . . extends*
Tiefland, das von einzelnen Hügelketten°   *chain of hills*
unterbrochen ist. Im nördlich gelegenen
Mecklenburg befinden sich besonders viele
schöne Seen. Im Süden gibt es mehrere
Mittelgebirge°: das Erzgebirge, den   *chain of mountains intermediate in size*
Thüringerwald, das Elbsandsteingebirge,
das Lausitzer Bergland, das Schiefergebirge
und einen Teil des Harzes. Diese Gebirge
sind zwischen 600 Meter und 1000 Meter
hoch. Der Fichtelberg im Ergebirge ist mit
seinen 1214 Metern der höchste Berg der DDR.

   Die größten landwirtschaftlichen°   *agricultural*
Gebiete liegen im Tiefland, in denen
hauptsächlich Getriede,° Rüben° und Kartoffeln   *grain / sugar beets*
angebaut° werden. Auch die   *grown*
meisten industriellen Betriebe sind im Tiefland
angesiedelt.° Die Hauptindustriezweige   *located*

der DDR umfassen° Maschinenbau,
Feinmechanik, Optik und chemische Werke.
Im Erzgebirge werden viele Spielwaren und
holzgeschnitzte° Gegenstände hergestellt.°
Besonders die Nußkracker und viel deutscher
Weihnachtsschmuck° kommen aus dem
Erzgebirge. Sie sind aber nur für den
Export bestimmt.

    Eine der wichtigste Industriestädte der
DDR ist Leipzig. Ihre gegenwärtige° Bedeutung
verdankt° sie weitgehend° der großen Industrie-
und Handelsmesse,° zu der jedes Jahre über
eine halbe Million Geschäftsleute, Ingenieure
und Wissenschaftler aus aller Welt kommen.
Leipzig ist dadurch zum Mittelpunkt des
Ost-West Handels geworden.

    Auch auf kulturellem Gebiet ist Leipzig
bedeutend. In der aus dem 13. Jahrhundert
stammenden Thomaskirche war der große
deutsche Komponist Johann Sebastian Bach
Kantor.° An der Leipziger Universität, die
heute Karl-Marx-Universität heißt, haben
unter° anderem Goethe und Richard Wagner
studiert. In Leipzig befindet sich eine der
wichtigsten deutschen Bibliotheken, die
Deutsche Bücherei, mit der vollständigsten°
Sammlung deutschsprachiger Literatur.
Namhafte° deutsche Verlage° sind in
Leipzig angesiedelt. Jedes dritte° der in der
DDR hergestellten° Bücher kommt aus Leipzig.

    Im Südosten der DDR liegt Dresden. Vor
dem Zweiten Weltkrieg war Dresden eine
führende Theater- und Kunststadt. Die
meisten bedeutenden Baudenkmäler wie
zum Beispiel der Zwinger, wurden durch
einen großen Bombenangriff kurz vor Ende des
Krieges zerstört. Dresdens Oper hatte schon
von jeher° einen großen Ruf.° Richard Wagner
hatte hier dirigiert und wichtige
Erstaufführungen° fanden hier statt.

    Die dicht beieinander liegenden° Städte
Weimar und Jena im Südwesten des Landes
sind aufs engste° mit der deutschen Klassik[1]

Glosses (right margin):

- *encompass*
- *carved out of wood / produced*
- *Christmas ornaments*
- *present*
- *owes / largely*
- *industrial fair and trade show*
- *organist*
- *among*
- *most complete*
- *well-known / publishing companies*
- *Jedes . . . One third*
- *produced*
- *hatte . . . has always had / reputation*
- *premier performances*
- *dicht . . . located close to one another*
- *aufs . . . intimately*

---

[1]German classicism (ca. 1780–1805) was an era in the
history of German literature during which some of the
greatest literature in German was produced.

verbunden. In Weimar wirkte Johann Wolfang von Goethe[2] fünfzig Jahre lang. Friedrich von Schiller[3] verbrachte seine letzten Lebensjahre hier. Viele der alten Gebäude Weimars erinnern an Goethes und Schillers Leben: Goethes Gartenhaus; das Schillerhaus; das Schloß ihres Schirmherrn° Karl August, in dem besonders Goethe aus- und einging;° das Goethe-Nationalmuseum, und die Fürstengruft,° in der Goethe und Schiller neben den sächsischen Herzögen° begraben° sind. Für den Literaturwissenschaftler° ist das Goethe- und Schiller Archiv von unermeßlichem Wert. Schiller lehrte Philosophie und Geschichte an der Universität in Jena. Zu seinen Kollegen zählten die großen Philosophen Fichte, Schelling und Hegel. Somit war Jena damals das Zentrum der deutschen idealistischen Philosophie.

    patron
    frequented

    mausoleum of the princes
    dukes / buried
    literary scholars

    Nicht weit von Weimar und Jena, im Thüringer Wald, liegt die Wartburg. Auf dieser Burg trugen im Mittelalter fahrende Sänger° ihre Künste vor,° unter ihnen auch die großen Minnesänger[4] Walther von der Vogelweide und Wolfram von Eschenbach. Das Leben auf der Wartburg bildet den Hintergrund für Richard Wagners Oper „Tannhäuser".

    fahrende . . . minstrels / trugen
    [. . .] vor performed

    Auch Martin Luther ist mit der Wartburg verbunden. Von der katholischen Kirche geächtet,° suchte Luther 1521—22 Zuflucht° auf der Wartburg. Dort begann er seine deutsche Übersetzung des Neuen Testaments. Beim Arbeiten soll ihm der Teufel erschienen sein.° Die Legende erzählt, daß er sein

    banned / refuge

    soll . . . the devil is said to have appeared

---

[2]Johann Wolfgang von Goethe (1749—1832) is considered by many to be the greatest literary genius who wrote in German.

[3]Friedrich von Schiller (1759—1805) is the author of some of the greatest German dramas. He also wrote poems and important works on literary aesthetics.

[4]**Minnesänger** are German poet-musicians of the twelfth and thirteenth centuries who wrote and performed songs of courtly love (**Minne**).

Tintenfaß° nach dem Teufel warf, um ihn   *inkwell*
zu vertreiben.° Dabei entstand ein Tintenfleck°   *chase away / inkspot*
an der Wand. Weil viele Touristen sich
ein Stückchen der verfärbten Wand zum
Andenken abkratzten,° mußte der Fleck   *verfärbten . . . chipped off a*
öfters erneuert werden. Wie wäre die   *piece as a remembrance*
Geschichte sonst weiterhin glaubhaft?

Übungen

A. **Stimmt das? Wenn eine Aussage falsch ist, geben Sie die richtige Antwort.**

1. Die DDR ist, wie die Bundesrepublik, in Länder aufgeteilt.
2. In der DDR leben mehr Deutsche als in der Bundesrepublik.
3. Das Land in der DDR ist flach.
4. Leipzig ist die wichtigste Industriestadt der DDR.
5. Beethoven war Kantor an der Thomaskirche in Leipzig.
6. Richard Wagner hat an der Oper in Dresden dirigiert.
7. Weimar und Jena sind die Städte in denen Schiller und Goethe wirkten.
8. Im Mittelalter trugen Minnesänger ihre Künste auf der Wartburg vor.
9. Auf der Wartburg hat Luther Kirchenlieder geschrieben.

B. **Fragen**

1. Welche Rolle spielt die DDR im Ost-Westhandel?
2. Wo liegen die Mittelgebirge Ostdeutschlands?
3. Was sind die wichtigsten Agrarprodukte der DDR?
4. Was sind die wichtigsten Industriezweige der DDR?
5. Was wird im Erzgebirge hergestellt?
6. Wo befindet sich die vollständigste Sammlung deutschsprachiger Literatur?

Ost-Berlin

Von allen Städten der DDR ist Ost-Berlin
die wichtigste. Heute leben 1,1 Millionen
Menschen hier. Die Regierung benutzt ihre
Hauptstadt als Aushängeschild° für den   *advertisement*
Sozialismus. Das gilt besonders für° das   *gilt . . . is true of*
Stadtzentrum, das ganz in der Nähe der
Grenzübergänge Friedrichstraße und
Checkpoint Charlie liegt. Der Kern° der Stadt   *core*
bildet der großzügig angelegte° und   *spaciously laid out*
modernisierte Alexanderplatz. Ironischerweise

ist er nach dem russischen Zaren Alexander genannt. Für den heutigen Berliner, der den Platz kurz° den Alex den nennt, ist er Treffpunkt für Jung und Alt und Ort politischer Kundgebungen.° Am Rande des Alexanderplatzes erhebt sich° der 357 Meter hohe Fernsehturm, der erste große Prestigebau der DDR Regierung. Er ist das Symbol von Ost-Berlin. Die Errichtung des Turmes ist insofern eine große technische Leistung,° als er auf Berlins sandigem Boden erbaut wurde. Von dem in etwa 260 Meter Höhe rotierendem° Restaurant aus hat man einen schönen Blick auf die zwei Berlins.

for short
rallies
erhebt . . . rises
technical feat
revolving

Der Fernsehturm ist nicht das einzige Gebäude, das Zeuge° des Wiederaufbaus ist. Große Hotels, Bürohäuser und Regierungsgebäude säumen° den Alexanderplatz.

indication
line

Dicht am Alexanderplatz verläuft die Karl-Marx-Allee. Zu beiden Seiten dieser Prunkstraße° stehen große Wohn- und Geschäftshäuser, die nach dem Krieg gebaut wurden. Geht man aber etwas weiter weg von der Stadtmitte, so kommt man in Gegenden, in denen der Wiederaufbau viel langsamer vonstatten geht.° Alte Mietskasernen,° die bisher nur notdürftig repariert wurden,° sind eher die Regel als die Ausnahme.

boulevard
vonstatten . . . proceeds
tenements
notdürftig . . . have been patched up

Im östlichen Teil Berlins liegt die weltbekannte Straße Unter den Linden.° Diejenigen, die diese Straße vor dem Krieg gekannt haben, vermissen ihr pulsierendes Leben. Jetzt erinnern° nur noch die historisch bedeutsamen Bauten—das Zeughaus,° die Deutsche Staatsoper, die Alte Bibliothek, die Humboldt Universität und mehrere Paläste—an die einstige Pracht.° Die eindrucksvolle Neue Wache ist ein gutes Beispiel für den tiefen Einschnitt° in der Geschichte Berlins, der durch den Zweiten Weltkrieg verursacht° wurde. Dieses kleine tempelartige Gebäude stammt aus dem frühen 19. Jahrhundert. Ursprünglich° gehörte es zur preußischen Palastwache°; nach 1931

Under the Linden Trees
recall
armory
splendor
Neue . . . New Guardhouse symbolizes poignantly the sharp break
caused
Originally
palace guard

Ost-Berlin: Hauptstraße

beherbergte° es das Denkmal des Unbekannten   *housed*
Soldaten; heute ist es das Ehrenmal° der Opfer°   *war memorial / victims*
des Faschismus und Militarismus. Obwohl
die Stationierung deutscher Soldaten in Berlin
durch das Viermächteabkommen verboten ist,
halten Soldaten der Volksarmee dort Wache.

    Am Ende der Straße steht das
Brandenburger Tor, das einstige Wahrzeichen°   *symbol*
des preußischen Berlins. Durch den Bau der
Mauer, die hier am Tor entlang verläuft,°   *runs alongside*
ist es zum Symbol des geteilten Berlins, je
des geteilten Deutschlands geworden.

    Auch die großen alten Museen Berlins
liegen im östlichen Teil der Stadt. Auf der
sogenannten Museumsinsel—einer Insel in der
Spree°—befinden sich das Alte Museum,   *name of a river*
die Nationalgalerie und das berühmte
Pergamon Museum, in dem der herrliche
Pergamon Altar steht.* Vergleicht man diese

---

*The altar is a Greek masterpiece dedicated to Zeus.

Gebäude mit den Museen in West-Berlin,
so stellt man fest, daß sie nicht annähernd°   *nearly*
in so gutem Zustand° sind wie die im   *condition*
Westen. In den Ost-Berliner Museen trifft
man oft Reisegruppen aus den
Ostblock-Ländern, die sich auf einer
Bildungsreise° befinden.   *educational trip*

Auch gibt es in Ost-Berlin eine reiche
Auswahl von musikalischen und
schauspielerischen° Darbietungen. Die   *theatrical*
Staatsoper, das Deutsche Theater und der
Berliner Ensemble werden nicht nur von
Ost-Berlinern, sondern auch von vielen
Touristen besucht.

Übungen

A. **Stimmt das? Wenn eine Aussage falsch ist, geben Sie die richtige Antwort.**

1. In Ost-Berlin leben 3 Millionen Menschen.
2. Checkpoint Charlie ist ein Restaurant in Ost-Berlin.
3. Der Alexanderplatz liegt im Zentrum der Stadt.
4. In Ost-Berlin sind alle Stadtteile sehr modern.
5. Unter den Linden ist der Name eines bekannten Theaters in Ost-Berlin.
6. In Ost-Berlin liegen mehr historische Bauten als in West-Berlin.
7. In Ost-Berlin sieht man viele Reisegruppen aus den Ostblock-Ländern.

B. **Fragen**

1. Warum benutzt die Regierung der DDR Berlin als Aushängeschild des Sozialismus?
2. Warum ist es ironisch, daß der Alexanderplatz nach dem russischen Zaren gennant ist?
3. Was ist das Symbol von Ost-Berlin?
4. Welche historischen Gebäude stehen an der alten Prachtstraße Unter den Linden?
5. Was ist die Museuminsel in Ost-Berlin?

Die Entstehung der DDR

Am Ende des Zweiten Weltkrieges im
Jahre 1945 wurde Deutschland in vier
Besatzungszonen° aufgeteilt. Der östliche Teil
Deutschlands zwischen Elbe und Oder° kam   Elbe . . . *names of rivers*

unter russische Kontrolle; und der westliche
Teil zwischen Elbe und Rhein kam unter
amerikanische, englische und französische
Kontrolle. Berlin wurde ebenfalls in vier
Besatzungszonen aufgeteilt und dem Alliierten
Kontrollrat° unterstellt.° Da es der Sowjetunion   *Control Council / administered*
nicht gelang, größeren Einfluß in den
Besatzungzonen der Westmächte zu erlangen°
konzentrierte sie sich in ihren politischen
Zielen auf die Besatzungszone unter ihrer
Verwaltung.° Zunächst wurde im Herbst   *administration*
1945 eine Bodenreform° durchgeführt.° Alle   *reform of the property laws / carried out*
landwirtschaftlichen Betriebe° über 100   *farms*
Hektar wurden entschädigungslos enteignet.°   *entschädigungslos . . . expropriated without compensation*
Anschließend wurden alle landwirtschaftlichen
und industriellen Betriebe° verstaatlicht.°   *farms and factories / nationalized*
Wie im Westen, so wurden auch in der
Ostzone die meisten Betriebe demontiert°   *dismantled*
und Reparationen aus der laufenden
Produktion mußten an die Russen abgeliefert°   *handed over*
werden. Die zwei großen politischen Parteien.
die SPD (die frühere Sozialdemokratische
Partei Deutschlands) und die KPD (die
Kommunistische Partei Deutschlands) wurden
1946 gezwungen,° sich zur SED (Sozialistische   *forced*
Einheitspartei Deutschlands)
zusammenzuschließen,° die heute die größte   *sich [. . .] unite into*
und mächtigste Partei der DDR ist.

    Grundsätzliche° ideologische Unterschiede   *Basic*
zwischen Rußland und den Westmächten
machten die ursprünglich° geplante   *originally*
gemeinsame° Verwaltung Deutschlands   *joint*
unmöglich, und es kam zur endgültigen°   *final*
Spaltung° Deutschlands. Aus den westlichen   *division*
Besatzungszonen entstand am 23. Mai 1949
die Bundesrepublik Deutschland und aus
der russischen Besatzungszone entstand
am 7. Oktober 1949 die Deutsche
Demokratische Republik. Dadurch kam der
östliche Teil Deutschlands in den
gesellschaftlichen° und ideologischen   *social*
Machtbereich° Rußlands. Nach offizieller   *domination*
Ansicht der SED sind die Bundesrepublik
und die Westmächte antidemokratisch,
imperialistisch und militaristisch. Um diesen
negativ beurteilten Staaten entgegenzuwirken,°   *counteract*
konstituierte sich die DDR laut ihrer

Verkündigungen° als demokratischer, antifaschistischer und antimilitaristischer Arbeiterstaat.

laut . . . according to their proclamations

Die Hauptstadt der DDR wurde Berlin, obwohl für Berlin ein Sonderstatus° bestand, wonach° bis zu Abschluß eines Friedensvertrages° mit Deutschland weder deutsche Regierungsstellen noch deutsche Soldaten in Berlin zugelassen° werden dürften.

special status
by which
peace treaty

permitted

Innenpolitisch wurden die Parteien und Massenorganisationen durch eine „Nationale Front" gleichgeschaltet.° Für alle darauffolgenden Wahlen wurde eine „Einheitsliste der Deutschen Demokratischen Republik" aufgestellt. Die Kandidaten zu dieser Einheitsliste werden hauptsächlich von der SED bestimmt. Die vier Randparteien° (die Christlich Demokratische Union, die Liberal Demokratische Partei Deutschlands, die National-Demokratische Partei Deutschlands und der Deutsche Bauernbund), sowie die vier Massenorganisationen (die Freie Deutsche Jugend, der Demokratische Frauenbund Deutschlands, der Freie Deutsche Gewerkschaftsbund° und der Deutsche Kulturbund), werden dabei zur Mitarbeit herangezogen. Die Abgeordneten° bilden das Parlament, die Volkskammer.° Da die Wähler die ihnen vorgelegte Liste ablehnen° oder annehmen müssen, ist im Grunde genommen die Verteilung° der Abgeordneten der Parteien und Massenorganisationen bereits vorher festgelegt.° Die Volkskammer besteht aus dem Ministerrat° und dem Staatsrat. Der Ministerrat ist das ausführende° Organ der Volkskammer und ist dem Kabinett einer westlichen Demokratie ähnlich. Der Staatsrat ist der mächtigste Teil des Staatsapparates. Er erläßt Gesetze, schließt Verträge ab, ernennt Botschafter° und übersieht das oberste Gericht.° Er besteht aus 24 Mitgliedern, die aus den verschiedenen Blöcken der Volkskammer kommen. Der Vorsitzende° ist gleichzeitig der Generalsekretär der SED, die die stärkste Partei ist.

brought into line politically

marginal parties

People's Chamber
reject

distribution

vorher . . . predetermined
Council of Ministers
executive

erläßt . . . makes laws, makes treaties, designates ambassadors
court

chairman

Anfangs° hatte die Regierung große
Schwierigkeiten, die Lebensverhältnisse°
zu verbessern. Schuld° daran waren zum
großen Teil die hohen Reparationen und
Demontagen. Die meisten Rohstofflager,°
die das Vorkriegsdeutschland besessen hatte,
befanden sich entweder im Westen oder in den
Gebieten, die an Polen abgetreten° wurden.
Für den Export- und Importverkehr war kein
Seehafen vorhanden.° Hinzu kam noch, daß
viele hochqualifizierte Arbeitskräfte entweder
nach Rußland verschleppt° worden waren
oder in die Bundesrepublik flohen. Zwischen
den Jahren 1945 und 1961 flüchteten ungefähr
drei Millionen Bürger in den Westen.
Die Fluchtbewegung erreichte 1950 ihren
Höhepunkt: kirchliche Verfolgungen,°
mangelnde Lebensmittel° und weitere
Kollektivierungen führten zu steigender
Unzufriedenheit.° Auch die Versuche der
Regierung, durch eine Erhöhung der
Arbeitsnormen,° die wirtschaftliche Lage

In the beginning
living conditions
Responsible

natural resources

handed over

available

deported

persecutions
mangelnde . . . scarcity of food

discontent

production requirements

Ost-Berlin: Arbeiteraufstand am 17. Juni 1953

zu verbessern, trafen auf großen Widerstand
bei der Bevölkerung. Im Juni 1953 kam es zu
einem Aufstand der Arbeiter, der aber von der
Polizei und russischen Panzern
niedergeschlagen° wurde. Dabei gab es   *put down*
ungefähr 500 Tote. Die Partei interpretierte
diese Ereignisse vom Juni 1953 als einen
„faschistischen Putschversuch°", gab   *attempt at overthrowing the*
aber „eine Störung° der richtigen Beziehungen   *government*
zwischen Partei und werktätigen° Massen"   *impairment*
                                               working
zu.°   *gab [. . .] zu admitted*

Übungen

A. Stimmt das? Wenn eine Aussage falsch ist, geben Sie die richtige Antwort.

1. Am Ende des Zweiten Weltkrieges kam der östliche Teil Deutschlands unter russische Kontrolle.
2. Die Bodenreform wurde erst 1950 durchgeführt.
3. Die wichtigste Partei in der DDR ist die Sozialistische Einheitspartei.
4. Die Deutsche Demokratische Republik entstand einige Monate nach der deutschen Kapitulation.
5. Die DDR handelte rechtswidrig (*against the law*), als sie Ost-Berlin zu ihrer Hauptstadt machte.
6. Die „Nationale Front" umfaßt (*includes*) alle Parteien und Massenorganisationen der DDR.
7. Die Volkskammer ist eine Handelsorganisation.
8. Die eigentliche Herrschaft der DDR liegt im Zentralkommittee und im Präsidium der SED.
9. Die Regierung hatte anfangs keine Schwierigkeiten, die Lebensverhältnisse zu verbessern.
10. Zwischen den Jahren 1945–1961 verließen ungefähr drei Millionen Bürger die DDR.

B. Fragen

1. Was versuchten die Russen gleich nach dem Krieg in Berlin zu erreichen?
2. Was für Reformen führten die Russen in ihrer Besatzungszone ein?
3. Was führte zu der Spaltung Ost- und West-Berlins?
4. Wie betrachtet die SED die politische und gesellschaftliche Struktur der westlichen Länder?
5. Warum hatte die DDR anfangs große ökonomische Schwierigkeiten?
6. Warum kam es am 17. Juni 1953 zu einem Arbeiteraufstand?

Die Entwicklung der DDR

Nach dem Arbeiteraufstand° im Juni 1953 flohen DDR-Bürger weiterhin massenweise nach dem Westen über die noch relativ offene Grenze in Berlin. Ungefähr die Hälfte der Flüchtlinge waren unter 25 Jahre alt und etwa zwei Drittel waren arbeitsfähige° Männer und Frauen. Das Notaufnahmelager° Berlin Marienfelde zählte 1960–61 pro Tag mehr als 1000 Flüchtlinge. Die DDR-Regierung begründete° diese Massenflucht, mit der Behauptung, daß westdeutsche Betriebe° Agenten in die DDR schickten, um die Facharbeiter° in den Westen zu locken.° Der Verlust° von über einer halben Million Arbeiter, unter denen sich Facharbeiter und hochspezialisierte Kräfte befanden, machte sich in der Industrie und Landwirtschaft bemerkbar. Die wirtschaftliche Lage verschlechterte sich und gefährdete° die Versorgung° des Landes.

Ohne eine Sperrung der Berliner Grenze war der Flüchtlingsstrom nicht aufzuhalten.° Die Grenze der Bundesrepublik und der DDR war ja schon seit langem durch Sperrzonen,° Minenfelder, Stacheldraht° und Wachtürme gesichert.° Der besondere Status Berlins hatte bisher nur verhältnismäßig flüchtige° Paßkontrollen° beim Übergang° zwischen Ost und West zugelassen.° Eine viel strengere° Kontrolle fand bei der Einreise aus der DDR nach Ost-Berlin statt, darüberhinaus° mußte jede Reise nach Ost-Berlin von der Behörde genehmigt° werden. Dadurch versuchte man zu verhindern, daß Bürger der DDR über Ost-Berlin in den Westen fliehen konnten.

Obwohl der damalige Ministerpräsident der DDR, Walter Ulbricht, noch zwei Monate vorher auf einer Pressenkonferenz erklärt hatte, daß die Bauarbeiter der DDR genug

workers' revolt

employable
emergency refugee camp

explained
companies

skilled workers / lure
loss

threatened
supply system

war [. . .] nicht aufzuhalten
could not be checked

closed zones / barbed wire
secured

superficial / passport controls /
beim . . . while crossing
permitted
stricter

furthermore
sanctioned officially

Brandenburger Tor: Bau der Mauer, 1961

zu tun hätten und niemand die Absicht°
habe, eine Mauer zu bauen, wurde in der
Nacht zum 13. August 1961 der Befehl°
gegeben, die Grenze zwischen Ost- und
West-Berlin zu schließen. Bereits am
Nachmittag des 13. Augusts war die Grenze
abgeriegelt.° Jeglicher° Verkehr wurde
unterbrochen, Stacheldrahtzäune° und
Straßensperren° wurden errichtet und
schließlich wurde mit dem Bau der Mauer
begonnen. Damit wurde schlagartig°
die Massenflucht nach dem Westen gestoppt.
Einigen Ost-Berlinern gelang die Flucht
noch im letzten Augenblick,° indem sie aus
dem Fenster eines an der Grenze stehenden
Hauses auf die westliche Seite sprangen.
Heute sind all diese Häuser geräumt° und die
Fenster nach dem Westen hin° zugemauert.°
Trotz der äußerst stark bewachten Grenze
versuchen DDR-Bürger immer wieder zu
flüchten. Nur wenigen ist die Flucht geglückt;
viele sind bei dem gewagten° Grenzübertritt

intention

command

closed-off / All
barbed-wire fences
roadblocks

overnight

moment

vacant
nach . . . facing the West / walled
    off

daring

getötet, verletzt oder verhaftet° worden. In   *jailed*
einem der spektakulärsten Fluchtunternehmen°   *escape attempt*
kamen im Herbst 1979 mehrere Personen bei
Nacht und Nebel° in einem Heißluftballon   *bei . . . under the cover of dark*
über die Grenze.

Die Unterhaltung° der Mauer und der   *upkeep*
1300 Kilometer langen Grenze zur
Bundesrepublik ist für die DDR sehr teuer.
Doch ohne die Mauer wäre die innere
Konsolidierung der DDR unmöglich gewesen.
Zwanzig Jahre nach der Errichtung der
Mauer hat die DDR die höchste Produktivität
und das höchste procapita Einkommen
im Ostblock. Trotz mancher
Versorgungsschwierigkeiten hat die DDR somit
den höchsten Lebensstandard von allen
Ostblockländern erreicht.

Als Ansporn° zur Produktionssteigerung   *incentive*
hat die Regierung in der Landwirtschaft
und in der Industrie ein System der
Gewinnbeteiligung° und Prämienanreize°   *profit sharing / premium incentive*
eingeführt. Damit haben die Werktätigen°   *employed*
oft mehr Geld in der Tasche als Angebote°   *goods*
in den Geschäften zu finden sind. Um jedem
die Möglichkeit zu geben, das Geld zu
verbrauchen, hat der Staat Geschäfte
eingerichtet,° in denen importierte oder   *established*
nur für den Export bestimmte Waren zu
Höchstpreisen gekauft werden können. In den
„Intershops" kann nur der einkaufen, der
westdeutsche Mark oder Dollars in der Tasche
hat. Diese Geschäfte sind eingerichtet
worden, um dem Devisenmangel° abzuhelfen.   *lack of western currency*
Früher durften nur ausländische Touristen hier
einkaufen; heute ist es auch DDR-Bürgern
erlaubt. Ein anderer Weg, mehr Devisen in
die DDR zu bringen, ist die Gebührenpflicht°   *fees to be paid*
bei der Einreise in die DDR. Jeder aus dem
Westen einreisende Tourist muß einen
bestimmten Tagesbetrag° für die Dauer°   *daily sum / duration*
seines Aufenthalts in Ostmark umtauschen.°   *exchange*
Der Wechselkurs° ist von der DDR auf 1 zu 1   *rate of exchange*
festgelegt.° Da man keine Ostmark in den   *fixed*
Westen zurücknehmen darf, ist man
gezwungen,° das umgetauschte Geld in   *forced*
der DDR auszugeben.

Übungen

A. Stimmt das? Wenn eine Aussage falsch ist, geben Sie die richtige Antwort.

1. Die meisten Flüchtlinge waren alte Leute.
2. Die DDR-Regierung gab westdeutschen Agenten die Schuld für die Massenflucht ihrer Bürger.
3. DDR Bürger können leicht in den Westen reisen.
4. Die Grenze war schon vor dem Bau der Mauer gesichert.
5. Die DDR ist eines der ärmsten Ostblockländer.
6. In den „Intershops" kann man nur gegen Ostmark einkaufen.

B. Fragen

1. Was für eine Wirkung hatte der Flüchtlingsstrom auf die DDR?
2. Warum baute die DDR die Mauer?
3. Hörten alle Fluchtversuche mit dem Bau der Mauer auf?
4. Warum ist die Unterhaltung der Mauer sehr kostspielig für die DDR?
5. Auf welche Weise versucht die DDR mehr Devisen zu bekommen?

Das Leben einer DDR Familie

Man mag sich fragen, wie denn nun das tägliche Leben in dieser sozialistischen Gesellschaft eigentlich aussieht. Nehmen wir als Beispiel eine typische DDR Familie. Sie wohnt in einem renovierten Altbau in einer Stadt mittlerer Größe. Der Vater arbeitet im Akkord° in einem petrochemischen Kombinat° und ist in die Betriebsleitung delegiert.° Die Mutter hat im Fernstudium Betriebswirtschaft studiert° und ist bei der Kreisleitung° der SED in der Abteilung Planung° tätig. Der Sohn, Bodo, der die zehnjährige Oberschule beendet hat, ist Mitglied der Freien Deutschen Jugend (FDJ) und hat auf ihre Empfehlung hin° die 11. und 12. Klasse der Erweiterten Oberschule° (EOS) besuchen können. Dort hat er seine Freundin Helga kennengelernt. Ob Bodo an der Universität studieren kann, hängt nicht nur von seinen Zeugnissen ab, sondern auch von seinem „Klassenbewußtsein°": von seiner

im . . . *by the piece / collective*
ist . . . *is a member of the management board*

correspondence course
district office
Abteilung . . . *planning division*

auf . . . *upon their recommendation*
Erweiterten . . . *extended high school*

class consciousness

Junge Pioniere

Mitarbeit in der FDJ, seinen freiwilligen° Selbstverpflichtungen,° kurz°: von seinem politischen Engagement.° Da Bodo bereits mit einer Freundschaftsbrigade Äthiopier an landwirtschaftlichen Maschinen ausgebildet° und gerade seinen „Ehrendienst" in der „Abteilung Grenze"° der Nationalen Volksarmee beendet hat, hat er sich die Möglichkeit eines Studiums und eines zukünftigen gesicherten Arbeitsplatzes geschaffen.°

    Bodo und Helga haben wenig Zeit zwischen freiwilligen Selbstverpflichtungen, Schulungsabenden° und Diskussionen, zu denen sie delegiert werden. Doch wenn immer möglich, gehen sie zur Disco im Jugendklub, den sich die Brigaden selbst gebaut haben. Hier trinken sie Bier und hören sich westliche Hits an, trotz der Tatsache, daß die FDJ-Führung dies nicht gerne sieht. Wie zahlreiche andere Jugendliche denken Helga und Bodo noch nicht an eine „sozialistische Eheschließung.°" Die Scheidungsrate° von weit über 50% wirkt

voluntary
taking on of extra obligations / in short
commitment

trained

Border Watch

created

night courses

marriage
divorce rate

doch abschreckend,° obwohl der Staat
versucht, durch Neubauwohnungen und
Kindergeld zur Familienplanung anzuregen.°
Vorläufig° genießen sie noch die gemeinsamen
Fahrten mit „Jugendtourist" in die befreundeten
sozialistischen Staaten. Sie genießen auch die
Wochenende in der Datscha,° die Bodos
Vater sich an einem See gebaut hat. Dort
sind sie ohne Verpflichtungen,° weg vom
Kollektiv und können ungestört die neusten
Hits im AFN (*American Forces Network*)
hören.

    Auf die Frage, wie sich die Bürger
der DDR der sozialistischen Gesellschaft
anpassen,° gibt es keine einfache Antwort.
Zufriedenheit mit dem Erreichten° ist
genauso typisch für den DDR-Bürger wie der
eifersüchtige° Blick° über die Mauer; eifrige°
Bejahung° des Kollektivs ebenso typisch
wie der Rückzug° in die private Datscha;
Erfüllung der Norm genauso typisch wie
Krankfeiern°: Höchstproduktion genauso
typisch wie Ersatzteilmangel°; Kritik an
der Fehlplanung° genauso typisch wie
das Ersticken° jeder Kritik am System.
Die DDR ist in sich heute genauso
gespalten° wie das ganze Deutschland.

wirkt . . . is discouraging

to encourage
For the time being

summer cottage

duties

adjust
Zufriedenheit . . . Satisfaction
  with what has been achieved
jealous / glance / eager
affirmation
retreat

staying away from work under
  the pretext of being sick
lack of parts
poor planning
stifling

divided

Übungen

A. Stimmt das? Wenn eine Aussage falsch ist, geben Sie die richtige Antwort.

    1. Der Vater ist Lehrer.
    2. Die Mutter arbeitet für die Partei.
    3. Der Sohn, Bodo, ist kein Mitglied der Freien Deutschen Jugend.
    4. Bodo durfte die Erweiterte Oberschule besuchen, weil er so gute Noten (*grades*) hatte.
    5. Bodo und seine Freundin Helga haben ziemlich viel Zeit für sich selbst.
    6. Sie gehen gerne in den Jugendklub.
    7. Bodo und Helga möchten bald heiraten.
    8. Bodo und Helga verreisen sehr selten.
    9. Die Partei hat nichts dagegen, wenn Jugendliche wie Bodo und Helga Musik aus dem Westen hören.
  10. Fast alle Bürger der DDR sind heute sehr zufrieden mit ihrem Leben in der DDR.

1. Wie können Schuler, Studenten, arbeitende Männer und Frauen in der DDR am besten vorwärtskommen (*get ahead*)?
2. Was hat Bodo schon alles getan, um studieren zu können?
3. Was versucht der Staat zu tun, um zur Familienplanung anzuregen?
4. Wie passen sich die DDR-Bürger der sozialistischen Gesellschaft an?

Diskussions- und Aufsatzthemen

1. Nehmen Sie an, Sie wären zur Zeit des Mauerbaus ein junger DDR-Bürger gewesen. Beschreiben Sie Ihre Gefühle und Gedanken, als die Grenze total geschlossen wurde.
2. Was für DDR-Bürger würden Sie besonders gerne kennenlernen, wenn Sie eine Reise in die DDR machen würden? Was für Fragen würden Sie ihnen gerne stellen?
3. Welche Stadt oder Städte in der DDR würden Sie am liebsten besuchen? Warum?
4. Beschreiben Sie den Unterschied zwischen Ost- und West-Berlin.
5. Nehmen Sie an, Sie hätten eine(n) Brieffreund(in) in der DDR. Was würden Sie ihm (ihr) gerne über Ihr Leben schreiben? Was würden Sie ihn (sie) gerne fragen?
6. Was würden Ihrer Meinung nach Ostdeutsche an Ihrem Land besonders interessant finden, wenn sie es besuchten?

Grammatisches: Future and Future Perfect Tenses; Modal Verbs

The Future Tense

The future tense is formed with the present tense of the auxiliary verb **werden** together with the infinitive of the main verb. The infinitive appears at the end of the clause.

Ich *werde* Deutschland *besuchen*.

Wirst du zur Wartburg *reisen*?

The Future Perfect Tense

The future perfect tense is formed with the present tense of **werden** together with the past participle of the main verb and the infinitive **haben** or **sein**.

Ich *werde* meinen Paß *bekommen haben*, bis ich nach Deutschland *reise*.

Mein Freund *wird* nach Ost-Berlin *gereist sein*, bis ich nach Deutschland komme.

Modal Verbs

There are six modal verbs: **dürfen**, **können**, **mögen**, **müssen**, **sollen**, and **wollen**. Modal verbs express the subject's attitude or disposition toward the action of the main verb, which appears as a dependent infinitive.

Er muß heute nach Berlin fahren.

Sie kann es nicht tun.

The following irregularities occur in the present tense of modals:

dürfen:	ich, er darf; du darfst	müssen:	ich, er muß; du mußt
können:	ich, er kann; du kannst	sollen:	ich, er soll; du sollst
mögen:	ich, er mag; du magst	wollen:	ich, er will; du willst

The past stem and the past participle of the modals are as follows:

dürfen:	durfte	gedurft	müssen:	mußte	gemußt
können:	konnte	gekonnt	sollen:	sollte	gesollt
mögen:	mochte	gemocht	wollen:	wollte	gewollt

Past participles of modals are rarely used; they are used only when the modal lacks a dependent infinitive:

Er hat es nicht *gekonnt*.

If there is a dependent infinitive, the modal together with the dependent infinitive forms a so-called double infinitive:

Er hat nicht *fahren können*.

In transposed word order, the finite verb appears at the end of the clause before the double infinitive:

Ich weiß, daß sie gut Deutsch *sprechen kann*.

Ich weiß, daß sie *hat* gut Deutsch *sprechen können*.

Übungen

A. *Rewrite each sentence in the future tense.*

1. Den Bewohnern der DDR geht es besser.
2. Warum flüchten viele nach dem Westen?
3. Ich zahle DM 25.–Grenzgebühren.
4. Die DDR sperrt die Grenze mit Straßensperren und Stacheldracht.

5. Morgen gehen wir über die Grenze.
6. Der Beamte kontrolliert die Pässe.
7. Die Arbeiter demonstrieren gegen die Regierung.

B. *Rewrite each sentence in the future perfect tense.*

1. Ich gehe nicht über die Grenze.
2. Mein Freund flüchtet in den Westen.
3. Importierte Waren sind sehr teuer in der DDR.
4. Soldaten bewachen die Grenze.
5. Vom Beobachtungsstand an der westlichen Grenze siehst du die Straßensperren und die Mauer.
6. Viele Jugendliche erlernen einen Beruf.

C. *Rewrite each sentence using the modal verb in parentheses.*

1. DDR Bürger fahren nicht in die BRD. (dürfen)
2. Nicht alle Jugendlichen studieren. (können)
3. Er besucht die Leipziger Messe. (mögen)
4. Ich zeige meinen Paß an der Grenze. (müssen)
5. Herr Müller fährt in den Westen. (wollen)

D. *Change each sentence to the present perfect tense.*

Zum Beispiel: Er mag nicht nach Berlin reisen.

Er hat nicht nach Berlin reisen mögen.

1. Die Regierung wollte das nicht.
2. Der Student mußte auch in der Fabrik arbeiten.
3. Jeder Arbeiter sollte seine Norm erfüllen.
4. Viele konnten nicht in den Westen fliehen.
5. Viele mochten das Regierungssystem der DDR nicht.

E. *Rewrite each sentence in present perfect tense being careful to place the auxiliary* **haben** *in the correct position.*

Zum Beispiel: Ich sagte, daß ich nicht an der Grenze warten will.

Ich habe gesagt, daß ich nicht an der Grenze habe warten wollen.

1. Viele wollen wissen, ob jeder in der DDR studieren darf.
2. Ich glaube, daß man in der DDR wenig Freiheit hat.
3. Man baute die Mauer, damit niemand in den Westen fliehen konnte.
4. Mußtet ihr an der Grenze Geld umtauschen?
5. Ich weiß nicht, ob wir die Leipziger Messe besuchen sollen.

Am. 7 März 1936 rücken deutsche Truppen ins Rheinland ein. (top left)
Ein Fest der Jugend, 1936 (top right)
Sieg heil! (bottom)

6
Das Dritte Reich

Wortschatz

der Angriff (-e) attack
die Ansicht (-en) view; opinion
die Bedingung (-en) condition
der Erfolg (-e) success
der Haß hatred
der Jude (-n), die Jüdin (-nen) Jew

der Kampf (ˉe) struggle, fight
die Macht (ˉe) power
die Verfolgung (-en) persecution
das Versprechen (-) promise
der Widerstand (ˉe) resistance
die Zensur (-en) censorship

angreifen* to attack
ausbrechen* to break out, erupt
beschuldigen to accuse

sich verbünden mit to ally oneself with
verfolgen to persecute

gefährlich dangerous

A. *Choose the noun that corresponds to each of the following verbs.*

1. angreifen
2. hassen
3. versprechen
4. kämpfen
5. verfolgen

B. *Complete the following sentences about World War II with words from the vocabulary list.*

1. Wann ist der Zweite Weltkrieg _____?

2. Hitlers Aufstieg (*rise*) zur _____ begann in den frühen zwangiger Jahren.

3. Mit wem hat sich Deutschland im Zweiten Weltkrieg _____?

4. Gab es auch unter den Deutschen _____ gegen den Krieg?

5. Die Verfolgung der _____ begann 1933.

6. Es war _____ ein Widerstandskämpfer im Dritten Reich zu sein.

7. Unter welchen _____ mußte Deutschland kapitulieren?

---

*Verbs marked with an asterisk are strong verbs; see the appendix for principal parts of strong verbs.

1. Krieg, Widerstand, Erfolg, Kampf
2. angreifen, sich verbünden mit, verfolgen, beschuldigen
3. Haß, Verfolgung, Zensur, Ansicht

Die Ursprünge° des Dritten Reiches

Origins

Das Dritte Reich, das von 1933–1945 dauerte, war die dunkelste Epoche, die die deutsche Geschichte bisher erlebt hat. Seine Ursprünge liegen in den geschichtlichen Ereignissen des Zweiten Deutschen Kaiserreiches (1871–1918) und in der Weimarer Republik (1918–1933). Die nationalistische, ja° chauvinistische Haltung,° die sich während des Wilhelminischen Reiches* unter der deutschen Bevölkerung verbreitet° hatte, erreichte zur Zeit des Kriegsausbruches ihren Höhepunkt. Einer der Kriegsbegeisterten war ein unbekannter Österreicher, ein Gelegenheitsarbeiter,° der in München lebte und sich als Freiwilliger zur Reichswehr meldete.° Dieser Unbekannte hieß Adolf Hitler.

Hitler, 1889 in Braunau (Österreich) geboren, war kein guter Schüler gewesen. Als Sechzehnjähriger° hatte er die Schule ohne einen richtigen Abschluß° verlassen. Er wurde nicht zum Studium an der Kunstakademie in Wien zugelassen,° weil er nicht die notwendigen Vorkenntnisse° hatte. Dieser Einzelgänger° empfand schon sehr früh einen unbändigen° Haß gegen Ausländer, Juden, Intellektuelle und Marxisten. Als der Erste Weltkrieg ausbrach, konnte er sich zum ersten Mal in seinem Leben für eine Sache°

even / attitude

spread

casual laborer

als . . . volunteered for the German army

Als . . . At the age of sixteen
diploma

allowed
background
loner
immeasurable

cause

---

*This era, called the Second German Empire, lasted from 1871 to 1918; it encompasses the reign of Wilhelm I (1871–1888) and Wilhelm II (1888–1918).

Kommunistische Demonstration

begeistern.° In seinem Buch *Mein Kampf*   *become excited*
spricht er über seine Kriegsbegeisterung:

> Ich hatte einst als Junge und junger Mensch
> so oft den Wunsch gehabt, doch einmal durch
> Taten bezeugen° zu können, daß mir die   *demonstrate*
> nationale Begeisterung kein leerer Wahn°   *illusion*
> sei . . . . Ich wollte nicht für den
> habsburgischen Staat kämpfen, war aber bereit,
> für mein Volk und das dieses verkörpernde
> Reich° zu sterben . . . . So, wie wohl für   *das . . . the empire that it*
> jeden Deutschen, begann nun auch für   *embodies*
> mich die unvergeßlichste und größte
> Zeit meines Lebens.

Diese Aussage zeigt ganz deutlich, daß Hitler
sich nicht als Österreicher, sondern lieber als
Deutscher fühlte.

    Deutschland kapitulierte am 11. November
1918, und die neue Republik wurde
ausgerufen.° Im Juni 1919 unterzeichnete   *declared*
die Regierung der Weimarer Republik den
Friedensvertrag° von Versailles, der den   *peace treaty*
Deutschen von den Siegermächten°   *victorious powers*

aufgezwungen° wurde. Die Bedingungen
waren außergewöhnlich° hart. Unter anderem
wurde die deutsche Armee auf ein Berufsheer
von 100 000 Mann reduziert. Alle Kolonien
mußten abgetreten° werden. Deutsche
Ostgebiete mußten an Polen, Elsaß-Lothringen
und das Saarland an Frankreich, und
Nordschleswig an Dänemark abgetreten
werden. Deutschland wurde allein für den
Krieg verantwortlich gemacht und mußte daher
für alle Reparationen aufkommen.°

Der ungerechte° Vertrag von Versailles
löste eine allgemeine Empörung unter den
Deutschen aus.° Hitlers nationale Begeisterung
schlug jetzt in einen fanatischen Haß gegen die
Alliierten und die Weimarer Regierung um.°
Er beschuldigte die Regierung der Weimarer
Republik der Erniedrigung° Deutschlands
und schwor, alles zu tun, was in seiner Macht
stand, um die Vertragsbedingungen rückgängig
zu machen.° Er schloß sich in München der
Deutschen Arbeiterpartei an,° die sich bald
zur Nationalsozialistischen Deutschen
Arbeiterpartei (NSDAP) entwickelte. Hitler
wurde 1921 Parteiführer. Das Parteiprogram
forderte° unter anderem die Selbstbestimmung°
aller Deutschen in einem Großdeutschen°
Reich; die Annullierung des Vertrages von
Versailles; und die Ausweisung° aller
Ausländer,° womit besonders die Juden
gemeint waren.

Vor allem die schlimme wirtschaftliche
Lage verhalf Hitler und der NSDAP zu einer
immer größer werdenden Anhängerschaft.°
Die Inflation hatte erschreckende Ausmaße
angenommen.° Um die Inflation aufzuhalten,
entließ° die Regierung 300 000 Angestellte.°

Im November 1923 war die Führung der
NSDAP der Meinung, der Zeitpunkt sei
gekommen, die Republik zu stürzen.° Der
Staatsstreich° in München mißlang jedoch,
und Hitler wurde zu einer Gefängnisstrafe
verurteilt.° Im Gefängnis schrieb er sein Buch
Mein Kampf. Es enthielt bereits all die
irrationalen Anschauungen° und grandiosen
Pläne, die sein späteres Handeln bestimmten°:

---

forced upon
exceptionally

relinquished

pay

unjust

*löste . . . triggered a general
  resentment among the
  Germans*
schlug [. . .] um turned into

humiliation

rückgängig . . . to annul
schloß sich [. . .] an joined

demanded / self-determination
German-Austrian

expulsion
foreigners

*zu . . . increase its membership
  steadily*

*hatte . . . had assumed alarming
  proportions*
laid off / employees

overthrow
coup

zu . . . sentenced to prison

views
shaped

die Hochschätzung° der „Arier",° seinen Haß
gegen die Juden; die Verherrlichung° des
„Volkes", des Führers und des Krieges.
Mehrere politische und ökonomische Faktoren
spielten den Nationalsozialisten am Ende der
zwanziger Jahre direkt in die Hände: die
Weltwirtschaftskrise; das unvernünftige
Bestehen° der Siegermächte auf einer Politik
der Unterdrückung° Deutschlands, und die
Schwächen der Weimarer Republik.
Unablässig° hetzten° die nazistischen
Parteiführer gegen die „verräterische"°
Republik, die sie mit den Kommunisten,
Sozialisten und Juden identifizierten. Die
Nationalsozialisten gaben diesen Gruppen
ungerechterweise die Schuld,° Deutschland
im Vertrag von Versailles verraten° zu haben.
    Im Sommer 1932 waren mehr als ein
Drittel der arbeitsfähigen° Männer und Frauen
arbeitslos. Die große wirtschaftliche Not°
führte zu politischem Chaos, und der
Reichstag° wurde im Juli 1930 aufgelöst.° In
den Neuwahlen° wurde die NSDAP die
zweitstärkste Partei im Reichstag. Zwei Jahre
später erhielt die NSDAP bereits 40 Prozent
aller Wählerstimmen. Um weitere Krisen zu
vermeiden,° ernannte Reichspräsident
Hindenburg Hitler am 30. Januar 1933 zum
Reichskanzler.° Somit begann die zwölfjährige
Diktatur eines Wahnsinnigen,° der Deutschland
ins Verderben stürzte.°

esteem / "Aryans"
glorification

insistence
suppression

Incessantly / agitated
treacherous

gaben [. . .] die Schuld
  blamed
betrayed

employable
suffering

Imperial Diet (Assembly) /
  dissolved
new elections

avoid

Chancellor of the Reich
madman
ins . . . brought disaster to

Übungen

A. **Stimmt das? Wenn eine Aussage falsch ist, geben Sie die richtige Antwort.**

1. Das Dritte Reich dauerte von 1871–1945.
2. Hitler fühlte sich dem deutschen Volk zugehörig.
3. Der Friedesvertrag von Versailles wurde von allen Deutschen für gut befunden.
4. Die NSDAP wurde in Bayern gegründet.
5. Reichspräsident Hindenburg ernannte Hitler zum Reichskanzler.

B. **Fragen**

1. Was wissen Sie über Hitlers Leben bis zum Ausbruch des Ersten Weltkrieges?
2. Was waren die Bedingungen des Friedensvertrages? Wie reagierte Hitler auf den Friedensvertrag?

3. Wie lautete das Programm der NSDAP?
4. Was für Ideen enthält *Mein Kampf*?
5. Welche Faktoren führten zu Hitlers Machtergreifung?

Hitler als Führer

Hitlers erstes innenpolitisches Ziel war die Beseitigung° jeglicher° Opposition. Zunächst beseitigte er die Kommunisten. Als das Reichstagsgebäude niederbrannte, beschuldigte er die Kommunisten und verfolgte sie gnadenlos.° Im März trat das „Ermächtigungsgesetz"° in Kraft, „zum Schutz° von Volk und Staat," das Hitler die Erlaubnis° gab, ohne Parlament zu regieren. Alle Parteien wurden aufgelöst; die Einheitspartei—die NSDAP—wurde identisch mit dem Staat. Gegner° der Partei verloren ihre Stellen, und viele von ihnen wurden in Konzentrationslagern eingesperrt°. Fast alle Bevölkerungsgruppen wurden je nach° Alter, Geschlecht und Beruf in Verbänden zusammengefaßt,° in denen sie ideologisch indoktriniert wurden. Schulkinder gehörten dem Jungvolk an; Jugendliche der Hitlerjugend (HJ) oder dem Bund° deutscher Mädchen (BDM). Deutsche Männer und Frauen waren Mitglieder der verschiedenen NS-Organisationen, wie zum Beispiel der NS-Frauenschaft° und der NS Berufs-, Arbeiter- und Bauernverbände.

Die Gleichschaltung° erstreckte° sich auch auf die Schulen und Universitäten, Nachrichtenmedien, Literatur und Kunst. Lehr- und Lernfreiheit, freie Meinungsäußerung° und freie künstlerische Gestaltung° mußten den Diktaten nationalsozialistischer Doktrinen weichen.° Die Presse hatte sich der Zensur einer Pressekammer zu beugen.° Bücherverbrennungen, Mal- und Ausstellungsverbote° für Künstler, die

elimination / of all

mercilessly
Enabling Act / protection
permission

Opponents

incarcerated
je nach according to

grouped

association

women's association

political coordination / covered

freedom of speech
creation

yield
submit to

Mal- . . . bans against painting and exhibiting pictures

„entartete°" Kunst produzierten, waren   *degenerate*
an der Tagesordnung. Gewisse Künstler und
Schriftsteller hingegen° wurden ermutigt,° die   *however / encouraged*
Nazi Ideologie in Wort und Bild zu
verherrlichen.° Hitler ließ auch der Justiz   *glorify*
keine freie Hand und unterstellte° sie dem   *subordinated*
Volksgerichtshof.°   *People's Court*

Der Prozeß der Gleichschaltung machte
selbst vor der Kirche nicht halt. Hitler schloß
bald nach seiner Machtübernahme ein
Konkordat mit dem Vatikan ab,° nach dem   *schloß . . . made an agreement*
alle Bischöfe dem Regime Gehorsam°   *with the Vatican*
schwören mußten. Die offizielle Evangelische   *obedience*
Kirche wurde die Reichskirche mit dem
Motto: „Ein Volk! Ein Gott! Ein Reich! Eine
Kirche!".

Um den Erfolg der Gleichschaltung bis
in das Privatleben eines jeden Bürgers zu
gewährleisten,° gab es Spitzel,° deren Aufgabe   *guarantee / informers*
es war, das Verhalten° eines jeden Einzelnen°   *actions / individual*
zu überwachen. Diejenigen, die sich nicht
linientreu° verhielten, hatten sich vor der   *according to party dictates*
Partei zu verantworten.°   *justify*

Auf die Frage, wieso die meisten Deutschen
all diese diktatorischen Maßnahmen ohne
Widerstand über sich ergehen° ließen, gibt   *put up with*
es eine Reihe von Antworten, die jedoch
letzten Endes immer neue Fragen aufwerfen.°   *give rise to*
Zuerst hielt Hitler seine Wahlversprechen.
Die Arbeitslosigkeit wurde durch Aufrüstung°   *rearmament*
und Wehrpflicht° beseitigt. Außerdem   *compulsory military service*
veranlaßte Hitler große Bauunternehmen° wie   *veranlaßte . . . ordered large-*
Autobahnen, Flugplätze und Kasernen. Die   *scale building projects*
Arbeiter waren dankbar für die Aktion° „Kraft   *program*
durch Freude", die ihnen billige Ferien
ermöglichte. Doch der Hauptgrund für Hitlers
unbegrenzten° Erfolg bei der deutschen   *unlimited*
Bevölkerung ist in Hitlers magnetischer
Persönlichkeit zu suchen. Er verstand es wie
kein anderer Politiker, durch seine
leidenschaftlichen° politischen Reden die   *impassioned*
Massen an sich zu ziehen.° Hitlers hypnotische   *attract*
Kräfte machten die Massen empfänglich°   *receptive*
für die meisterhaft organisierte Propaganda
der Nationalsozialisten. Das Resultat der
erfolgreichen Propaganda war, daß sich der
gebrochene Stolz° der Deutschen nach   *pride*

dem Verlust des Ersten Weltkrieges und
den Bedingungen des Friedensvertrags von
Versailles in einen Stolz der „Herrenrasse"° *"master race"*
verwandelte.° Aus den anfänglichen° *turned into / initial*
Mitläufern° des Nazi-Regimes wurden *nominal members*
fanatische Anhänger.° *followers*

Hitlers Propaganda war so erfolgreich,
daß er auch in der Außenpolitik einen Erfolg
nach dem anderen hatte. Das Saargebiet wählte
im Januar 1935 seinen Anschluß an das
Deutsche Reich. Zwei Monate danach führte
Hitler die allgemeine Wehrpflicht° ein. England *conscription*
schloß ein Abkommen mit Deutschland, das
Deutschland den Bau einer Flotte erlaubte. Im
Jahre 1936 besetzte° Hitler das entmilitarisierte *occupied*
Rheinland. Im selben Jahr gründete er mit
Mussolini die „Achse Rom-Berlin°". *Rome-Berlin Axis (name of the*
Anschließend schloß° Hitler einen Vertrag mit *treaty)*
Italien und Japan ab, der gegen Rußland *made*
gerichtet war. Die Westmächte ließen Hitler
in seiner Rüstungs- und Bündnispolitik
gewähren.° *ließen . . . did not interfere in*
Ohne Gewalt° konnte Hitler sein Ziel, mehr *Hitler's armament and alliance*
deutschen „Lebensraum" zu gewinnen, *policies*
 use of force
erreichen. Im März holte er, unter dem Jubel° *joy*
der österreichischen Bevölkerung, Österreich
„heim ins Reich". Im September des gleichen
Jahres erhielt er beim Münchner Abkommen° *Pact*
von England, Frankreich und Italien die
sudetendeutschen Gebiete[1] zugesprochen.° *erhielt [. . .] zugesprochen was*
Als Hitler jedoch die ganze Tschechoslowakei *given*
besetzte, alarmierte das die Westmächte.
Diesmal drohten° sie ihm, bei seinem nächsten *threatened*
Expansionsunternehmen nicht tatenlos
zuzuschauen. Hitler verfolgte jedoch
weiterhin seine Politik der
Lebensraumgewinnung. Von Littauen° gewann *Lithuania*
er Memel[2] zurück; von Polen verlangte er
Danzig und den Korridor[3] zurück. Um Polen
zu isolieren, schloß er Nichtangriffspakte° *non-aggression agreement*

---

[1]The Sudetenland was a region in northern Czechoslovakia heavily settled by the Germans.
[2]Memel was a town on the Baltic on the border between
East Prussia and Lithuania.
[3]Danzig is a port on the Baltic, made an autonomous
region by the Treaty of Versailles. A Prussian Corridor
to the sea separated Danzig from Poland.

mit Dänemark, Lettland,° Estland° und der Sowjetunion.

Latvia / Estonia

Am 1. September 1939 marschierten deutsche Truppen in Polen ein. Am 3. September erklärten England und Frankreich den Krieg gegen Deutschland, ohne jedoch vorerst anzugreifen. Innerhalb° drei Wochen wurde die polnische Armee in einem „Blitzkrieg" besiegt.° Rußland marschierte in Ostpolen ein. Die Teilung Polens zwischen Deutschland und Rußland wurde mit einem Freundschaftsvertrag besiegelt.°

Within

defeated

wurde . . . was sealed with a friendship treaty

Übungen

A. Stimmt das? Wenn eine Aussage falsch ist, geben Sie die richtige Antwort.

1. Nach seiner Machtübernahme beseitigte Hitler als erstes die Juden.
2. Das Leben wurde durch staatliche Kontrolle organisiert.
3. Es gab keine Organisationen der NSDAP.
4. Die Propaganda-Maschine der Nazis erzielte große Erfolge.
5. Hitler wurde vom Ausland abgelehnt.
6. Hitler annektierte das Sudetenland und Österreich.
7. Der Einmarsch in Polen war der Anlaß zum Zweiten Weltkrieg.
8. „Mehr Lebensraum" wurde zum politischen Motto.

B. Fragen

1. Was war das Ziel der Gleichschaltung?
2. Warum ließen die Deutschen die diktatorischen Maßnahmen über sich ergehen?
3. Wie bereitete Hitler Deutschland auf den Krieg vor?
4. Wie reagierte das Ausland zunächst (*at first*) auf Hitlers Politik?

Der Zweite Weltkrieg und der Untergang des Dritten Reiches

Im Gegensatz zum Ersten Weltkrieg zogen° die deutschen Soldaten nicht mit großer Begeisterung in diesen Krieg. Doch es blieb

went

ihnen nichts anderes übrig,° als ihrem Führer   blieb . . . had no choice
zu folgen, auf den sie persönlich einen Eid°   oath of allegiance
geschworen hatten. Bis 1941 erzielte° die   achieved
deutsche Wehrmacht rasche° Erfolge mit der   speedy
Blitzkriegtaktik: nachdem die Luftwaffe
feindliche Gebiete und Truppen bombardiert
hatte, folgten die Panzerkolonnen°; zum Schluß   tank convoys
sicherten schnelle Infanterie-Truppen die
eroberten° Gebiete. Norwegen, Dänemark,   conquered
Holland, Belgien und Frankreich mußten
innerhalb weniger Wochen kapitulieren. Die
erste entscheidende° Niederlage° erlitt   decisive / defeat
Deutschland in der Luftschlacht° über England,   air battle
die sich vier Monate, vom Juli bis Oktober
1940, hinzog.° Die geplante Landung der   lasted
deutschen Truppen in England mußte
aufgegeben werden.

　　Daraufhin konzentrierte sich Hitler auf
den Mittelmeerraum° und die Balkanländer.   areas in the Mediterranean
Er half Mussolinis Heer° in Griechenland° und   army / Greece
griff Jugoslawien an, das sich mit Rußland
verbündet hatte. Im Juni 1941 griff Hitler dann

Köln: Mai 1945

Rußland an. Nach anfänglich großen Erfolgen
der deutschen Wehrmacht traten die Russen die
Gegenoffensive an.° Als die Amerikaner am   traten [. . .] an *launched*
11. Dezember 1941 in den Krieg eintraten,
wurden die Russen zunächst mit Waffen und
Material unterstützt. Die vorlorene Schlacht
von Stalingrad im Winter 1942–43 brachte
den Wendepunkt° des Zweiten Weltkrieges.

Inzwischen waren die USA in Nordafrika
gelandet. Im Mai 1943 wurde das deutsche
Afrikakorps von amerikanischen Truppen
geschlagen.° Nachdem Mussolini im September   *defeated*
1943 mit den Alliierten einen Waffenstillstand° *armistice*
geschlossen° hatte, kämpften deutsche Soldaten
weiter in Italien. Die große anglo-
amerikanische Invasion begann am
6. Juni 1944 an der Normandieküste aus.
Auch die Russen setzten im April 1945 noch
einmal zu einem Hauptangriff an° und   setzten . . . *launched another*
eroberten nach einer erbitterten Schlacht°   *major attack in April, 1945*
Berlin. Hitler hatte sich mit seinem Stab° und   *battle*
                                                 staff
dem Hauptquartier in den Bunker der
Reichskanzlei in Berlin geflüchtet,° von wo   *fled*
aus er den Krieg weiterleitete. Am 30. April
nahm er sich das Leben.° Die Deutschen   nahm . . . *he committed suicide*
waren der Übermacht der Alliierten nicht
mehr gewachsen,° und am 8. Mai kapitulierte   waren . . . *could not cope with*
die deutsche Wehrmacht.   *the superior strength of the*
                                                Allied Forces

Übungen

A. **Stimmt das? Wenn eine Aussage falsch ist, geben Sie die richtige Antwort.**

1. Die erste entscheidende Niederlage erlitt Deutschland in der Luftschlacht
   über England.
2. Die vorlorene Schlacht von Stalingrad fand im Winter 1944–1945 statt.
3. Mussolini schloß bereits im September 1943 einen Friedensvertrag mit den
   Alliierten.
4. Hitler flüchtete nach Berchtesgaden in sein „Adlernest."
5. Hitler nahm sich kurz vor der deutschen Kapitulation das Leben.

B. **Fragen**

1. Was für eine Taktik benutzte die deutsche Wehrmacht?
2. Wann mußte Hitler bereits gewußt haben, daß Deutschland den Krieg
   verlieren würde?

Der Terror des dritten Reiches

Am Ende des Zweiten Weltkrieges lagen die deutschen Städte in Trümmern.° Dreieinhalb Millionen deutsche Soldaten waren gefallen°; über eine Million waren vermißt.° Hunderttausende kamen in Kriegsgefangenschaft, von denen viele nie mehr heimkehrten.° Über eine halbe Million Deutsche waren in den Luftangriffen umgekommen.° Die Deutschen der Ostgebiete waren vor den Russen geflohen oder durch Ausweisung° heimatlos geworden. Das Elend° der deutschen Soldaten und Zivilbevölkerung, so groß es auch war, bildete jedoch nur einen Teil des unermeßlichen° Elends der Opfer° von Hitlers Wahnsinn.°

Die Greueltaten, die Hitler und seine Anhänger° an den Juden in Deutschland und in den eroberten Gebieten verübten,° sind völlig unbegreiflich.° In seiner Reichstagsrede vom 30. Januar 1933 hatte Hitler bereits seinen blinden Haß gegen die Juden in aller Öffentlichkeit verkündet°:

> Wenn es dem internationalen Finanzjudentum inner und außerhalb Europas gelingen sollte,° die Völker noch einmal in einen Weltkrieg zu stürzen,° dann wird das Ergebnis° nicht die Bolschewisierung der Erde und damit der Sieg des Judentums sein, sondern die Vernichtung° der jüdischen Rasse in Europa.

Hitler wartete nicht mit seiner Verfolgung der Juden bis zum Ausbruch eines Krieges, wie er in dem Zitat° drohte, sondern begann sie bereits gleich nach seiner Machtübernahme. Bereits im April 1933 wurden alle Juden aus dem Regierungs- und Universitätsdienst entlassen.° Jüdische Geschäfte wurden boykottiert. Die Nürnberger Gesetze vom September 1935 verboten Mischehen°; sie galten als „Rassenschande°". Die Juden veloren fast all Bürgerrechte°:

Glosses (right margin):

- ruins
- had died in battle
- missing in action
- returned
- perished
- exile / suffering
- immeasurable / victims
- madness
- henchmen
- committed
- incomprehensible
- made known
- Wenn . . . If international Jewish finance within and outside of Europe should succeed
- plunge
- result
- destruction
- quotation
- dismissed
- mixed marriages (Nazi term) / galten . . . were considered a disgrace for the "Aryan" race
- civil rights

Jüdische Kinder kamen in Sonderschulen°;   *special schools*
Juden wurden nicht zum Studium oder
Wehrdienst zugelassen.° Die Judenverfolgung   *wurden . . . were not admitted*
erreichte ihren Höhepunkt in der sogenannten   *to the university or to military*
„Kristallnacht", der Nacht vom 9.–10.   *service*
November 1938. SS-Leute* zerstörten in ganz
Deutschland Synagogen und jüdische
Geschäfte. Die Juden wurden enteignet° und   *dispossessed*
gezwungen° in Ghettos zu leben. Dann   *forced*
begannen die Deportationen der Juden in die
Vernichtungslager,° in denen Millionen von   *death camps*
ihnen ums Leben kamen. Obwohl immer noch
die meisten Deutschen behaupten,° sie hätten   *maintain*
nichts von Hitlers „Endlösung°" gewußt,   *"final solution"*
besteht heute gar kein Zweifel° darüber, daß   *doubt*
viele wenigstens ahnten,° wohin die   *suspected*
Deportationen der europäischen Juden
gingen. „Umsiedlung"° in neu eroberten   *Resettlement*
Lebensraum konnte zwar einige Zeit
vorgetäuscht° werden, aber es gab weder   *feigned*
Briefe noch Rückkehrer, die dies bestätigen°   *confirm*
konnten. Es ist anzunehmen,° daß Hitlers   *Es . . . One can assume*
Hetzpropaganda° gegen die Juden viele   *inflamatory propaganda*
fanatische Nationalsozialisten gleichgültig°   *indifferent*
gegen das Schicksal° der Juden gemacht hatte.   *fate*
Obwohl viele Deutsche empört° waren, fehlte   *outraged*
ihnen der Mut,° der Stimme ihres Gewissens°   *fehlte . . . they lacked the*
zu folgen, weil sie in einem Polizeistaat lebten,   *courage / conscience*
in dem jede Handlung gegen das Regime aufs
bitterste bestraft° wurde. Um so   *punished*
bewunderungswürdiger° ist das Handeln   *admirable*
derjenigen, die unter Lebensgefahr ihre
jüdischen Nachbarn und Freunde vor den
Naziverbrechern bewahrten,° indem sie sie bei   *vor . . . saved from the Nazi*
sich verbargen° oder ihnen zur Flucht   *criminals*
verhalfen.   *hid*

Übungen

A. Stimmt das? Wenn eine Aussage falsch ist, geben Sie die richtige Antwort.

1. Hitler verkündete seinen Haß gegen die Juden bereits zur Zeit seiner
   Machtergreifung.

---

* **SS** is an abbreviation for **Schutzstaffel** (*protection
squadron*). The **SS** was a huge organization that used
terror tactics to enable Hitler to accomplish his goals.

Wiederstandskämpfer vor dem Volksgerichtshof

2. Die Judenverfolgung begann bereits in 1933.
3. Eine Millionen Juden kamen in den Konzentrationslagern ums Leben.
4. Keine Deutschen hatten eine Ahnung von der „Endlösung".
5. Einige Deutsche hatten den Mut, Juden zu helfen.

B. **Fragen**

1. Was sind die Nürnberger Gesetze?
2. Was geschah in der „Kristallnacht"?
3. Welchen Grund gab Hitler für die Deportationen der Juden?

Die deutschen Widerstandskämpfer

Die Widerstandskämpfer, die sich bemühten,°   *endeavored*
entweder passiv oder aktiv den Sturz° Hitlers   *fall*
und seines Regimes herbeizuführen,° kamen   *to bring about*
hauptsächlich aus den Kirchen, den
Universitäten, den Parteien und
Gewerkschaften und aus der Wehrmacht. Ihr

Mut, sich gegen den diktatorischen Staat aufzulehnen,° verdient die Bewunderung alle Menschen.

sich [. . .] aufzulehnen *to oppose*

Trotz des Konkordats,° das Hitler mit dem Vatikan abgeschlossen hatte, sprachen viele katholische Geistliche° gegen die Diktatur Hitlers. Mehrere hundert Priester wurden inhaftiert° und nicht wenige von ihnen wurden umgebracht.° Die höher gestellten Geistlichen Kardinal Faulhaber und Bischof von Galen blieben aus politischen Gründen von den Nationalsozialisten verschont.°

agreement

clergymen, priests

imprisoned

killed

spared

Eine verhältnismäßig große Gruppe protestantischer Geistlicher bildete sich um Pastor Martin Niemöller. Seine „Bekennende Kirche"° verteidigte° das Evangelium° gegen den politischen Mißbrauch. Pastor Niemöller wurde bereits 1937 verhaftet° und verbrachte die Jahre bis zum Kriegsende im Konzentrationslager. Der aktivste Theologe unter den Widerstandskämpfern der „Bekennenden Kirche" war Dietrich Bonhoeffer, der 1943 ins Konzentrationslager gesperrt und kurz vor Kriegsende erschossen wurde.

"Confessional Church" / defended gospel

arrested

Die bekanntesten Widerstandskämpfer unter den Studenten waren Hans und Sophie Scholl. An der Universität München verteilten die Geschwister Flugblätter,° *Die weiße Rose* genannt, in denen sie zu passivem Widerstand gegen das Nazi-Regime aufriefen.° Als sie eines Tages beim Verteilen° von Flugblättern ertappt° wurden, wurden sie und ihre Kameraden verhaftet und hingerichtet.

leaflets

called for

beim . . . *while passing*

caught

Unter den Widerstandskämpfern, die aus den Reihen° des Militärs kamen, setzte sich besonders Generalstabchef Ludwig Beck schon vor dem Kriegsausbruch für den Sturz Hitlers ein.° Er arbeitete zusammen mit Carl Goerdeler, einem Politiker und Arbeiterführer.

ranks

setzte sich [. . .] ein *made a strong effort*

Nachdem ein Sieg der Deutschen bereits aussichtslos° war, wurden verschiedene Attentate auf Hitler° geplant, die aber alle keinen Erfolg hatten. Das Attentat vom 20. Juni 1944 ist als eine der rühmlichsten° Taten der Widerstandsbewegung in die deutsche Geschichte eingegangen. Geplant wurde es

hopeless

Attentate . . . *attempts on Hitler's life*

honorable

von einer Gruppe hoher Offiziere und
Regierungsbeamter. Graf Claus Schenk von
Stauffenberg, der Zugang° zu den   access
Besprechungen° mit Hitler im   conferences
Führerhauptquartier hatte, schmuggelte eine
Bombe in einer Aktentasche° ein. Hitler wurde   briefcase
jedoch bei der Explosion nur leicht verletzt.°   hurt
Eine blutige Verfolgung aller Verschwörer°   conspirators
setzte ein. Stauffenberg wurde sofort erschossen
und die anderen Beteiligten° wurden in einem   men involved
grausamen Schauprozeß° des   trial held for show
Volksgerichtshofes zum Tode verurteilt; einige
begingen° Selbstmord.   committed

    Obwohl sich keine der
Widerstandsgruppen gegen die Diktatur des
Bösen° behaupten° konnte, waren ihre   evil / prevail
Opfer° dennoch nicht sinnlos. Als das wütende   sacrifices
Toben° des Krieges endlich aufgehört hatte,   wütende . . . savage raging
war Deutschland physisch und seelisch
gebrochen. Es stand jetzt vor der fast
unmöglich scheinenden Aufgabe,° ein neues   task
Deutschland zu errichten. In dieser „Stunde
Null" schöpften die Deutschen Mut° aus   schöpften [. . .] Mut took
dem Wissen, daß die humanistischen Werte   courage
in den Herzen und Köpfen wenigstens
einiger Deutscher während des Ansturms°   onslaught
des Bösen weitergelebt hatten. Die Humanität
und der Mut der Widerstandskämpfer gaben
ihnen die Kraft, ein neues Deutschland zu
schaffen.

Übungen

A. **Stimmt das? Wenn eine Aussage falsch ist, geben Sie die richtige Antwort.**

1. Viele katholische Geistliche handelten dem Konkordat zuwider (*against*).
2. Dietrich Bonhoeffer war ein Politiker.
3. *Die weiße Rose* ist der Name eines Romans über die Judenverfolgung.
4. Generalstabchef Beck versuchte, England und Frankreich vor Hitler zu warnen.

B. **Fragen**

1. Aus welchen Kreisen kamen die Widerstandskämpfer hauptsächlich?
2. Was war die „Bekennende Kirche"?
3. Was war die Bedeutung der Geschwister Scholl innerhalb der deutschen Widerstandsbewegung?
4. Warum war Claus von Stauffenberg so eine wichtige Figur in der Widerstandsbewegung?

Diskussions- und Aufsatzthemen

1. Diskutieren Sie die Ereignisse, die zur Gründung des Dritten Reiches führten.
2. Wie hätte Ihrer Meinung nach Hitlers Machtübernahme verhindert werden können?
3. Schreiben Sie einen Aufsatz über den Verlauf des Zweiten Weltkrieges.
4. Beschreiben Sie den Terror und die Judenverfolgungen im Dritten Reich.
5. Warum sind alle Versuche des Widerstands gegen Hitler gescheitert?

Grammatisches: Verbal Prefixes

Inseparable Prefixes

The prefixes **be-, emp-, ent-, er-, ge-, ver-**, and **zer-** are never separated from the verb stem and are never accented. Verbs with inseparable prefixes have past participles that do not take the prefix **ge-: verstehen → verstanden**.

Separable Prefixes

The prefixes **ab-, an-, auf, aus-, bei-, ein-, entgegen-, fort-**, and **her-** are sometimes separated from the verb stem. They are always at the end of the clause that contains them. They are prefixed to the infinitive or past participle, but are only attached to the finite verb when it occurs at the end of the clause in transposed word order.

Hitler *greift* Rußland *an.*

Ich weiß, daß Hitler Rußland *angreift.*

Verbs with separable prefixes normally have past participles that take the prefix **ge-: angreifen → angegriffen**.

When **zu** is used with the infinitive, it occurs between the separable prefix and the verb stem:

Hitler befahl den Truppen Rußland **anzugreifen**.

The Prefixes *durch-, über-, um-, unter-, wider-*, and *wieder-*

The prefixes **durch-** (through), **über-** (over), **um-** (around), **unter-** (under), **wider-** (against), and **wieder-** (again) can be either separable or inseparable. They are usually separable when they have a literal meaning and inseparable otherwise.

Der Hund *holt* den Ball *wieder.*
The dog retrieves ("gets again") the ball.

Der Professor *wiederholt* oft die Fragen.
The professor often repeats the questions.

Übungen

A. *Complete each sentence with the proper present-tense form of the verb in parentheses.*

1. Die deutschen Truppen _____ in

   Rußland _____. (einmarschieren)

2. Das Ausland _____ Hitler nicht _____. (anerkennen)

3. Amerika _____ sich in den Krieg einzugreifen. (entschließen)

4. Hitler _____ das ganze deutsche Volk. (verführen)

5. Deutschland _____ Elsaß-Lothringen an Frankreich

   _____. (abtreten)

6. Hitler _____ alle anderen Parteien _____. (auflösen)

7. In Europa _____ zwei Bündnisse. (bestehen)

8. Die SS _____ die Schaufenster jüdischer Geschäfte

   _____. (einschlagen)

B. *Change the verb in each of the following sentences to the present perfect tense.*

   Zum Beispiel: Deutschland greift Rußland an.

   Deutschland hat Rußland angegriffen.

   1. Deutschland wächst zu einer Großmacht heran.
   2. Hindenburg setzt Hitler als Reichskanzler ein.
   3. Man löst alle Parteien auf.
   4. Die NSDAP schreibt alles vor.
   5. Man ruft die Republik aus.
   6. Die Propaganda beeinflußt das Volk.
   7. Viele gehören der Partei an.
   8. England entschließt sich in den Krieg einzugreifen.
   9. Hitler erkannt den Vertrag von Versailles nicht an.

C. *Rearrange the words to form sentences; make sure to place the separable prefix in the proper position.*

   1. umbringen / Hitler / hat / Juden / viele
   2. die Partei / angehören / alle Deutschen / nicht

3. heranwachsen / Weltmacht / ist / Deutschland / einer / zu
4. das Militär / ein / durchführen / Attentat / Hitler / auf

D. *Answer each question in the affirmative, beginning with* **Ich glaube . . . .**

1. Löste Hitler alle anderen politischen Parteien auf?
2. Kam Deutschland für den Kriegsschaden auf?
3. Marschierten die deutschen Soldaten in Belgien ein?
4. Zogen NSDAP Abgeordnete 1930 in den Reichstag ein?

Theodor Heuss, erster Präsident der Bundesrepublik Deutschland (top left)
Das Regierungsviertel in Bonn (top right)
Berlin: Fluchtlingslager, 1946 (bottom left)
Ein Blatt aus dem Grundgesetz, das am 23. Mai 1949 verkündet wurde
(bottom right)

7
Die Bundesrepublik Deutschland

Der Parlamentarische Rat hat das vorstehende Grundgesetz für die Bundesrepublik Deutschland in öffentlicher Sitzung am 8. Mai des Jahres Eintausendneunhundertneunundvierzig mit dreiundfünfzig gegen zwölf Stimmen beschlossen. Zu Urkunde dessen haben sämtliche Mitglieder des Parlamentarischen Rates die vorliegende Urschrift des Grundgesetzes eigenhändig unterzeichnet.

BONN AM RHEIN, den 23. Mai des Jahres Eintausendneunhundertneunundvierzig.

Konrad Adenauer

PRÄSIDENT DES PARLAMENTARISCHEN RATES

Adolph Schönfelder

I. VIZEPRÄSIDENT DES PARLAMENTARISCHEN RATES

Hermann Schäfer

II. VIZEPRÄSIDENT DES PARLAMENTARISCHEN RATES

Wortschatz

der Abgeordnete (-n) (*adj. noun*) (political) representative, delegate

die Demokratie (-n) democracy

die Diktatur (-en) dictatorship

die Gegenwart (-en) present (time)

das Grundgesetz (-e) constitution of West Germany

die Meinung (-en) opinion

das Recht (-e) (legal) right

die Politik (-en) politics; policy

der Raum (ᵉe) space, area, territory; room

die Verfassung (-en) constitution

die Vergangenheit (-en) past

auf · bauen to construct; to erect

kapitulieren to capitulate, surrender

siegen to win, be victorious

vertreten* to represent

außer except

politisch political

schwach weak

stark strong

A. *Give an opposite from the vocabulary list for each of the following.*

1. die Gegenwart
2. die Diktatur
3. stark
4. zerstören
5. siegen

B. *Complete the sentences with words from the vocabulary list.*

1. Die Verfassung der Bundesrepublik Deutschland heißt _____.

2. Ein Abgeordneter _____ das Interesse der Wähler oder der Partei.

3. In einer demokratischen Gesellschaft sollte jeder das _____ haben, seine persönliche Freiheit zu genießen.

---

*Verbs marked with an asterisk are strong verbs; see the appendix for principal parts of strong verbs.

4. Eine Verfassung schützt das Recht des Bürgers, seine

   politische _____ frei auszusprechen.

5. Zum deutschsprachigen _____ gehören die BRD, die Schweiz,

   Österreich und die DDR.

6. _____ dir nehmen alle an der Demonstration teil.

Die Bundesrepublik: Land und Menschen

Durch die Lage in der Mitte Europas war
Deutschland schon immer ein Treffpunkt°
verschiedener Kulturen, wirtschaftlicher und
geistiger Kräfte und auch politischer
Auseinandersetzungen.° Mit einer
Gesamtfläche° von 248 624,23
Quadratkilometern grenzt die Bundesrepublik
im Norden an Dänemark, im Westen an
Holland, Belgien, Luxemburg und Frankreich,
im Süden an die Schweiz und Österreich, im
Südosten an die Tschechoslowakei und im
Osten an die Deutsche Demokratische Republik.
Die Entfernung° vom nördlichsten Punkt bis
zum südlichsten beträgt 853 Kilometer und
vom westlichsten Punkt bis zum östlichsten
453 Kilometer. Nach der Aufteilung°
Deutschlands, am Ende des Zweiten
Weltkrieges, umfaßte° die Bundesrepublik
etwa 53 Prozent von dem Gebiete des
Deutschen Reiches von 1937. Die DDR umfaßt
nur 23 Prozent und die restlichen 24 Prozent
des Reiches wurden an Polen und Rußland
abgetreten.°
Im Jahre 1937 hatte Deutschland rund
69 Millionen Einwohner, von denen ungefähr
43 Millionen auf dem Gebiet der heutigen
Bundesrepublik lebten. Heute umfaßt die
Gesamtbevölkerung dieses Gebietes über
61 Millionen. Dieser enorme Zuwachs° ist
hauptsächlich dem großen Flüchtlingszustrom

meeting point

altercations
total area

distance

division

contained

ceded to

growth

aus dem Osten nach Westdeutschland
zuzuschreiben.° Heute müssen 247 Menschen   *attributable*
auf einem Quadratkilometer leben, während es
vor 100 Jahren nur 85 Menschen waren. Im
Vergleich zu den Vereinigten Staaten ist die
Bundesrepublik ein sehr kleines Land. Es ist so
groß wie der Staat Oregon, in dem nur
6 Millionen Menschen leben.

Die Bundesrepublik setzt sich aus
den zehn Bundesländern Baden-Württemberg,
Bayern, Bremen, Hamburg, Hessen,
Niedersachsen, Nordrhein-Westfalen,
Rheinland-Pfalz, Saarland und
Schleswig-Holstein zusammen. Das Land
Berlin (West) ist nur in das Rechts- und
Wirtschaftssystem der Bundesrepublik voll
integriert. Berlin ist zwar im Bundesparlament
(Bundestag) vertreten, die Abgeordneten
haben aber kein Stimmrecht.°   *right to vote*

Hitlers zwölfjährige Herrschaft° hatte die   *reign*
schwersten Folgen für Deutschland. Als er
1933 zur Macht kam, sahen viele Deutsche in
ihm den Retter° Deutschlands. Aber seine   *savior*
Politik und sein Terror führten zur
Vernichtung° des Landes. Anstelle des   *destruction*
wirtschaftlichen Wiederaufbaus stand die
Zerstörung der Städte und das große Elend von
Millionen Flüchtlingen und Vertriebenen.°   *displaced people*
Als Deutschland am 8. Mai 1945 bedingungslos
kapitulierte und dadurch der Zweite Weltkrieg
zu einem Ende kam, waren 2,2 Millionen
Wohnungen total zerstört, weitere
2,5 Millionen beschädigt und erst nach
Reparaturen bewohnbar. Mehrere Millionen
Menschen aus den Ostgebieten befanden sich
auf der Flucht nach dem Westen. Wirtschaft
und Verkehr waren zusammengebrochen.°   *waren . . . had collapsed*
Es fehlte an Nahrungsmitteln und an allen
anderen Lebensnotwendigkeiten. Millionen
Deutsche waren noch in Kriegsgefangenschaft
und Millionen waren durch den Bombenkrieg
obdachlos° geworden. Viele waren der   *homeless*
Annahme, daß Deutschland keine Zukunft
mehr habe. Es hatte die größte Niederlage°   *defeat*
seiner Geschichte erlitten.

Jetzt wurde Deutschland in vier Besatzungszonen aufgeteilt. Der östliche Teil wurde von den Russen, der nördliche und nordwestliche von den Engländern, der südwestliche von den Franzosen und der südliche von den Amerikanern besetzt. Die Militärsbefehlshaber° der vier Zonen bildeten zusammen den Alliierten Kontrollrat,° der die Autorität über Deutschland hatte. Das Land östlich der Oder und der Neiße° wurde an Polen, ein Teil Ostpreußens an Rußland, das Sudetenland an die Tschechoslowakei und Elsaß-Lothringen an Frankreich abgetreten.° Alle Deutschen wurden aus Polen, der Tschechoslowakei und Ungarn ausgewiesen.°

    military commanders
    Control Council

    Oder . . . names of rivers

    conceded

    expelled

Auf der Potsdamer Konferenz vom 17.7.–2.8. 1945 wurde von den Alliierten hinsichtlich° Deutschlands Zukunft unter anderem folgendes beschlossen°: Deutschland sollte wirtschaftlich vereint bleiben; das politische Leben sollte auf demokratischer Grundlage° neu gestaltet werden; gewisse Industrieproduktionen wurden verboten und die Großkonzerne° aufgelöst°; das Schwergewicht° der Produktion sollte auf die Landwirtschaft verlegt° werden; Deutschland erhielt keine Zentralregierung; alle Kriegsverbrecher,° hohe Militärs und die höchsten Repräsentanten der Nationalsozialistischen Partei und der Regierung sollten vor Gericht gestellt werden.°

    regarding
    decided

    basis

    large companies / dissolved
    emphasis
    shifted

    war criminals

    sollten . . . were to be brought to
    trial

Während dieser Konferenz wurden die unterschiedlichen Ziele der Siegermächte sichtbar. Die politischen Gegensätze verschärften sich° immer mehr in den darauffolgenden Jahren. Rußland versuchte, mehr Einfluß in den Gebieten zu bekommen, die von den westlichen Alliierten besetzt waren. Als dies den Russen nicht gelang, verließen sie im März 1948 den Kontrollrat; damit endete die Viermächteverwaltung, die aber für Berlin bestehen° blieb.

    verschärften . . . intensified

    in force

Die erste Aufgabe° in den Westzonen war die Gründung eines demokratischen

    task

Parteiensystems. Zunächst wurden die
Parteien nur auf lokaler und regionaler Ebene°   *level*
zugelassen.° Die SPD (Sozialdemokratische   *permitted*
Partei Deutschlands) entwickelte sich relativ
schnell. Neben der SPD entstanden unter
anderem die FDP (Freie Demokratische
Partei), die CDU (Christlich Demokratische
Union), die CSU (Christlich Sozialistische
Union) und die KPD (Kommunistische Partei
Deutschlands). Mit Ausnahme° der KPD sind   *exception*
diese Parteien heute noch in der
Bundesregierung vertreten.

     Die im Potsdamer Abkommen vorgesehene°   *intended*
wirtschaftliche Einheit Deutschlands kam
wegen der Differenzen der westlichen
Alliierten und der Russen nicht zustande.°   *about*
Die Westzonen wurden in das amerikanische
Hilfsprogramm, den Marshall Plan,
miteinbezogen.° Im Westen entwickelte   *included*
sich eine privatkapitalistische Wirtschaft, im
Gegensatz zu der zentralverwalteten Wirtschaft
in Ostdeutschland. Die Währungsreform°   *monetary reform*
vom Juni 1948 führte zur endgültigen°   *final*
wirtschaftlichen Spaltung° Deutschlands.   *division*

     Die Gegensätze zwischen dem Westen und
dem Osten wurden immer größer. Aus den
Kriegsalliierten wurden Gegner° in einem   *opponents*
Kalten Krieg. Die Westmächte forderten am
1. Juli 1948 die Ministerpräsidenten der
Westzonen auf,° eine Versammlung° zur   *forderten [. . .] auf asked / meeting*
Ausarbeitung° einer demokratischen föderalen   *drafting, working out*

Abstimmung über das Grundgesetz im Parlamentarischen Rat in Bonn am 8. Mai 1949

Verfassung einzuberufen.° Im Mai 1949 *to call*
verabschiedete° der inzwischen gegründete *passed*
Parlamentarische Rat° das neue Grundgesetz° *der . . . Parliamentary Council*
für die Bundesrepublik Deutschland, und im *which had been founded in the*
August desselben Jahres fanden Wahlen zum *meantime / name of the*
constitution
ersten Deutschen Bundestag° statt. *name of the parliament*

Nach einem harten Wahlkampf beteiligten
sich 78,5% der Wahlberechtigten° an der *those eligible to vote*
Wahl, aus der die CDU und CSU zusammen
mit 139 gewählten Abgeordneten als Sieger
hervorgingen. Danach folgten die SPD mit
131 und die FDP mit 52 Abgeordneten.
Die Bayernpartei und die Deutsche
Partei erhielten je 17, die KPD 15
und mehrere Randparteien° zusammen 31 *marginal parties*
Abgeordnete. Jetzt schon zeichneten sich
ganz deutlich die zukünftigen politischen
Kräfteverhältnisse ab.° Der Hauptkampf um *zeichneten . . . relationships*
die politische Führung in der Bundesrepublik *among the powers were*
delineated
besteht auch heute noch zwischen den beiden
großen Parteien, der CDU/CSU und der SPD.
Die FDP ist als Koalitionspartei im Parlament
vertreten.

Am 13. September 1949 wurde der
Freie Demokrat Professor Theodor Heuss
zum ersten Präsidenten der Bundesrepublik
gewählt; zwei Tage später wählte der Bundestag
den Christdemokraten Konrad Adenauer
zum Bundeskanzler.

Anfangs° hatte die Bundesrepublik *In the beginning*
keine volle Souveränität. Die oberste Gewalt° *authority*
blieb bei den drei Besatzungsmächten.
In den daraufolgenden Jahren wurde das
Besatzungsregime schrittweise° abgebaut.° Im *gradually / reduced*
Mai 1955 wurde die Bundesrepublik ein
souveräner Staat.

Übungen

A. **Stimmt das? Wenn eine Aussage falsch ist, geben Sie die richtige Antwort.**

1. In den Westzonen gab es anfangs nur Parteien auf lokaler und regionaler
   Ebene.
2. Die Währungsreform führte zur endgültigen Spaltung Deutschlands.
3. 1948 arbeiteten die Länder der Westzone eine Verfassung aus.
4. Die ersten Bundestagswahlen fanden 1950 statt.
5. Im Westen entwickelte sich ein einheitliches Wirtschaftsgebiet.
6. Die zwei größten Parteiblöcke in der BRD sind die CDU/CSU und die SPD.

1. Was war der Alliierte Kontrollrat?
2. Was wurde auf der Potsdamer Konferenz beschlossen?
3. Warum wurde es für die Alliierten immer schwieriger, eine einheitliche Deutschlandpolitik zu führen?
4. Was versteht man unter dem Kalten Krieg zwischen den Westmächten und der Sowjetunion?
5. Wie heißen die vier Parteien, die heute noch im Bundestag vertreten sind?

Die deutsche Bundesregierung und ihre Parteien

Die Gliederung° der Bundesregierung wird durch eine Verfassung° bestimmt. Die Verfassung der Bundesrepublik ist das Grundgesetz vom 23. Mai 1949. Wie in allen rechtsstaatlichen° Regierungen, beruht dieses Konzept auf dem Grundsatz der Gewaltenteilung.° Die gesetzliche° Gewalt liegt in den Händen des Bundestages und des Bundesrats.

structure
constitution

constitutional

separation of powers / legislative

Der Bundestag ist das eigentliche Parlament der Bundesrepublik. Hier ist das Volk durch 496 Abgeordnete, die alle vier Jahre gewählt werden, vertreten. Seine wichtigsten Aufgaben sind die Gesetzgebung, die Wahl des Bundeskanzlers und die Kontrolle der Regierung. Der Bundestag wählt aus seiner Mitte° den Bundespräsidenten, zwei Vizepräsidenten und den Bundeskanzler. Der Bundeskanzler bestimmt die Richtlinien° der Politik und trägt dafür die Verantwortung°; es ist daher das wichtigste und mächtigste Amt in der Regierung. Helmut Schmidt ist der fünfte Bundeskanzler. Seine Vorgänger° waren Konrad Adenauer (1949–1963), Ludwig Erhard (1963–1966), Kurt Georg Kiesinger (1966–1969) und Willy Brandt (1969–1974). Der Bundeskanzler arbeitet mit den Bundesministern, auch Kabinett genannt, zusammen.

aus . . . from its own membership

basic policy (direction)
responsibility

predecessors

Der Bundesrat ist die zweite gesetzgebende Kammer des Parlaments. Er verkörpert° das föderative Prinzip. Er besteht aus Vertretern der elf Länderregierungen, die nicht gewählt, sondern von den Ländern bestimmt° werden. Gesetze, die die Länder betreffen,° müssen vom Bundesrat genehmigt° werden. Die Mitglieder des Bundesrates sind nicht nur Vertreter ihrer Länder, sondern zugleich Vertreter politischer Parteien. Es kann vorkommen,° daß die Partei, die im Bundestag die Opposition stellt, die Mehrheit im Bundesrat besitzt.

embodies, symbolizes

appointed
concern
approved

happen

Das Staatsoberhaupt der Bundesrepublik ist der Bundespräsident. Der Bundespräsident vertritt° die Bundesrepublik völkerrechtlich,° unterzeichnet° Verträge mit anderen Staaten und empfängt° Botschafter° aus anderen Ländern. Seit 1979 ist Carl Karstens Bundespräsident. Seine Vorgänger waren Theodor Heuss (1949–1959), Heinrich Lübke (1959–1969), Gustav Heineman (1969–1974) und Walter Scheel (1974–1979).

represents / in international law
signs
receives / ambassadors

Die wichtigsten Parteien in der Bundesrepublik Deutschland sind, nach ihrer Sitzordnung im Parlament von links nach rechts: SPD, die Sozialdemokratische Partei Deutschlands (die älteste Partei Deutschlands, verboten während der Hitler-Zeit); die CDU, Christlich-Demokratische Union, deren Partei in Bayern CSU, Christlich-Soziale Union, heißt; und die FDP, Freie Demokratische Partei, die seit 1969 in Koalition mit der SPD in der Bundesregierung ist. Die CDU und CSU sind die Oppositionsparteien.

Übungen

A. **Stimmt das? Wenn eine Aussage falsch ist, geben Sie die richtige Antwort.**

1. Alle rechtstaatlichen Regierungen haben eine Verfassung.
2. Der Bundespräsident hat das mächtigste Amt in der Regierung.
3. Die Bürger der Bundesrepublik wählen Abgeordnete in das Parlament.
4. Der Vorgänger von Helmut Schmidt war Willy Brandt.
5. Das legislative Organ der BRD ist der Bundestag.

1. Wie heißt die deutsche Verfassung?
2. Wer hat das Amt des Bundespräsidenten am längsten gehabt?
3. Wer war der erste Kanzler der Bundesrepublik?
4. In welchem Organ der Regierung sind die Länder des Bundes vertreten?
5. Welches sind die wichtigsten Parteien der Bundesrepublik?

Nur dreißig Jahre ist das her . . .°

It Was Only 30 Years Ago . . .

Anläßlich des dreißig jährigen Bestehens der Bundesrepublik vergleicht die Journalistin Ursula von Kardorff das Leben der Deutschen in den ersten Nachkriegsjahren mit dem Leben in den späten siebziger Jahren.[1]

Dreißig Jahre, das ist geschichtlich° gesehen ein Nichts! Dreißig Jahre sind aber auch schon eine ganze Generation. Wer 1949 geboren wurde, kann heute schon sein gutes Geld verdienen, kann aber auch arbeitslos sein.   *historically*

Vor dreißig Jahren standen die Älteren noch am Urbeginn° unserer Wirtschaftswunderwelt.° Da waren wir alle noch bescheiden,° fleißig, anspruchslos,° unsnobistisch, willig und nicht sehr politisch. Die Vergangenheit wurde noch stärker verdrängt° als heute nach „Holocaust°", und die Zukunft schien unbestimmt.° Man dachte nicht viel über sie nach. Der Aufbau forderte alle Kräfte, die Millionen Vertriebenen° mußten eingegliedert° werden. Wir waren arm.   *very beginning / world of economic miracles / modest / undemanding / suppressed / the TV-movie "Holocaust" / uncertain / displaced persons / integrated*

Am 23. Mai 1949, einem Feiertag, den wir—außer in unseren Botschaften° im Ausland—nicht feiern, entstand im Westen die Bundesrepublik Deutschland und im   *embassies*

[1]Adapted from Ursula von Kardorff, „Wie sie leben—was sie sind," *Bildfeature aus der Bundesrepublik Deutschland*, 9 (May 1979), Inter Nationes.

(top) Die Universität München am Ende des Zweiten Weltkriegs; (bottom) Die moderne Universität in Konstanz

Oktober des gleichen Jahres im Osten die
Deutsche Demokratische Republik. Als das
geschah, war es den wenigsten von uns
bewußt,° daß damit die Teilung des Landes
endgültig vollzogen° worden war. Damals
sagte man übrigens noch „Deutschland".
Der Kalte Krieg war in vollem Gange.°

war . . . few of us realized
finalized

in full swing

Noch zwölf Jahre bis zur Berliner Mauer.

Vor dreißig Jahren kannten die Reichen
noch nicht die Sorgen,° die sie heute plagen.
Keiner zergrübelte sein Hirn,° ob er das
Zweithaus auf Sylt,° in der Toscana oder auf
Ibiza erbauen wollte. Keiner trug sich mit dem
Gedanken,° ob er sich von seiner Drittfrau
scheiden° lassen müsse, weil sie gerade mit
einem Jüngeren durchgebrannt° war, und
niemand mußte überlegen,° welcher Wagen
bei 200 Stundenkilometer das wenigste Benzin°
verbrauchte oder wohin der nächste Urlaub
ginge: sollte es eine Sahara-Durchquerung°
sein, eine Fahrt mit der Transsibirischen
Eisenbahn zu den Reiterspielen in der
Äußeren Mongolei, eine Reise nach Peking,
Sydney oder einfach nur nach New York? In
Paris und Rom war man schon zu oft
gewesen, auch Venedig zog° nicht mehr.

worries, cares
zergrübelte . . . racked his brain
name of an island in the North Sea

trug . . . pondered
divorce
run off
contemplate
gasoline

a trip through the Sahara

held much attraction

1949 gab es weder „schnelle Brüter°"
bei uns, noch den Kampf un die
Atommüll-Deponie,° es gab keine Jumbos,
keine Terroristen, keine Rockstars und ihre
Groupies, keine Drogen-Szene. Kein
Neon-Licht, keine zubetonierten°
Meeresküsten, keine Lifte-erschlossenen°
Berge und Pisten. Man trug die altmodischen
Skier auf dem Buckel° und schnürte° die
Stiefel,° die nur bis zum Knöchel° gingen.
Niemand besaß Jeans. Sie waren noch nicht
über den Ozean gekommen, im Gegensatz zu
Carepaketen, Coca Cola und Camels.

breeder reactors

atomic waste disposal

concrete-covered
made accessible by lifts

back / tied
boots / ankle

Alle waren gräßlich° emsig,° sich im
Trümmerland° eine neue Existenz zu schaffen.
Den meisten gelang es.

terribly / busy
land of ruins

Wir kleideten uns New-lookisch,
wadenlang in grellen Cordsamt, schnürten die
Taillen eng, trennten die Schulterpolster
heraus° und ließen die Haare schulterlang
wachsen. Natürlich die Mädchen, nicht die

wadenlang . . . in dresses of
brightly colored corduroy that
went down to the calf, tied our
belts tightly and cut out the
shoulder padding

Jungs, die hatten auch noch keine
Schnauz-Schnurr-oder-Backenbärte,° sondern
waren glatt rasiert.° Aber eine Dame, und was
sich dafür hielt,° trug Hut.

Wir sagten „Bohnenkaffee°", weil er noch
keine Selbstverständlichkeit war,° und
notierten, daß wir neulich im Speisewagen°
Gänsebraten° bestellt hatten.

Auf den ersten zaghaften° Cocktailparties
wurde süßer Wermut gereicht,° ganz
Avantgardistische mischten Orangensaft mit
Sekt.° „Die Cocktailparty" hieß eine Komödie
von T. S. Eliot, die damals bei uns viel Erfolg
hatte, wie auch die Stücke von Bert Brecht[2]
drüben, der soeben mit Helene Weigel das
„Berliner Ensemble" gegründet hatte.

Wir tanzten Samba und amüsierten uns
ganz toll° auf dem Münchner Fasching und
sogar auf dem Oktoberfest. Das Fernsehen war
in der Bundesrepublik Deutschland noch
unbekannt—was taten die Leute nur am
Abend—und auch die Pille war noch nicht
erfunden°—was taten die Leute nur am Abend?

Bestseller wurde ein Buch, das die
Zukunft schaurig ausmalte.° Es war von dem
Engländer George Orwell und hieß 1984.
Noch niemand durchflog den Weltraum.°

Wir begeisterten uns° im Kino an Orson
Welles Der Dritte Mann, Eintritt 1,50 Mark, und
summten° noch jahrelang die Melodie, die
Anton Karras auf der Zither spielte. Puritaner
entsetzten sich° an Werner Egks Faust-Ballet
Abraxas.

1949 war das Jahr, in dem endlich, nach
13 Monaten, die Berliner Blockade zu Ende
ging. Der eiskalte Krieg ging jedoch weiter.
Ernst Reuter hieß der regierende
Bürgermeister,° der die alte Reichshauptstadt
Berlin gerettet° hatte: „Schaut auf diese Stadt".
Das neue Reichshauptstädtchen hieß Bonn,
weil Adenauer es wollte.[3]

walrus mustaches, mustaches,
  or sideburns
glatt . . . clean-shaven
und . . . who considered herself
  to be one
coffee (from beans as opposed to
  to coffee substitutes)
er . . . we didn't take it for
  granted yet
dining car
roast goose
timid
served

champagne

amüsierten . . . had a great time

invented

schaurig . . . depicted the future
  in horrid terms

durchflog . . . traveled through
  space
begeisterten . . . were thrilled

hummed

entsetzten . . . were outraged by

regierende . . . mayor in office
  at that time
saved

---

[2]Bertoldt Brecht (1898–1956) was a leading twentieth
century playwright.

[3]By calling it **Städtchen**, the author refers to the provincial character of the new capital, which had been
chosen largely because Adenauer wished it.

Das Wochenblatt° *Der Spiegel,* mehr
sensationell als politisch aufgemacht,°
erschien im dritten Jahrgang, „Jens Daniel°"
schrieb die Leitartikel und war als Rudolf
Augstein der Chefredakteur.°

Das „Bundesverdienstkreuz°" gab es so
wenig wie den „Euroscheck°", die Peep-Show,
die Schlankheitskur° und den Jet-Set. Es
gab auch keine Klatschkolumnisten,° denn die
„beautiful people" bevölkerten° die
Bundesrepublik Deutschland noch nicht.

Miß „Tschörmänie" („Germany"—
Aussprachehilfe° für Deutsche)
wurde im hüftbedeckenden° Bikini als erste
deutsche Schönheitskönigin Inge Löwenstein.
In Bad Homburg.

Möglich, sogar wahrscheinlich, daß die
Alten im Jahre 2009 mit Sehnsucht° auf unser
friedliches° Wohlstandsjahr° 1979
zurückblicken. Weiß man's?

weekly news magazine

*mehr . . . geared more toward
sensational than political
reporting*
the pseudonym of Augstein
editor-in-chief

*Distinguished Service Cross
(medal of honor)*
*a guaranteed check that can be
cashed anywhere in Europe*
gossip columnist
inhabited

aid to pronunciation
which covered the hips

nostalgia
peaceful / year of affluence

Übungen

A. Stimmt das? Wenn eine Aussage falsch ist, geben Sie die richtige Antwort.

1. Die Deutsche Bundesrepublik besteht schon über 30 Jahre.
2. Viele Vertriebene mußten eingegliedert werden.
3. Man feiert die Gründung der BRD jedes Jahr überall.
4. Vor dreißig Jahren trug jeder Deutsche Jeans.
5. Den meisten gelang es, sich in der BRD eine neue Existenz zu schaffen.
6. Es war damals selbstverständlich, Gänsebraten im Speisewagen zu essen.
7. Vor dreißig Jahren gab es bereits Fernsehen in der BRD.
8. Die Berliner Blockade dauerte 13 Monate.
9. Die neue Hauptstadt der BRD hieß Berlin.

B. Fragen

1. Wodurch wurde die endgültige Teilung Deutschlands vollzogen?
2. Welche Sorgen kannten die Reichen nicht vor dreißig Jahren?
3. Was gab es 1949 in der Bundesrepublik noch nicht?
4. Wohin fuhren die Leute vor dreißig Jahren auf Urlaub?
5. Was gab es vor dreißig Jahren in der BRD nicht? (Nennen Sie fünf Sachen.)

Diskussions- und Aufsatzthemen

1. Nachdem Sie das Kapitel über die Deutsche Demokratische Republik und jetzt über die Bundesrepublik gelesen haben, welche Unterschiede finden Sie zwischen den zwei Regierungssystemen?
2. Diskutieren Sie die Gründe, die zur endgültigen Teilung Deutschlands führten.
3. Vergleichen Sie die Konzeptionen der vier Regierungsparteien mit denen der Regierungsparteien Ihres Landes.
4. Welche Unterschiede bestehen zwischen den Ämtern des Bundespräsidenten der BRD und den Ämtern des Präsidenten Ihres Landes?
5. Ihrer Meinung nach, hätte man die Teilung Deutschlands verhindern können? Wenn ja, wie?
6. Was waren die Entwicklungen in der Bundesrepublik seit ihrer Gründung im Jahre 1949?

Grammatisches: Adjectives

Attributive Adjectives

Attributive adjectives take endings determined by the number, gender, and case of the nouns they modify. They are declined strong when they are not preceded by a **der**-word or by an **ein**-word with an ending; they are declined weak when they are preceded by a **der**-word or an **ein**-word with an ending. The strong declension is virtually the same as that of **der**-words. Here are a few examples:

Das Parlament hat $\begin{Bmatrix} dieses \\ ein\ neues \end{Bmatrix}$ Gesetz verabschiedet.

Herr Schäfer ist $\begin{Bmatrix} der \\ ein\ neuer \end{Bmatrix}$ Führer dieser Partei.

The weak declension is as follows:

	Masculine	Neuter	Feminine	Plural
Nominative	gute	gute	gute	guten
Accusative	guten	gute	gute	guten
Dative	guten	guten	guten	guten
Genitive	guten	guten	guten	guten

Here are a few examples of the use of the weak declension:

> Wir haben über das *neue* Parlament gesprochen.
>
> Wer hat mit dem *neuen* Bundeskanzler gesprochen?

If several attributive adjectives (excluding **ein-** or **der**-words) are used in a series, all must take identical endings:

> *Viele junge* Leute lehnen die Politik ab.
>
> Man hat die *neuen, strengen* Gesetze besprochen.

The adjective **hoch** drops the **c** in the stem whenever an ending is attached:

> Der Dom ist hoch. Das ist ein *hoher* Dom.

The Comparative and Superlative of Adjectives

The comparative degree of adjectives and adverbs is formed by adding the suffix **-er** and usually by adding an umlaut to the stem vowel:

> Diese Partei ist *stärker* als unsere.
>
> Gestern hat es *stärker* geregnet als heute.

The superlative degree of adjectives is formed by adding the suffix **-st** (**-est** if the stem ends in **-d**, **-t** or an /s/-like sound) and usually by adding an umlaut to the stem vowel. The appropriate weak or strong endings are then added:

> Heinrich ist das *neueste* Mitglied des Parlaments.
>
> Wir haben von der *schwächsten* Partei gesprochen.
>
> Die *heißesten* Tage sind gewöhnlich im August, aber die *kältesten* sind im Januar.

In the predicate an alternative formation may be used with the contraction **am** and the weak ending **-en**:

> Welche Partei ist { *die stärkste?* / *am stärksten?* }

The following adjectives and adverbs are compared irregularly:

Positive	Comparative	Superlative
groß	größer	gröst-
gut	besser	best-
hoch	höher	höchst-
nah	näher	nächst-
viel	mehr	meist-

Comparison is shown by use of the following phrases:

> Dieses Rathaus ist größer *als* das da.
>
> Das neue Gesetz ist (nicht) *so* streng *wie* das alte.
>
> Hoffentlich wird die Inflation *immer* weniger.

Adjectives Used as Nouns

Adjectives used as nouns require the appropriate weak or strong ending. If the adjective is descriptive (showing size, shape, color, etc.), it is usually capitalized:

> Der *Alte* wählt nicht.
>
> Ein *Bekannter* hat uns geholfen.
>
> Die *Verstorbene* hieß Gertrud Thielike.
>
> Die *Jugendlichen* nehmen an der Demonstration teil.

If the neuter gender is used in this manner it denotes things or concepts:

> Ein Politiker soll immer für *das Gute* kämpfen.

Übungen

A. *Complete the sentences with the correct adjective ending.*

1. Deutschland war ein Treffpunkt verschieden____ Kulturen.
2. Die Bundesrepublik hat eine demokratisch____ Regierung.
3. Man verlangte eine bedingungslos____ Kapitulation.
4. Deutschland hatte die größt____ Niederlage erlitten.
5. In den westlich____ Zonen lebte man besser.
6. In der westdeutsch____ Regierung sind vier politisch____ Parteien.
7. Die politisch____ Führung hat der Bundeskanzler.
8. Heuss war der erst____ Bundespräsident.
9. Der Bundestag ist das eigentlich____ Parlament.
10. Aus dem zerstört____ Deutschland entstanden die BRD und die DDR.

B. *Answer each question using the adjective in parentheses.*

1. Welche Partei ist besser? (liberal)
2. Welchen Kanzler haben Sie gesehen? (westdeutsch)
3. Welche Verfassung garantiert persönliche Freiheit? (bundesdeutsch)
4. Mit welcher Partei sympathisieren Sie? (demokratisch)

C. *Complete the sentences with the correct adjective ending.*

1. Viel____ ostdeutsch____ Flüchtlinge kamen in den Westen.
2. Viel____ Schiffe kommen aus verschieden____ Ländern.
3. Hitlers zwölfjährig____ Herrschaft war furchtbar.
4. Die hier herrschend____ Not war groß.

5. Es wurden nur wirtschaftlich____ Probleme besprochen.

6. In manch____ Ländern läßt es sich besser leben.

7. Ich habe politisch____ Freunde.

8. In deutsch____ Städten gab es viele zerstörte Häuser.

9. Streng____ Gesetze sind nicht immer gut.

10. Der erst____ Bundesregierung schenkte man groß____ Vertrauen.

D. *Complete the blank with the appropriate adjective endings.*

Die westlich____ Alliierten wollten eine frei____ demokratisch____

Regierung in Deutschland. Altpolitisch____ Parteien, wie die

Sozialdemokratische Partei, wurden wieder zugelassen. Eine neu____

Verfassung wurde geschrieben. Im erst____ Deutsch____ Bundestag

waren Vertreter all____ westdeutsch____ Länder. Der erst____

Kanzler war Adenauer. Er regierte die Deutsch____ Bundesrepublik mit

stark____ Hand.

E. *Change the sentences to the comparative or superlative as indicated.*

1. Die SPD ist die alte Partei Deutschlands. (superlative)
2. Der Bundeskanzler hat eine starke Position. (superlative)
3. Die BRD ist das große Land. (comparative)
4. War Adenauer ein guter Kanzler? (superlative)
5. Viele Leute flohen in den Westen. (comparative)
6. In der DDR ging der Wiederaufbau langsam voran. (comparative)

8
Typisch deutsch?

Wortschatz

der Ausländer (-), die Ausländerin (-nen) foreigner

der Beobachter (-), die Beobachterin (-nen) observer

die Erfahrung (-en) experience

der Fleiß (-) diligence

der Fremde (-n) outsider, stranger

die Gesellschaft (-en) society

die Leistung (-en) performance, achievement

die Pflicht (-en) duty, obligation

die Strenge (-) strictness, severity

das Urteil (-e) judgment; opinion

das Vorurteil (-e) prejudice

der Wohlstand (-ë) affluence

beobachten to observe

beurteilen to judge, evaluate

leisten to achieve, perform

sich verhalten* to act, behave

ausländisch foreign

fleißig diligent

fremd unknown, unfamiliar

streng strict, severe

A. *Give the verb that corresponds to each of the following nouns.*

1. der Beobachter
2. die Leistung
3. das Verhalten
4. das Urteil

B. *Give the adjective that corresponds to each of the following nouns.*

1. der Fremde
2. der Ausländer
3. die Strenge
4. der Fleiß

C. *Complete the sentences with words from the vocabulary list.*

1. Wir leben in einer demokratischen _____.
2. Daß weiß ich aus _____.

---

*Verbs marked with an asterisk are strong verbs; see the appendix for principal parts of strong verbs.

3. Es ist meine _____ ihm zu helfen.

4. Man sollte keine _____ gegen seine Mitmenschen (*fellow men*) haben.

5. Nach dem Zweiten Weltkrieg haben die Deutschen _____ erreicht (*attained*).

Was ist typisch deutsch?

Wenn man diese Frage stellt, bekommt man viele Antworten. Typisch deutsch? Das ist der Bayer, der angeblich° Unmassen° Bier trinkt und der in Lederhosen bekleidet die Polka tanzt.

ostensibly / huge quantities

Typisch deutsch? Das ist der fleißige Arbeiter, der morgens stets pünktlich am Arbeitsplatz erscheint, wo er am Fließband° Qualitätsprodukte herstellen hilft wie den Merzedes, den Porsche und den Volkswagen. In seiner Freizeit spielt er mit seinen Freunden Fußball.

assembly line

Typisch deutsch? Das ist die etwas rundliche deutsche Hausfrau, die jeden Tag die Wohnung gründlich putzt,° bei der es oft Sauerkraut und Würstchen gibt und Kartoffeln dazu und die sonntags ihrer Familie eine leckere° Torte vorsetzt.

cleans

delicious

Typisch deutsch? Das ist der Reisende, der sich aus dem naßkalten deutschen Wetter an die sonnigen Mittelmeerküsten flüchtet.° Eine Kamera vor seinem Bauch baumelnd,° drängt er sich stets ungeduldig und rücksichtslos° in Geschäften und beim Einsteigen in öffentliche Verkehrsmittel° vor.°

escapes
dangling
inconsiderate
means of transportation
drängt er sich [. . .] vor he pushes to the front of the line

Typisch deutsch? Das ist die ältere Frau, die zwei volle Einkaufstaschen° schleppt und dennoch gern bereit ist, dem Fremden freundlich den Weg zum Bahnhof zu zeigen.

shopping bags

Alle diese Antworten geben
stereotypische Bild wieder, daß sich Ausländer
von den Deutschen machen. Es scheint,
daß sich die Menschen von den Bewohnern
eines jeden Landes, mit denen sie in Kontakt
kommen, stereotypische Ansichten bilden.
Wie das jeweilige° stereotypische Bild
ausfällt,° hängt teilweise von persönlichen
Vorlieben, Abneigungen, nationalen und
weltanschaulichen Gefühlen ab.° Ein Spanier
oder Grieche, zum Beispiel, würde höchst
wahrscheinlich dieselben Deutschen in einem
etwas anderen Licht sehen als ein Norweger
oder Chinese es täte. Auch die Vorurteile über
die Deutschen, die einer in der Familie,
in der Schule und in den Massenmedien
gehört und sich weitgehend zu eigen gemacht
hat,° bestimmen sein stereotypisches Bild.
Hätte man zum Beispiel Franzosen nach den
Weltkriegen gebeten, ihr Bild von den
Deutschen darzulegen, so fiele es anders aus,
als wenn Franzosen heute über die Deutschen
urteilten; letzteres Urteil wiederum
unterschiede sich von dem, welches
Amerikaner heute von den Deutschen
abgeben würden.

Bei allen diesen Urteilen darf man nie
meinen, sie träfen auf alle Deutschen zu,°
denn eine stereotypische Ansicht ist ja nur
eine Abstraktion aufgrund einer höchst
begrenzten° Erfahrung. Ein Volk besteht ja
in erster Linie aus lauter Individuen und
nicht aus typischen Bürgern. Hinzu kommen
noch die regionalen Unterschiede in
Deutschland. Ein Bayer ist ganz anders als
ein Norddeutscher, ein Rheinländer anders
als ein Schwabe. Trotzdem sieht der
Nichtdeutsche Dinge, die ihm bei den
Deutschen auffallen und die er dann als
typisch deutsch bezeichnet. Man müßte eine
Aussage über etwas typisch Deutsches
eigentlich immer in eine Frage umwandeln.°
Dadurch wäre die Unsicherheit° angedeutet,
die mit allen Aussagen° über ein Volk
verbunden ist. Selbst Umfragen,° Statistiken,

particular
looks like

*hängt . . . partly depends upon
personal preferences,
aversions, national and
philosophical feelings*

zu . . . has adopted

träffen . . . apply to all Germans

limited

turn into
uncertainty
statements
polls

und eigene Beobachtungen sind unzuverlässig,° *unreliable*
da sie von den vorher erwähnten° Faktoren *mentioned*
stark beeinflußt werden.

   Um das soeben Gesagte zu
veranschaulichen,° sind im Folgenden *illustrate*
Ansichten über die Deutschen von
französischen Schülern und Schülerinnen im
Alter von neun bis achtzehn Jahren
wiedergegeben. Sie waren im Unterricht° *im . . . in class*
nicht auf diese Frage vorbereitet worden.
Sie sollten schreiben, was ihnen gerade
einfiel.° Einige Antworten sind originell *was . . . simply what occurred to them*
und beschreiben eigene Erfahrungen. Andere
wiederum benutzten nur Klichees und
jahrhundertalte Vorurteile.

Denen haben wir es aber gezeigt . . . !

Wie sind die Deutschen, Ihrer Meinung nach?

Am meisten war ich überrascht,° daß die *surprised*
Deutschen so nett mit den Franzosen waren.
Die Engländer sind nicht so. Die Deutschen
sind sehr diszipliniert. Sie sind sympathisch,
aber sie glauben, daß ihr Land am besten ist.
Die Straßen sind ganz sauber. Sie denken
immer an den Faschismus, Hitler und den
Zweiten Weltkrieg; mehr als in Frankreich.
Es ist wie ein Komplex, glaube ich. (Mädchen,
17 Jahre, Amiens)

Die Deutschen, die man auf der Straße
trifft, bringen uns mit ihren runden Bäuchen,°   runden . . . *fat stomachs*
ihrer großen Gestalt,° ihren blonden Haaren,   großen . . . *tallness*
ihrer krebsigen° Hautfarbe (am Meer) und   *red as a lobster (crab)*
ihren bunten Hemden,° ihren Photoapparaten   *shirts*
oft zum Lachen; es ist ungefähr das Bild,
das die Franzosen von den Deutschen haben,
die sich im Sommer in Frankreich aufhalten.
(Mädchen, 14 Jahre, Paris)

Ich kenne Deutschland nicht sehr gut; nach
dem, was ich weiß, ist es ein ziemlich
autoritäres und strenges Land. Vor allem,
um dort zu studieren. Ich glaube, das muß
ziemlich schwierig sein, oder aber man
muß außergewöhnlich° hart arbeiten und   *especially*
einen guten Notendurchschnitt° haben. Man   *grade average*
kann nicht den Beruf wählen, den man
möchte. (Mädchen, 17 Jahre, Amiens)

Ich glaube, daß es falsch ist zu sagen,
Deutschland sei ein liberales Land. Auf
wirtschaftlichem Gebiet° ist es das, aber was   Auf . . . *Economically*
die individuellen Freiheiten betrifft,° so habe   was . . . *as far as individual*
ich oft festgestellt,° daß es dort eine Behörde   *freedom is concerned*
mit extremen Polizeimethoden gibt, die von   *determined*
unbedeutenden° Taten bis zu schlimmsten   *trivial*
Taten hart durchgreift.° (Mädchen, 18 Jahre,   hart . . . *take severe measures*
Aix-Marseille)   *against*

Der deutsche Humor ist eher schwerfällig.°   *slow*
Auf den europäischen Kongressen sind die
Engländer und die Franzosen die ersten, die
lachen; die Deutschen und die Belgier eine
Viertelstunde später. (Mädchen, 15 Jahre,
Paris)

Die deutschen Städte sind morgens um 7 Uhr
ausgestorben,° kein Mensch auf der Straße.   *dead*
Das kommt vielleicht davon, daß sie am Abend
zuvor zuviel Bier getrunken haben. (Junge, 17
Jahre, Rouen)

In Deutschland habe ich wenig Wärme
gespürt, eher Kälte, eine Distanz zwischen
den Bewohnern und mir. Aufrichtig,° meine   *To be sincere*
Reise hat mich enttäuscht,° aber ich rechne   *disappointed*

damit, dorthin zurückzukehren, um ein
weniger negatives Urteil zu gewinnen.
(Mädchen, 17 Jahre, Limoges)

Deutschland ist ein gastfreundliches Land, wo
ich schon mehrere Aufenthalte° verbrachte.   wo . . . where I stayed several
Dieser sehr gute Empfang° ist manchmal   times
schade, denn er verhindert, das Land so zu   welcome
sehen, wie es ist: in der Tat, man behandelt
einen fast zu gut unter dem Vorwand,° daß   unter . . . on the pretext
man Ausländer sei (Franzose besonders).
(Mädchen, 14 Jahre, Creteil)

Die Deutschen sind sehr böse, aber nicht alle.
(Junge, 10 Jahre, Grenoble)

Ich ziehe die kleinen Engländerinnen vor,
denn die deutschen Mädchen sind zu
muskulös. (Junge, 13 Jahre, Corse)

Übungen

A. **Stimmt das? Wenn eine Aussage falsch ist, geben Sie die richtige Antwort.**

1. Alle Franzosen denken gleich über die Deutschen.
2. Mann kann die Deutschen an ihrem Aussehen erkennen.
3. Wie ein stereotypisches Bild ausfällt, hängt teilweise von der Nationalität des Beobachters ab, und von der Zeit, in der er lebt.

B. **Fragen**

1. Warum ist es schwer, etwas als typisch deutsch zu betrachten?
2. Nach der Meinung einiger Franzosen, woran denken Deutsche immer?
3. Wie denken französiche Schüler über die deutschen Schulen?
4. Warum behaupten einige, Deutschland sei ein autoritäres Land?
5. In welchem Punkt wurden die Engländer mit den Deutschen verglichen?

Wie sieht der Deutsche sich selbst?

In einer Umfrage wurden deutsche
Männer und Frauen gefragt, ob sie stolz
darauf seien, ein Deutscher, oder eine
Deutsche zu sein. Die Begründungen,°   reasons
mit denen diese Frage entweder verneint

oder bejaht wurde, zeigen, wie die
Meinungen der Deutschen über sich selbst
auseinandergehen.°*

diverge

**Sind Sie stolz darauf, ein Deutscher zu sein?
Warum oder warum nicht?**

Angestellter,° männl., 43 Jahre:

white-collar worker

Ja. Weil wir Deutsche es zu Wohlstand
gebracht haben durch eigene Arbeit und in
einer Demokratie leben!

Angestellter, männl., 35 Jahre:

Nein. Ich wäre auch nicht stolz darauf, eine
andere Nationalität zu haben bzw. wäre mit
jeder andern einverstanden.° Es kommt auf
die Gesellschaftsform° in einem Lande und
den dort herrschenden Freiheitsgrad,° und
nicht auf zufällige° Geburtsorte an.

*bzw. (beziehungsweise) . . . or
else any other would be all
right with me*
form of society
degree of freedom
coincidental

Angestellter, männl., 67 Jahre:

Ja. Wir sind das Land der Dichter und Denker;
wir sind bekannt in der Welt für unseren
einmaligen° Fleiß und Disziplin (wie lange
noch?).

unique

Nicht erwerbstätig, weibl., 79 Jahre:

Ja. Fleiß, Pflichtbewußtsein,° Ausdauer°
sind Stärke der Deutschen. Bei einem Teil der
jüngeren Generation allerdings zweifelhaft.°

sense of duty / endurance

*Bei . . . In some of the younger
generation this is of course
doubtful.*

Angestellte, weibl., 24 Jahre:

Ja. Ich könnte mir nicht vorstellen,° in einem
anderen Land der Erde länger bzw. für immer
zu leben. Ich liebe meine Heimat und den
Wohlstand dieses Landes. Ich mag die
Menschen. Sie sind meistens arbeitsfreudig,
vaterlandsbewußt und stehen zu den Dingen,°
die sie sagen und ausführen. Deutschland ist

könnte . . . couldn't imagine

*Sie . . . Most of them like to
work, are patriotic, and take
responsibility for things*

---

*Werner Habermehl, Sind die Deutschen faschistoid?
Ergebnisse einer empirischen Untersuchung über die
Verbreitung rechter und rechtsextremer Ideologien in
der Bundesrepublik Deutschland (Hamburg: Hoffmann
und Campe Verlag, 1979).*

auch im Ausland sehr angesehen° und hat es
in den letzten Jahren wirtschaftlich und
kulturell zu viel „gebracht". Ich meine, es
ist eine Menge geschaffen worden.°

highly respected

es . . . a lot has been achieved

Angestellte, weibl., 27 Jahre:

Nein. Die Tatsache, daß ich in Deutschland
geboren wurde, reicht für mich nicht aus,° um
mich mit Goethe, Schiller oder Wagner zu
identifizieren. Ich habe aber auch nichts
gegen Deutsche oder Deutschland. Ich lebe
hier und mir gefällt es.

reicht . . . is not enough for me

Angestellter, männl., 56 Jahre:

Nein. Wenn man innerhalb von 25 Jahren
zwei Weltkriege entfacht° hat, kann man
nicht stolz sein.

started

Angestellter, männl., 56 Jahre:

Ja. Ich bin in Deutschland geboren, es ist
meine Heimat. Wenn wir versuchen, die Jahre
1931–1945 zu vergessen, dann ist das
Leben in Deutschland lebenswert.°

worth living

Arbeiter, männl., 31 Jahre:

Nein. Da die BRD nicht als Insel im Atlantik
liegt, sondern in Mitteleuropa, von sehr vielen
Völkern umgeben, fühle ich mich als Europäer
deutscher Abstammung.°

deutscher . . . of German origin

Nicht erwerbstätig, weibl., 43 Jahre:

Nein. Fast alle Deutschen sind intolerant
und überheblich.°

arrogant

Angestellter, männl., 37 Jahre:

Ja. Ich wüßte nicht, was ich vorziehen°
sollte: Amerikaner nicht, Engländer nicht,
Franzose nicht, Israeli nicht.

prefer

Nicht erwerbstätig, weibl., 50 Jahre:

Nein. Solange Deutsche auf Deutsche schießen
und durch Mauern° und Stacheldraht°
voneinander getrennt° sind, kann ich nicht
stolz sein.

walls / barbed wire
separated

Übungen

A. Stimmt das? Wenn eine Aussage falsch ist, geben Sie die richtige Antwort.

1. Alle Deutschen sind stolz, Deutsche zu sein.
2. Manche Deutschen lehnen einen Nationalismus ab.
3. Fleiß und Pflichtbewußtsein sind Gründe genannt, für den Stolz, Deutsche zu sein.
4. Manche Deutsche fühlen sich als Europäer.

B. Fragen

1. Sind Ihrer Meinung nach die meisten Deutschen stolz darauf, Deutsche zu sein?
2. Gibt es einen Unterschied zwischen den Aussagen der Männer und Frauen?
3. Glauben Sie, daß das Alter der Befragten etwas mit den Aussagen zu tun hat?
4. Wie würden Sie die Frage „Sind sie stolz darauf, Amerikaner zu sein?" beantworten?

Deutsche Mundarten

Einer der Gründe, warum es unmöglich ist, festzustellen,° was denn eigentlich typisch deutsch sei, ist, daß sich die Deutschen der verschiedenen Regionen voneinander unterschieden. Der Grund dafür liegt teilweise in der Tatsache, daß sich die Eigenart° der ursprünglichen Stämme,° aus denen die Deutschen hervorgegangen° sind, angesichts° einer fehlenden nationalen Tradition sehr lange erhalten hat. Sie ist auch heute noch unter anderem in den Dialekten und Trachten der Deutschen zu spüren.° Die sprachlichen Unterschiede der einzelnen Mundarten° werden auf unterhaltsame° Art in dem folgenden Artikel veranschaulicht.°*

Es ist eine Backware° aus Weizenmehl,° manchmal rund und manchmal länglich, mit

to ascertain

unique character
tribes
originated / in view of

ist [. . .] zu spüren can be felt
dialects
entertaining
illustrated

pastry / wheat flour

*Adapted from Peter Gerisch, „Die spassigen Tücken deutscher Dialekte und Trachten," *Soziales Leben: Sitten und Gebräuche* (Bonn: *Inter Nationes*, 1973).

goldbrauner Kruste und einem weißlichen, krümeligen° Inneren, die zu einem deutschen Frühstück gehört, und sie heißt—ja, wie heißt sie denn nun? Schon am frühen Morgen also beginnen die Schwierigkeiten° mit den deutschen Dialekten, und man sollte es nicht für möglich halten, was so ein lächerliches° Bröchten—um den offiziellen, hochdeutschen° Namen zu nennen—für Verwirrung stiften kann.° Dieses Wort würde keinem Bayern oder Schwaben über die Lippen kommen: für ihn ist das ebenso selbstverständlich° eine „Semmel" wie für den Hamburger ein „Rundstück", für den Berliner eine „Schrippe" oder für den Mainzer eine „Wecke". Und in Frankfurt am Main schreibt man zwar Brötchen, aber aussprechen° tut man es „Breetche".

Bei soviel sprachlichem Durcheinander° ist natürlich für einen Ausländer die Frage berechtigt, wie sich denn nur die Deutschen trotz ihrer vielen Dialekte untereinander verstehen.° Nun, es geht ganz gut, weil alle diese Mundarten schließlich doch auf dem Fundament° einer gemeinsamen Hochsprache basieren. Obgleich es zuweilen Kopfschütteln hervorruft,° wenn beispielsweise ein Schwabe° in Norddeutschland in einer Küche nach einem Hafen verlangt° und natürlich nicht die Kaianlagen von Hamburg herbeigezaubert haben möchte, sondern schlicht das, was man dort als Schüssel bezeichnet.°

Andererseits° braucht ein Norddeutscher nicht entsetzt° die Speisekarte° beiseite zu legen, wenn ihm in einem bayerischen Restaurant „Schwämme°" angeboten werden. Das sind nämlich gar keine Schwämme zum Waschen, sondern Pilze.° Schon so mancher Fremde hat sich darüber gefreut, daß in Köln die Hähnchen° so billig sind und voller Freude einen „Halven° Hahn" bestellt°—um dann° ein Käsebröchten zu bekommen. Es ist wirklich zum Verzweifeln!°

Verzweifeln Sie nicht, lieber Leser, man wird Sie überall verstehen, auch wenn Sie in Frankfurt nach der Strassenbahn°

crumbly

difficulties

ridiculously small

standard German
für . . . can create confusion

obviously

pronounce
mix-ups

untereinander . . . communicate

foundation

zuweilen . . . sometimes causes heads to shake
Schwabian
asks for

nicht . . . doesn't want the wharfs of Hamburg, but simply what people there call a bowl
On the other hand
surprised / menu
sponges

mushrooms

chickens
half a
orders / um . . . only
Es . . . It's enough to drive a person crazy!

nach . . . about the streetcar

fragen sollten, die dort „Trambahn" heißt,
oder in Berlin, wo man „Elektrische" sagt—
und gar keine mehr hat. Also wird man
Sie dort auf den Bus verweisen°—und der
heißt gottseidank° in ganz Deutschland
so und nicht anders. Aber frohlocken Sie
nicht zu früh!° Sie sollten nämlich jemanden,
der sich durch Lederhosen und Gamsbarthut
eindeutig als Bayer zu erkennen gibt,°
nicht mit „Guten Tag" anreden,° sondern mit
„Grüß Gott". Das sagt jeder in Süddeutschland,
auch wenn er in seinem Leben noch niemals
in der Kirche gewesen ist. Es kann Ihnen
natürlich passieren, daß der Angesprochene°
Ihren freundlichen Gruß mit „Guten Tag"
erwidert°—dann sind Sie an einen Touristen
aus Norddeutschland geraten,° der gerade in
Bayern Urlaub macht.° Denn das erste, was
die Besucher aus dem Norden zu tun

Sie . . . send you to a bus
fortunately

Aber . . . But don't think your
troubles are over!

der . . . who by wearing leather
pants and a hat with a strand
of goat's beard plainly
indicates that he is a Bavarian
address

person addressed

returns

sind Sie [. . .] geraten you have
come upon
Urlaub . . . is vacationing

Hessen: Mädchen in Tracht

pflegen,° ist, sich bayerisch einzukleiden,°   *zu . . . usually do / dress*
vor allem die Damen. Sie kaufen sich ein
bayerisches Trachtenkleid, das sogenannte
Dirndl. Und wenn die Süddeutschen an
die Nordseeküste kommen, dann reißen
sie sich ihren Filzhut° vom Kopf und setzen   *felt hat*
sich eine dunkelblaue, Prinz-Heinrich-Mütze°   *type of hat*
auf. Die Mütze ist benannt nach einem Bruder
des letzten deutschen Kaisers, der ein
begeisterter° Seefahrer war.   *enthusiastic*

    Nun, noch einmal auf das Dirndl
zurückzukommen. Das Wort „Dirndl" leitet
sich vom altdeutschen Wort „Dirne" ab,°   *leitet sich vom [. . .] ab is*
was so viel wie Mädchen heißt.° Aber da die   *derived from*
      means
Bayern wenn sie etwas verkleinern° wollen,   *put into the diminutive*
nicht ein „-chen" oder „-lein" an ein Wort
anhängen, sondern ein „-l", wird's bei ihnen
eben kein „Dirnchen", sondern ein „Dirndl",
also ein kleines Mädchen. Das gleiche Wort
findet sich auch noch in Norddeutschland, wo
man, wenn man sich besonders liebevoll
ausdrücken° möchte, von einer „Deern"   *sich [. . .] ausdrücken to express*
spricht. Im Amtsdeutsch° dagegen bezeichnet   *official German*
das Wort „Dirne" heutzutage eine Prostituierte.
Sie können also jederzeit einer bayerischen
Mutter das Kompliment machen, sie hätte
ein reizendes° Dirndl (wobei wiederum ihr   *charming*
Kind oder ihr Kleid gemeint sein kann)—
aber hüten Sie sich davor,° ihr zu sagen, was   *hüten . . . be on your guard*
für eine nette Dirne sie sei!   *not to*

    Bayerisch, Schwäbisch, Badisch, Hessisch,
Pfälzisch, Rheinisch, Westfälisch,
Hannoveranisch, Friesisch, Bremisch,
Hamburgisch, Holsteinisch, Berlinerisch,
um nur die hauptsächlichen° Mundarten   *main*
in der Bundesrepublik und West-Berlin zu
nennen, jedes hat seine sprachlichen
Eigenheiten,° die manchmal zur Falle werden   *peculiarities*
können,° selbst wenn die Leute Hochdeutsch   *zur . . . can trap you*
miteinander reden. Vom richtigen tiefen
Dialekt ganz zu schweigen.° Dann können   *Vom . . . Not even to mention*
sich ein Friese und ein Schwabe ebensowenig   *the pronounced dialect.*
verstehen wie ein Ungar° und ein Finne.
Glücklicherweise wohnen die beiden so weit   *Hungarian*
auseinander,° daß sie selten zusammentreffen.   *apart*
Und wenn—dann passiert's halt,° daß ein   *dann . . . it just so happens*
Schwabe, wenn er in Friesland im Gasthaus

ein „Viertele"° bestellt, vermutlich° ein
Viertelpfund besten Katenschinken vorgesetzt
bekommt.°

quarter of a liter of wine / presumably

besten . . . is served uncooked smoked ham

Aber das Hochdeutsch ist der sprachliche
Kitt,° der das schwäbische „Viertele" und
den hessischen „Schoppen" (das ist nämlich
auch ein Viertelliter, aber in erster Linie
Apfelwein) zusammenhält.° Können Sie
jetzt auf Anhieb° sagen, woher eine Deern
stammt und wo sie sich befindet, wenn sie im
Dirndl eine Wecke ißt? Wenn nicht, dann
lesen Sie das Ganze am besten noch einmal
von vorne.°

cement

holds together

auf . . . right away

von vorne . . . from the beginning

Übungen

A. **Stimmt das? Wenn eine Aussage falsch ist, geben Sie die richtige Antwort.**

1. Das Wort Brötchen wird in ganz Deutschland gebraucht.
2. In Deutschland gibt es viele Dialekte.
3. Eine „Trambahn" ist eine Autobahn.
4. In Süddeutschland sagen alle Leute „Guten Tag".

B. **Fragen**

1. Wie können sich die Deutschen trotz der vielen Dialekte untereinander verständigen?
2. Woran erkennt man einen Bayern? (Geben Sie wenigstens 3 Merkmale.)
3. Was bekommt man in Köln, wenn man einen „Halven Hahn" bestellt?
4. Was ist ein Dirndl und mit welchen anderen Wörtern ist es verwandt?

Diskussions- und Aufsatzthemen

1. Was halten Sie für typisch deutsch? (Geben Sie Ihre eigene Meinung und vergleichen Sie sie dann mit den im Text aufgeführten Merkmalen.)
2. Versuchen Sie, alle im Text aufgeführten negativen und positiven Eigenschaften der Deutschen niederzuschreiben und herauszufinden, welche auch für die Amerikaner zutreffen könnten.
3. Wenn Sie die Befragung der Franzosen über die Deutschen und die der Deutschen über sich selbst vergleichen, welche Unterschiede können Sie feststellen?
4. Welche Eigenschaften gefallen Ihnen am besten an den Deutschen? Welche gefallen Ihnen nicht?
5. Wodurch wird ein Urteil über die Menschen eines anderen Landes beeinflußt?

Grammatisches: The Subjunctive

The subjunctive mood is used to express conditions that are contrary to fact. Here are examples of three types of conditional sentences:

> Wenn ich mit dir *gehe, treffe* ich viele Deutsche. (present condition)
> If I go with you, I'll meet many Germans.

> Wenn ich an deiner Stelle *wäre, bliebe* ich zuhause.
> (present contrary-to-fact condition)
> If I were you, I would stay home.

> Wenn ich mehr Geld *gehabt hätte, wäre* ich letztes Jahr nach
> Deutschland *gereist.* (past contrary-to-fact condition)
> If I had had more money, I would have traveled to Germany last year.

Present contrary-to-fact conditions are expressed by the auxiliary **hätte** (or **wäre**, depending on the main verb) together with the past participle of the main verb. Just as in English, **wenn** (*if*) may be omitted, in which case the finite verb occurs first in the sentence:

> *Hätte* ich mehr Geld gehabt, so wäre ich letztes Jahr nach
> Deutschland gefahren.

As if is expressed by **als ob** followed by either a present or past contrary-to-fact condition:

> Er tut, als ob er ein Bayer *wäre.* (present)

> Er tat, als ob er ein Bayer *gewesen wäre.* (past)

The subjunctive forms of the auxiliaries **haben, sein,** and the modals are often used in main clauses to express wishes, possibility, or politeness:

> Wenn wir nur mehr Stolz *hätten!* (wish)

> Das *könnte* ein Bayer sein. (possibility)

> Ich *möchte* eine Tasse Kaffee, bitte. (politeness)

Übungen

A. *Replace the pronoun in italics with the pronoun in parentheses and make any necessary changes.*

1. *Ich* wäre auch nicht stolz darauf. (ihr)
2. Wenn *wir* nur die Deutschen verstehen könnten! (du)
3. *Er* hätte keine Beziehungen zu der Gesellschaftsform. (wir)
4. *Ich* müßte mich einmal mit Deutschen unterhalten. (sie)
5. Wenn *er* nur nicht alles glaubte! (ich)

B. *Replace the subjunctive in the result clause with the proper form of* **würde** *and the infinitive of the main verb.*

Zum Beispiel: Wenn ich Deutsch könnte, so reiste ich nach Deutschland.

Wenn ich Deutsch könnte, so würde ich nach Deutschland reisen.

1. Wenn ich ein Deutscher wäre, so ginge ich ins Ausland.
2. Wenn ich Zeit hätte, so studierte ich deutsch.
3. Wenn es nur einen deutschen Volksstamm gäbe, so wären alle Deutschen gleich.
4. Wenn er nach Deutschland reiste, so lernte er die Deutschen besser kennen.
5. Wenn der Zweite Weltkrieg nicht gewesen wäre, so gäbe es nur ein Deutschland.

C. *Restate each sentence in Exercise B omitting* **wenn.**

Zum Beispiel: Wenn ich Deutsch könnte, so reiste ich nach Deutschland.

Könnte ich Deutsch, so reiste ich nach Deutschland.

D. *Combine each pair of sentences to make a contrary-to-fact statement.*

Zum Beispiel: Ich bin viel gereist. Ich kenne die ganze Welt.

Wenn ich viel gereist wäre, würde ich die ganze Welt kennen.

1. Ich stelle die Frage. Ich bekomme viele Antworten.
2. Er ist Deutscher. Er trinkt viel Bier.
3. Der Student ist in Deutschland. Er weiß viel über die Deutschen.
4. Alle Deutschen sprechen gleich. Sie sind leicht zu verstehen.
5. Ich habe einen Freund in Deutschland. Ich besuche ihn.

München: Markt (left)
Wo ist die Party? (top right)
„In der Küche muß man sich wohlfühlen!" (bottom right)

9
Wie leben die Deutschen?

Wortschatz

das **Abendessen** (-) dinner
die **Bäckerei** (-en) bakery
die **Ernährung** (-en) nourishment
die **Fleischerei** (-en) butcher shop
das **Frühstück** (-e) breakfast
das **Gericht** (-e) dinner; menu
der **Geschmack** ("e) taste
das **Getränk** (-e) beverage
der **Käse** (-) cheese
die **Küche** (-n) kitchen; cuisine

der **Kunde** (-n) customer
die **Mahlzeit** (-en) meal
das **Mittagessen** (-) lunch
die **Möbel** (-) furniture
die **Siedlung** (-en) track homes; housing complex
die **Speise** (-n) food
die **Speisekarte** (-n) menu
die **Wohnung** (-en) apartment

braten* to fry; to roast
kochen to cook; to boil
verdienen to earn

vor · ziehen* to prefer
zufrieden sein to be content

A. *Find the word that does not belong.*

1. Abendessen, Möbel, Frühstück, Mittagessen
2. Ernährung, Speise, Siedlung, Küche
3. Gericht, Wohnung, Getränke, Mahlzeit
4. braten, verdienen, kochen, backen

B. *Complete the sentences with an appropriate word from the vocabulary list.*

1. Bäckereien und _____ werden immer mehr von Supermärkten verdrängt (*replaced*).

2. Eine gute _____ enthält alle Proteine und Vitamine, die man braucht.

3. Rockmusik oder klassiche Musik, sagt man, seien eine Frage des _____.

4. Schweizer _____ gibt es nicht nur in der Schweiz.

5. Fast jede deutsche _____ enthält Knackwurst und Bier.

---

*Verbs with an asterisk are strong verbs; see the appendix for principal parts of strong verbs.

6. Ist die beste _____ der westlichen Welt tatsächlich die

   französische?

7. Jeder _____ eines Restaurants sollte mit dem Gericht

   _____ sein.

8. Würden Sie heute zum Abendessen ein Steak oder einen Fisch

   vor_____?

9. Wieviel _____ du pro Monat?

10. Ich ziehe gebratene Speisen vor; meine Frau mag aber

    lieber _____ Speisen.

Essen in der Bundesrepublik[1]

    Es ist schwer, von einer einheitlichen
deutschen Küche zu sprechen, da jede
Gegend ihre Spezialitäten hat. Wenn vielleicht
in Ihrer Stadt ein Restaurant „Deutsche
Küche" anbietet, so könnte es sein, daß
es in Deutschland nur ein typisches
Norddeutsches oder Süddeutsches Essen
wäre. Daraus erklärt sich die Mannigfaltigkeit°   *variations*
der Speisen und Getränke in Deutschland.
So gibt es über 200 verschiedene Arten Brot,
30 verschiedene Sorten Brötchen, 1200
verschiedene Arten Kuchen und Gebäck und
über 1400 verschiedene Wurstsorten.

    In Bayern ist das beliebteste Gericht
der Schweinebraten mit Knödeln° aus   *dumplings*
Kartoffeln oder Semmeln.° Dazu gibt es die   *rolls*
Leberknödelsuppe. Berühmt ist die Haxe,
ein gegrilltes Beinstück° vom Schwein   *leg*
oder Kalb. Die sogenannte „Brotzeit" am
Vormittag besteht aus Weißwurst, Semmeln
und einem Maß° Bier.   *pitcher*

    In Schwaben gibt es die Renke, einen
köstlichen Bodenseefisch, den man gekocht
oder gebraten ißt. Hier gibt es viele

---

[1]Based in part on *Willkommen in der Bundesrepublik
Deutschland* (Münich: Prestel Verlag, 1979), pp. 32–33.

Weinsorten. Im nördlichen Teil Schwabens werden viele Teigspeisen° gekocht mit gebräunten Zwiebeln und Käse. Dazu wird der hiesige° Rotwein getrunken.

    pastas

    local

Im Schwarzwald gibt es den kernigen Speck oder geräucherten Schinken.° Besonders beliebt sind die Forellen° aus den Bergbächen und die Zwiebelsuppe. Allen bekannt ist die Schwarzwälder Kirschtorte. Außer dem Südbadener Wein trinkt man den Kirschwasserschnaps° und den Himbeergeist.°

    kernigen . . . rich bacon or smoked ham
    trout

    kirsch (cherry liqueur) / raspberry liqueur

Links und rechts des Rheins wächst der beste Spargel° Deutschlands, der kalt oder warm in über dreißig verschiedenen Gerichten auf den Tisch kommt. In der Pfalz beherrschen° die Weine die Speisekarte. Man überlegt° nicht, was man zum Essen trinken, sondern zum Trinken essen soll. Rumpsteak, Leberwurst, weißer Käse oder Mainzer Handkäse sind Spezialitäten des Landes. In Frankfurt ißt man zum Apfelwein Würstchen oder Kasseler Rippchen.°

    asparagus

    dominate
    try to decide

    Kasseler . . . smoked pork chops

In Westfalen und Niedersachsen, wo das Klima eine etwas kräftigere° Kost° verlangt, gibt es überwiegend° ländliche Gerichte. Der westfälische Schinken ist in ganz Deutschland beliebt; dazu trinkt man entweder einen Wacholder Schnaps,° Kornbranntwein° oder Aquavit.° In der Lüneburger Heide wird viel Schafsfleisch gegessen.

    substantial / fare
    predominantly

    juniper-berry brandy
    rye whiskey / brandy spiced with caraway seed

In Norddeutschland überwiegen die Fische und alles, was sonst aus dem Meer kommt, auf der Speisekarte. Viele Gerichte sind von Seeleuten eingeführt worden, wie, z.B., der Labskaus, der aus gepökeltem° Fleisch, Zwiebeln und kleinen Heringsstücken zubereitet° wird. Hamburg hat als Spezialität die Aalsuppe° anzubieten.° Ganz oben im Norden, trinkt man Rum in Form eines heißen Grogs.

    pickled

    prepared
    eel soup / to offer

Auch Berlin hat seine Spezialitäten. Die bekanntesten sind Eisbein° mit Sauerkraut, Rippchen, Bockwurst, Buletten° und Pfannkuchen. Die „Weiße mit Schuß",

    pickled pigs' feet
    ground meat patties

In manchen Städten hat man Parcours und Trimm-dich
„Pfade eingerichtet".

Weißbier° mit Himbeersaft,° ist ein   *pale beer / raspberry juice*
ausgezeichnetes Sommergeränk.
    In den letzten Jahren hat ein großer
Wandel in der Ernährung der Deutschen
stattgefunden. Heute zählt man die Kalorien;
man ißt weniger Kartoffeln und Brot und
mehr Obst, Gemüse und Fleisch. In manchen
Städten hat man sogar „Trimm-dich" Pfade°   *"Get-slim" jogging routes*
eingerichtet, um die lästigen° Kalorien   *annoying*
loszuwerden.°   *to get rid of*
    Eine immer größere Bedeutung bekommt
heute das Essen in den Kantinen,° den   *cafeterias*
Schnellimbissen° und den Restaurants. Im   *fast-food places*
Jahre 1975 hatten bereits ungefähr 5 Millionen
Berufstätige° mittags in der Kantine gegessen   *working people*
anstatt zu Hause zu essen. An den
Wochenenden haben 1 Million Deutsche eine

Gaststätte besucht und für Essen und Trinken über 186 Millionen Mark bezahlt.[2]

Früher war es so, daß man die meisten Mahlzeiten gemeinsam mit der Familie einnahm. Das typische Sonntagsfrühstück von früher gibt es auch heute noch. Im Gegensatz zu den Wochentagen, wo man in Eile eine Tasse Kaffee trinkt und ein Stück Brot ißt, nimmt man sich am Sonntag Zeit. Man findet auf dem Tisch verschiedene Sorten Brot, Brötchen, Butter, Aufschnitt,° gekochte Eier, Käse, Honig, Marmelade, Kaffee und Milch.

coldcuts

Wenn sich auch vieles geändert hat, so sind doch die Essenszeiten geblieben. Zwischen 7 und 8 Uhr morgens wird gefrühstückt, zwischen 12 und 14 Uhr zu Mittag warm gegessen, zwischen 15 und 16 Uhr ist die Kaffeestunde und zwischen 18 und 19 Uhr folgt das Abendessen, das meistens aus belegten Broten° und Salaten besteht.

belegten . . . sandwiches

Übungen

A. **Stimmt das? Wenn eine Aussage falsch ist, geben Sie die richtige Antwort.**

1. In Deutschland ißt man überall dieselben Speisen.
2. Es gibt viele Brot- und Wurstsorten.
3. Die Deutschen zählen auch heute nicht die Kalorien.
4. Am Wochenende essen viele Deutsche im Restaurant.
5. Am Sonntag trinkt man nur Kaffee zum Frühstück.
6. Man hat nur zwei Mahlzeiten in Deutschland.

B. **Fragen**

1. Warum gibt es in Deutschland so viele verschiedene Speisen?
2. Wie unterscheidet sich das Essen im Süden von dem im Norden?
3. Wie haben sich die Essensgewohnheiten der Deutschen geändert?
4. Wie kann man die lästigen Kalorien loswerden?
5. Welches Frühstück ist heute noch beliebt bei den Deutschen?
6. Was ißt man zum Abendessen?

---

[2]Zahlen aus *Deutschland in Zahlen*, München 1975.

Trinken in der Bundesrepublik

Viel wird über das Trinken in
Deutschland gesagt und geschrieben. Berühmt
in der ganzen Welt ist das deutsche
Bier und der deutsche Bierkonsum.
Früher wurde das Bier zusammen mit dem
Brot als Grundnahrungsmittel° betrachtet.   *basic subsistence*
Im Laufe der Jahre hat das Biertrinken eine
soziale Funktion in sogenannten Eckkneipen°   *pubs*
oder in einem Gasthaus beim Stammtisch°   *table reserved for regular*
übernommen. Da sitzt man gemütlich   *customers*
zusammen, spricht über gemeinsame Probleme
und diskutiert viel über Politik. Die Bierkeller
und Wirtshäuser dienen° oft als   *serve*
Versammlungslokale° für Vereine.°   *meeting places / clubs*

In Deutschland gibt es mehrere hundert
Sorten Bier. In München, in der Bierhauptstadt
Bayerns, richtet sich der Kalender° nicht nur   *richtet . . . time is marked*
nach kirchlichen Feiertagen, sondern auch
nach Bierfesten. Das größte und bekannteste
davon ist das Oktoberfest. Auch viele
andere Städte haben ihre besondere

Prosit!

Bierspezialität, wie, zum Beispiel, die Berliner
Weiße oder das klassische Alt Kölner Bier.

Obwohl Bier das bekannteste Getränk
für die Deutschen ist, steht das
Bohnenkaffeetrinken noch an erster Stelle.° Die   erster . . . *number one activity*
Zubereitung° und das Trinken des Kaffees   *preparation*
wird genossen.° Man nimmt sich Zeit   *enjoyed*
dazu. In jeder Stadt gibt es Cafés und
Konditoreien.° Ihr Ruf° wird durch die   *pastry shops / reputation*
Qualität des Kaffees bestimmt und nicht nur
durch den Kuchen und die Torten, die da
angeboten werden. Das „Kaffeekränzchen" ist
ein Plauderstündchen° mit Freunden und   *cozy chat*
einer guten Tasse starken Kaffees dazu.

Auch der Wein ist ein fester Bestandteil°   *part*
der deutschen Trinkkultur geworden. In vielen
Familien ist es üblich,° zum Essen und   *customary*
besonders an Sonntagen, eine Flasche Wein
aus dem Keller° zu holen. Man hat einen   *cellar, basement*
guten Vorrat° an Wein im Keller, der oft direkt   *supply*
vom Weingut° bestellt worden ist. Beliebt   *winery*
sind die vielen Weinproben,° die als Werbung°   *wine tastings / advertisement*
von den Herstellern abgehalten° werden. Es   *conducted*
gehört heute zur Allgemeinbildung,° etwas von   *all-around education*
Weinen zu verstehen.

In den Trinksitten hat sich manches
geändert. Die Einladung zu einem Glas Wein
ist von der amerikanischen Cocktail Party
abgelöst° worden. Viele Gasthäuser sind   *replaced*
durch Pizzerias, Pubs und Bistros ersetzt
worden. Aber trotzdem ist der Bierverbrauch
von Jahr zu Jahr gestiegen. Und für viele
Deutsche ist heute immer noch der schönste
Platz an der Theke° und das Gasthaus ein Platz   *bar*
der Gemütlichkeit und Treffpunkt der Freunde
und Fremden, die oft da zu Freunden werden.

Übungen

A. Stimmt das? Wenn eine Aussage falsch ist, geben Sie die richtige Antwort.

1. In Deutschland wird nicht viel Bier getrunken.
2. Man trinkt Bier in Kneipen.
3. Viele Städte haben eine besondere Biermarke.
4. Bohnenkaffee ist das meistgetrunkene Getränk.
5. Das Weintrinken ist nur im Rheinland verbreitet.

1. Welche Rolle spielt das Biertrinken in Deutschland?
2. Warum könnte man Deutschland in Bierregionen einteilen?
3. Was bestimmt die Qualität einer Konditorei oder eines Cafés?
4. Was ist ein Kaffeekränzchen?
5. Was ist das Gasthaus für Deutsche?
6. Was hat fast jeder deutsche Haushalt im Keller?

Einkauf in der Bundesrepublik

In den letzten Jahren hat der Supermarkt
viele kleine Geschäfte verdrängt. Aber eine
alte Tradition Deutschlands ist immer noch
der Wochenmarkt, der oft am Mittwoch und
besonders am Sonnabend abgehalten wird.
Hier bringen die Bauern und Händler ihre
Produkte in die Stadt und bieten sie zu etwas
billigeren Preisen an. Außerdem sind die
landwirtschaftlichen Erzeugnisse° auf dem _products_
Markt frischer als im Geschäft. In manchen
Familien ist es zur Tradition geworden, am
Sonnabend gemeinsam auf den Markt zu gehen
und für die nächste Woche einzukaufen.

Zum Einkauf der Lebensmittel gibt es
auch heute noch viele verschiedene Geschäfte.
Die Bäckereien und Fleischereien bedienen
den Kunden noch nach Wunsch.° Jeder kennt _nach . . . according to their_
jeden. Man trifft hier seine Nachbarn und _wishes_
tauscht die neuesten Nachrichten aus der
Nachbarschaft aus.° Leider gehen diese _tauscht [. . .] aus exchanges_
Traditionen langsam durch den Bau von
immer mehr Supermärkten verloren.

Nahrungsmittel einzukaufen ist nur eine
Art Geld auszugeben; man kann es natürlich
auf viele andere Arten ausgeben. Was verdienen
die Deutschen, und wofür geben sie das
Geld aus? Der folgende Artikel zu diesem
Thema ist dem Bericht „Wie sehen sich die
Deutschen" von Burghard von Bülow
entnommen.*

---

*Adapted from Burghard von Bülow, "Wie sehen sich
die Deutschen," *Welt am Sonntag,* 8 October 1976.

Ein verheirateter Familienvater mit zwei Kindern gibt in seinem Leben rund 1,6 Millionen Mark aus—fast eine viertel Million davon für Nahrungsmittel.

Bis zu seinem 70. Geburtstag ißt ein Bundesbürger 15 Schweine, zwölf Kälber, 9000 Pfund Kartoffeln, 7000 Pfund Fisch, 33 000 Eier und 6000 Ein-Kilo-Brote, und trinkt pro Kopf und Jahr 135 Liter Milch, 147 Liter Bier, 19 Liter Wein und 6,8 Liter Spirituosen.°   *liquor*

Viele sehen den Mittagstisch als Pegel° *gauge* materiellen Wohlstands°: 38 Prozent der *wealth* Deutschen gibt zumindest° als Hobby gut *at least* Essen und Trinken an.

Bei einem Bruttoeinkommen° von *gross income* monatlich 1866 Mark im Jahre 1975 umgaben sich° die Bürger zunehmend° mit Komfort. *umgeben . . . surround /* Von je 100 Vier-Personen-Haushalten besaßen *increasingly* im vergangenen Jahr 99 Prozent einen Kühlschrank,° 98 Prozent eine Waschmaschine, *refrigerator* 82 Prozent ein Schwarz-Weiß-Fernsehgerät, 60 Prozent ein Auto (9 Prozent sogar mehrere), 52 Prozent eine Tiefkühltruhe° und 29 Prozent *freezer* einen Farbfernseher.

Um diesen Lebensstandard zu erreichen, arbeiten die Deutschen nur wenig länger als 40 Stunden in der Woche—und sie tun es gern. Drei von vier Arbeitnehmern° verneinen° *employees / say no to* die Frage, ob ein Leben ohne Arbeit anzustreben° sei. Mehr als die Hälfte sind *desirable* mit ihrer jetzigen „Tätigkeit voll und ganz zufrieden", und nur jeder vierte ist der Meinung, ungenügend bezahlt zu werden.° *ist . . . feels he or she is underpaid*

So verlangen die Arbeiter und Angestellten° von ihrem Arbeitgeber *white-collar workers* zuallererst° ein gutes Betriebsklima,° eine *first and foremost / working* sichere Stellung und selbständige° Arbeit. *environment* Erst° an siebter und achter Stelle werden *independent* ein hohes Einkommen und eine geregelte° *Only* Freizeit genannt. *regulated*

Und werden die Deutschen gefragt, welchen Beruf sie am meisten achten,° steht *respect* noch immer der Arzt an erster Stelle, gefolgt vom Pfarrer,° dem Hochschulprofessor, *minister* dem Rechtsanwalt° und dem Atomphysiker. *lawyer*

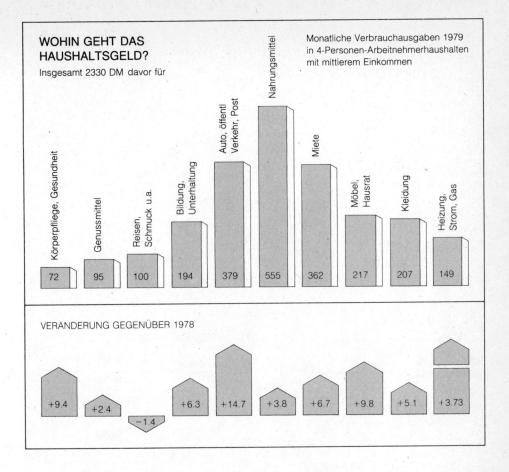

WOHIN GEHT DAS HAUSHALTSGELD?

Insgesamt 2330 DM davor für

Monatliche Verbrauchausgaben 1979 in 4-Personen-Arbeitnehmerhaushalten mit mittlerem Einkommen

Körperpflege, Gesundheit — 72
Genussmittel — 95
Reisen, Schmuck u.a. — 100
Bildung, Unterhaltung — 194
Auto, öffentl Verkehr, Post — 379
Nahrungsmittel — 555
Miete — 362
Möbel, Hausrat — 217
Kleidung — 207
Heizung, Strom, Gas — 149

VERANDERUNG GEGENÜBER 1978

+9.4 +2.4 −1.4 +6.3 +14.7 +3.8 +6.7 +9.8 +5.1 +3.73

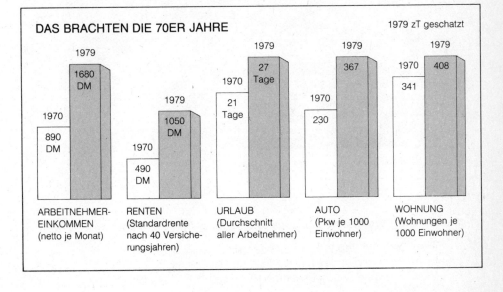

DAS BRACHTEN DIE 70ER JAHRE

1979 zT geschatzt

ARBEITNEHMER-EINKOMMEN (netto je Monat)
1970 — 890 DM
1979 — 1680 DM

RENTEN (Standardrente nach 40 Versicherungsjahren)
1970 — 490 DM
1979 — 1050 DM

URLAUB (Durchschnitt aller Arbeitnehmer)
1970 — 21 Tage
1979 — 27 Tage

AUTO (Pkw je 1000 Einwohner)
1970 — 230
1979 — 367

WOHNUNG (Wohnungen je 1000 Einwohner)
1970 — 341
1979 — 408

Freiburg: Marktplatz

Übungen

A. **Stimmt das? Wenn eine Aussage falsch ist, geben Sie die richtige Antwort.**

1. Die Preise auf den Wochenmärkten sind niedriger.
2. Der Deutsche gibt das meiste Geld für Essen aus.
3. Viele Deutsche geben Essen und Trinken als Hobby an.

4. Die meisten Deutschen sind mit ihrer Tätigkeit zufrieden.
5. Angestellte und Arbeiter wollen an erster Stelle ein hohes Einkommen.

B. Fragen

1. Wohin geht das Haushaltsgeld?
2. Woraus ersieht man, daß die Deutschen einen hohen Lebensstandard haben?
3. Was ist für die Deutschen in der Arbeit am wichtigsten?
4. Warum kauft man landwirtschaftliche Produkte lieber auf dem Wochenmarkt als im Geschäft?
5. Was war wohl die größte Veränderung im Lebensstandard der Deutschen zwischen 1970 und 1979?

Wie wohnen die Deutschen?

Die Bundesrepublik gehört zu den am dichtesten besiedelten° Ländern der Erde. Vor ungefähr hundert Jahren lebten die meisten Menschen auf dem Land.° Heute leben mehr als fünfzig Prozent der 62 Millionen Einwohner in den Städten; das heißt, daß auf sieben Prozent der Gesamtfläche° der Bundesrepublik die Hälfte der Bevölkerung lebt. Vierundvierzig Prozent aller Deutschen besitzen ihre eigene Wohnung,° aber jeder Deutsche träumt davon, sein eigenes Haus mit Gärtchen zu haben. Für viele bleibt es nur ein Traum, denn das Bauland und die Häuser in den Städten sind sehr teuer.

Der folgende Artikel, der der Zeitschrift *Scala* entnommen ist, gibt einen kurzen Einblick in das Wohnen in der BRD.*

Jürgen Wörndle (43) ist Hausmeister° in der Neubausiedlung° Steilshoop im Hamburger Norden. Er wohnt seit acht Jahren mit seiner Familie—Ehefrau Ingrid (39), den Töchtern Anke (15) und Gaby (11)—hier und betreut° etwa 300 Familien. Jürgen Wörndle

dichtesten . . . most heavily populated

auf . . . in the country

total area

condominium

apartment manager
new apartment complex

sees to the welfare of

*Adapted from Walthraud Geißler, „Nicht nur schöne Bilder: Die Wohnsituation in der Bundesrepublik Deutschland," *Scala* 1 (1981), pp. 34–37.

ist zufrieden, und seine Familie fühlt sich wohl in dieser „Stadt aus der Retorte°".

Wörndles Vierzimmerwohnung liegt im obersten Stockwerk° eines fünfstöckigen Hauses. Sie ist 92 Quadratmeter groß und hat zwei überdachte Balkone. Das Wohnzimmer ist eingerichtet° wie viele deutsche Wohnstuben: mit bequemen° Sitzmöbeln,° da die Familie hier in der Freizeit gern zusammensitzt.

In dieser Siedlung wurden viele Fehler früherer Wohnbaus vermieden.° Hier sieht es nicht aus wie am Rand° mancher deutscher Großstädte: mehrgeschossige° stereotype Häuser, eintönige° Straßenzüge° ohne ausreichenden° Gemeinschaftseinrichtungen,° Wohnblock an° Wohnblock, allenfalls° aufgelockert° durch ein wenig Grün. Hier hat man sich ein ehrgeiziges° Ziel gesetzt: eine Stadt zu errichten, die ihren Bewohnern

Stadt . . . artificially created city

story

furnished
comfortable
sofas and chairs

avoided
edge
several stories high
monotonous / long blocks
sufficient / community services
after / at best
broken up
ambitious

West-Berlin: Märkisches Viertel

mehr als andere Neubaugebiete die Freiheit
läßt, nach eigenen Wünschen, Bedürfnissen° *needs*
und Möglichkeiten zu leben.

Ein Modell für die Zukunft also. Neben
den 7200 Wohnungen gibt es mehrere
Schulen, eine Kindertages- und ein
Altenwohnheim, Freizeit-, Sozial-, Kirchen-
und Bildungszentren, Sportstätten, ein
Postamt, ein Einkaufszentrum mit Ärztehaus.

Nicht nur in Neubauwohnungen sondern
auch in Altbauwohnungen wird heute viel
Geld investiert. Schöne, hochbetagte° und sogar *very old*
baufällige° Häuser, die man noch vor zehn *dilapidated*
Jahren aus Kostengründen abgerissen° *torn down*
hätte, erleben eine Renaissance. Sie werden
liebevoll restauriert, meistens von Privatleuten,
die ihre freie Zeit und ihr Geld in diese
Objekte investieren nach dem Motto: mein
Haus ist mein Hobby. Vom Staat gibts
Finanzhilfen. Durch die Wertsteigerung° rentiert *increase in value*
sich° die Restaurierung. *rentiert . . . is worth it*

In einem gepflegten° Altbau wohnt *well taken care of*
Gemeindeschwester° Inge Schlüter mit ihrer *parish nurse*
sechzehnjährigen Tochter. Schwester Inge
betreut° im Schnitt° 15 Patienten am Tag in *takes care of / im . . . on the*
der Nähe. Nach der anstrengenden Arbeit *average*
möchte sie sich entspannen.° Ihre Wohnung *relax*
ist diesem Wunsch entsprechend° eingerichtet: *according to*
in warmen, weichen Farben und mit
behaglichen° Materialien wie Leder, Velours *comfortable*
und Edelholz.° Die Inhaberin° schwärmt° *rich wood / owner / loves*
für Möbel im englischen Stil.

Im Gegensatz dazu steht der Geschmack° *taste*
vieler junger Leute bis dreißig: sie ziehen
Ertrödeltes,° Ererbtes° und Gesammeltes° *second-hand goods / inherited*
den stilreinen Möbelhausprodukten vor.° *things / collectibles*
Was andere nicht mehr haben wollen *ziehen [. . .] vor prefer*
kombinieren sie zu hübschen, originellen
Einrichtungen.° *furnishings*

Wenn sie wählen können, ziehen auch
sie gute Altbauwohnungen vor. Meistens ist
hier die Miete° niedriger, und man hat mehr *rent*
Platz, um vielleicht sogar in einer
Wohngemeinschaft° alternative Formen des *communal living arrangement*
Zusammenlebens zu erproben.° *try*

Auf den ersten Blick, mag es scheinen, haben die Deutschen eine schöne, heile Wohnwelt.° Aber die statistischen Zahlen sprechen von Wohnungsnot° und weitverbreiteten Mängeln.° Viele kinderreiche Familien mit nur einem Verdienst,° Gastarbeiter, Studenten und alte Leute beklagen sich° bitter: die Wohnungen sind zu teuer, zu klein oder zu schlecht. Über ein Fünftel der Wohnungen sind über sechzig Jahre alt und bieten meist nur ungenügende° Qualität.

    Die Innenstädte sind nach Meinung vieler Bürger wegen des Fahrzeuglärms° und der Luftverschmutzung° wohnfeindlich.° Deshalb hält der Trend in die Vorstädte° und aufs Land an.°

    Vielleicht ist es auf die Zerstörungen des letzten Weltkrieges und die dürftige° Wohnsituation aller Bürger in der Nachkriegszeit zurückzuführen,° daß das eigene Heim auf der Wunschliste der Deutschen ganz oben steht. „Eigener Herd° ist Goldes wert", sagt schon ein altes Sprichwort. Es formuliert für viele junge Leute ein Fernziel,° für das sich berufliche Anstrengungen und fleißiges Sparen lohnen.°

housing situation
a housing shortage
inadequacies
income

beklagen . . . complain

poor

traffic noise
air pollution / unsuitable to live in
suburbs
hält [. . .] an continues

poor

due, attributable

hearth

distant goal
für . . . that makes hard work and disciplined saving worthwhile

Übungen

A. **Stimmt das? Wenn eine Aussage falsch ist, geben Sie die richtige Antwort.**

1. Deutschland ist nicht dicht besiedelt.
2. Fast die Hälfte der deutschen Familien haben ein Haus oder eine Eigentumswohnung.
3. Der Staat hilft der Finanzierung von Restaurierungen alter Häuser.
4. Viele junge Leute ziehen eine Altbauwohnung vor.

B. **Fragen**

1. Warum nennt Waltraud Geißler die Neubausiedlung im Hamburger Norden „ein Modell für die Zukunft"?
2. Wie unterscheidet sich diese Siedlung von anderen, die früher gebaut wurden?
3. Warum sind heute Altbauwohnungen wieder Mode?

4. Wie richten sich viele junge Leute die Wohnung ein?
5. Für welche Bevölkerungskreise gibt es heute noch eine Wohnungsnot?
6. Was macht die Innenstädte für viele Bürger wohnfeindlich?
7. Wie erklärt sich der starke Wunsch des Deutschen nach einem Eigenheim?

Diskussions- und Aufsatzthemen

1. Vergleichen Sie Essensgewohnheiten der Deutschen mit denen Ihres Landes.
2. Welche deutschen Gerichte kennen Sie in Ihrem Land? Können Sie ein Rezept für eine deutsches Essen zusammenstellen?
3. Was halten Sie vom Bier- und Weintrinken in Deutschland? Welche Einstellung darüber hat man in Ihrem Land?
4. Vergleichen Sie den Lebensstandard in Deutschland mit dem Ihres Landes.
5. Diskutieren Sie die Vor- und Nachteile des Wohnens in einem Hochhaus.
6. Möchten Sie lieber in Deutschland leben? Wenn ja oder nein, warum?

Grammatisches: The Subjunctive in Indirect Discourse

In indirect discourse, the subjunctive mood expresses the speaker's neutrality as to the veracity of his or her statement. The three tenses of the subjunctive are formed from two basic stems: the regular subjunctive stem is formed from the past indicative stem by putting an umlaut on the vowel of strong verbs, of **haben**, and of the modals (except for **sollen** and **wollen**): for example, **trank → tränke**. No change takes place in weak verbs or **wollen** and **sollen**. The alternate subjunctive stem is formed from the infinitive: for example, **trinken → trinke**. The alternate subjunctive stem most commonly occurs in the formation of the third-person singular: **er, sie, es trinke**.

The present subjunctive is formed from the subjunctive stem of the main verb together with the endings shown in bold in the following conjugation of **trinken**:

trinken

ich tränk**e**	wir tränk**en**
du tränk**est**	ihr tränk**et**
er ⎫	Sie ⎫
sie ⎬ tränk**e** (trinke)	sie ⎬ tränk**en**
es ⎭	

The past subjunctive is formed from the subjunctive of the auxiliary verb **haben** or **sein** together with the past participle of the main verb: **er, sie, es hätte (habe) getrunken; er, sie, es wäre (sei) gegangen**.

The future subjunctive is formed from the subjunctive of the auxiliary verb **werden** together with the infinitive of the main verb: **er, sie, es würde (werde) trinken**.

After verbs of reporting or questioning in formal German, the verb expressing the reported statement or question is in the subjunctive; this is referred to as indirect discourse:

Herr Müller weiß viel.
Man sagt, Herr Müller *wüßte* viel.

Note that the tense of the subjunctive agrees with the tense of the same verb in the original statement: **weiß** (present indicative); **wüßte** (present subjunctive).

The conjuction **daß** is usually omitted in the subjunctive of indirect discourse, with the result that the reported clause has normal word order:

Er sagt, der Ober *bringe* das Essen.

Indirect commands are expressed with the subjunctive of **sollen**. Note that this is expressed in English by the infinitive:

Er sagte, der Ober *solle* das Essen bringen.
He told the waiter to bring the food.

Übungen

A. *Change the following direct statements to indirect statements using the appropriate tense. Begin each sentence with* **Er sagte ....** *(Give both the normal and the alternate subjunctive where appropriate.)*

Zum Beispiel: In Deutschland gibt es viele verschiedene Gerichte.

**Er sagte, in Deutschland gäbe (gebe) es viele
verschiedene Gerichte.**

1. Besonders die deutschen Frauen sind auf die schlanke Linie bedacht.
2. Viele Familien wohnen in großen Siedlungen.
3. Man trinkt viel Wein und Bier in Deutschland.
4. Für den Verdienst kann man sich viel kaufen.
5. Junge Leute wohnen lieber in Altbauten.
6. Das Essen in Norddeutschland ist kräftiger als in Süddeutschland.
7. Zum Essen wird in Bayern viel Bier getrunken.
8. Jedes Land hat seine Spezialität.

B. Rewrite each sentence in the present, past, and future subjunctive. Start each sentence with **Er sagte . . . daß . . . .**

Zum Beispiel: Die Freunde sitzen im Wohnzimmer.

Er sagte, daß die Freunde im Wohnzimmer säßen.

Er sagte, daß die Freunde im Wohnzimmer gesessen hätten.

Er sagte, daß die Freunde im Wohnzimmer sitzen würden.

1. Die Kinder trinken gern Milch.
2. Am Sonnabend geht die Familie auf den Markt.
3. Herr und Frau Krause wohnen in einem Hochhaus.
4. Die Nachbarn helfen sich.
5. Der Ober bringt das Essen.
6. Der Bierverbrauch steigt von Jahr zu Jahr.

C. Rewrite each sentence in indirect discourse beginning with **Man behauptet . . .** and omitting the conjunction **daß.**

1. Am Sonntag nehmen sich die Deutschen Zeit zum Frühstück.
2. In den Trinksitten hat sich vieles verändert.
3. In Norddeutschland wächst kein Wein.
4. Das Frühstück wird schnell eingenommen.
5. Viele Frauen kochen nicht mehr.

D. Rewrite each sentence as an indirect question.

1. Der Tourist fragte: „Wo kann man hier gut essen?"
2. Frau Schulze fragte Frau Franke: „Mußten Sie in die Altbauwohnung ziehen?"
3. Er fragte: „Wer hat schon Schweinshaxe gegessen?"
4. Der Ausländer fragte: „Wo gibt es hier ein gutes Restaurant?"
5. Der Mieter fragte: „Wie hoch ist denn die Miete?"
6. Anna fragte Peter: „Warum ißt du kein Fleisch?"
7. Jürgen fragte das Mädchen: „Bist du aus München?"
8. Hans fragte Otti: „Kennst du Schwarzwälder Schinken?"

E. Change each sentence to an indirect command.

1. Der Vater sagte zu Hans: „Iß nicht so schnell!"
2. Die Frau sagte zu ihrem Mann: „Iß morgen in der Kantine!"
3. Der Kellner riet dem Gast: „Bestellen Sie die Bratwurst!"
4. Die Mutter sagte zu den Kindern: „Trinkt nicht soviel Coca-Cola!"
5. Der Hausbesitzer sagte zu Herrn Müller: „Bezahlen Sie sofort die Miete!"

10
Feste, Sitten und Gebräuche

Wortschatz

der Brauch (¨e) custom, tradition
die Ernte (-n) harvest
der Feiertag (-e) holiday
der Heilige Abend (-) Christmas Eve
die Kerze (-n) candle
das Licht (-er) light
Ostern (-) Easter

der Tannenbaum (¨e) fir tree
der Umzug (¨e) parade
der Ursprung (¨e) source, origin
die Weihnachten (-) Christmas
der Weihnachtsbaum (¨e) Christmas tree

sich ab · spielen to happen, take place
sich entwickeln to develop
sich erhalten* to preserve, maintain
sich gesellen to join (in)

schmücken to decorate
verändern to change
sich vergnügen to amuse oneself
teil · nehmen (an) to participate (in)

A. *Match each word on the left with a word you associate with it on the right.*

1. der Heilige Abend
2. der Weihnachtsbaum
3. die Kerze
4. die Musikkapelle
5. Ostern

a. der Umzug
b. das Christkind
c. schmücken
d. die Eier
e. das Licht

B. *Give an equivalent from the vocabulary list.*

1. sich amusieren
2. Sitte
3. wechseln
4. sich präservieren
5. wachsen
6. die Entstehung

C. *Answer the following questions.*

1. Welches sind die zwei größten, christlichen Feste?
2. Feiern Sie Weihnachten? Wie spielen sich die Weihnachtsfeiertage bei Ihnen zu Hause ab?

---

*Verbs marked with an asterisk are strong verbs; see the appendix for principal parts of strong verbs.

3. Ist Ihr Weihnachtsbaum immer ein Tannenbaum?
4. Würden Sie sich lieber zu einem Oktoberfest oder einem Faschingsumzug (*Mardi Gras parade*) gesellen?
5. Haben Sie schon einmal an einem Erntefest teilgenommen?

Deutsche Volksfeste

Deutschland ist reich an traditionellen Volksfesten, an denen ein großer Teil der Bevölkerung teilnimmt. In diesem Land soll es so viele Feste geben,° wie das Jahr Tage hat. Viele dieser Feste haben ihren Ursprung entweder im religiösen oder politischen Leben, im Rhythmus der Jahreszeiten oder in gewissen Ereignissen der einzelnen° Gegenden. Die Art, wie viele Volksfeste heute begangen werden, entspricht° nicht immer ihrem Ursprung. Entwicklungen, wie der allgemeine Säkularisierungsprozeß des Abendlandes° und die Industrialisierung und Kommerzialisierung des Lebens, haben den ursprünglichen Charakter so mancher Feste verändert. Daß sie sich trotz dieser starken Wandlungen° dennoch erhalten° haben, ist einerseits ein Zeichen dafür, daß die Deutschen stark traditionsbewußt° sind und andererseits, daß ihnen diese Feste auch in ihrer verwandelten Form heute noch bedeutsam° sind. Sie kommen dem Bedürfnis nach Gemeinschaft und zeitweiliger Erlösung aus der Monotonie des Alltag entgegen.°

Das größte Volksfest in den katholischen Gegenden ist der Karneval im Rheinland; in München wird das Fest „Fasching" und in Südwestdeutschland „Fastnacht" genannt. Der Karneval beginnt am elften Tag des elften Monats um elf Minuten nach elf. In den folgenden Monaten finden Karnevals- oder Faschingsbälle statt, auf denen viel getanzt, gesungen und getrunken wird. Dabei werden viele Witze° über Figuren des

soll . . . there are said to be

particular

corresponds

West

changes / endured

tradition-conscious

significant

kommen . . . meet the need for participation in the community and for relief of the monotony of everyday routine

jokes

öffentlichen Lebens gemacht. Diese
Fröhlichkeit° hat ihren Höhepunkt am   *gaiety*
Rosenmontag, dem Montag vor
Aschermittwoch. An diesem Tag sind die
Menschen besonders ausgelassen°; maskiert   *high-spirited*
und kostümiert ziehen° sie in großen   *walk*
Umzügen durch die Straßen. Am
Aschermittwoch beginnt dann die Fastenzeit,
die bis Ostern dauert. Beim Karneval ist
die Verbindung° zum katholischen Kirchenjahr   *connection*
noch erkennbar. Sein Zweck° war schon immer   *purpose*
die Gläubigen° auf die Fastenzeit   *believers*
vorzubereiten.

    Ein Volksfest, das keinen religiösen,
sondern einen politischen Ursprung hat, ist das
Schützenfest.° Es ist besonders in ländlichen   *riflemen's holiday*
Gegenden und kleineren Städten beliebt. Es
wird von den Schützenvereinen° organisiert,   *riflemen's clubs*
von denen es ungefähr 1 200 mit insgesamt
200 000 Mitgliedern gibt. Im Mittelalter bilde-
ten diese Vereine die Bürger im Schießen aus,°   *bildeten [. . .] im schießen aus*
damit sie im Notfall° die Stadt oder das   *taught how to shoot*
Dorf verteidigen° konnten. Obwohl es die   *im . . . in an emergency*
Bürgerwehr heute nicht mehr gibt, steht   *defend*
dennoch die Geschicklichkeit° des
Schützen im Umgang° mit der Feuerwaffe°   *cleverness*
im Mittelpunkt des Schützenfestes. Der beste   *handling / firearm*
Schütze wird der neue Schützenkönig. Das
Fest beginnt mit einem Umzug der Schützen,
in dem die Mitglieder in ihren schönen
Uniformen mit Marschmusik durch die
Straßen ziehen. Wenn die Festreden° und die   *speeches*
Krönung° des neuen Schützenkönigs vorüber   *crowning*
sind, findet ein Tanz statt, auf dem es
lustig zugeht und viel getrunken wird. Es
heißt, daß man zu einem richtigen Schützenfest
mehr Bier als Pulver° braucht.   *gunpowder*

    Überall in Deutschland werden
mindestens° einmal im Jahr Jahrmärkte°   *at least / fairs*
abgehalten,° die in einigen Gegenden auch   *held*
„Kirmes" oder „Messe" genannt werden. Sie
finden einfach zum Vergnügen° der Bevölkerung   *pleasure*
statt. Auf den Jahrmärkten wird jung und alt
viel Kurzweil° geboten°: für die Kleineren   *entertainment / offered*
oder Zaghafteren° gibt es Karusells und für   *more timid*

die Waghalsigeren° Berg-und-Tal-Bahnen,° | *more daring / roller coasters*
Riesenräder° und viele andere | *ferris wheels*
Vergnügungsfahrgelegenheiten;° | *rides*
Erfrischungsbuden und -stände sorgen dafür,° | Erfrischungsbuden . . .
daß keiner hungrig oder durstig zu sein | *refreshment booths and stands*
braucht; in den Schaubuden lassen sich unter | *ensure*
anderem Feuer- oder Schwertschlucker° | *sword-swallowers*
bestaunen;° in den Spiel- und Schießbuden | *gaped at*
kann man sein Glück versuchen. Diese
Jahrmärkte sind Volksfeste im wahrsten
Sinne des Wortes, und Menschen aus allen
gesellschaftlichen Schichten vergnügen | *gesellschaftlichen . . . walks of*
sich° dort. | *life enjoy themselves*

In den meisten ländlichen Gegenden
Deutschlands finden im Herbst
Erntedankfeste° statt. Obwohl diese Feste | *harvest festivals*
keine eigentlichen Kirchenfeste sind, werden
in vielen Gegenden am Erntedanksonntag die
Altäre° mit den Früchten des Feldes | *altars*
geschmückt und die Gemeinde dankt Gott für
die Ernte. Am Nachmittag und Abend dieses
Tages vergnügen sich die Dorfbewohner
mit Tanzen, Essen und Trinken.

Zu den Erntefesten, die zu Trinkfesten
geworden sind, gehören auch die berühmten
Winzerfeste° in den Rhein- und Moseltälern. | *wine festivals*
Nach der Weinlese° wird die Weinernte° | *grape-gathering / grape harvest*
in den gemütlichen Weinlokalen gefeiert.
Dabei gesellen sich viele auswärtige° Gäste | *out-of-town*
zu den Einheimischen,° um den neuen Wein | *native or local ones*
zu probieren.

Neben den Volksfesten, die in fast allen
Gegenden Deutschlands Tradition sind, gibt
es auch solche, die sich auf einen bestimmten
Ort beschränken.° Die Bürger der Stadt | *sich [. . .] beschränken are*
Augsburg, zum Beispiel, feiern heute noch | *restricted to*
jedes Jahr am 8. August das Friedensfest,° | *peace festival*
das zum ersten Mal 1650 stattfand, zum Dank
über den beendeten Dreißigjährigen Krieg.

In der bayerischen Stadt Landshut wird
alle drei Jahre die Fürstenhochzeit° des | *royal wedding*
Prinzen Georg von Bayern-Landshut mit der
polnischen Prinzessin Jadwiga wiederholt,
die hier 1475 stattfand. Die Landshuter Bürger
tragen dabei Kostüme des 15. Jahrhunderts, um

Landshuter Hochzeit, Brautpaar

der Feier ein authentisches Gepräge° zu
verleihen.° Jedes Mal wird ein neues
Brautpaar gewählt. Sowohl die Braut als auch
der Bräutigam müssen gebürtige° Landshuter
und auch wohlhabend° sein, da sie die
Unkosten° für die Kleidung und Ausstattung°
selbst tragen müssen.

    Auf vielen Volksfesten, besonders auf dem
Lande, werden alte Volkstänze getanzt. Zu
dieser Gelegenheit tragen Männer, Frauen und
Kinder die Trachten ihrer Gegend. Einer der
beliebtesten Volkstänze in Bayern ist der
„Schuhplattler," bei dem der Tänzer sich nach
dem Rhythmus der Musik auf Schenkel,°
Knie und Absätze° schlägt.° Einige Tänze
werden nur an bestimmten Orten getanzt, weil
sie aus gewissen lokalen historischen
Ereignissen hervorgegangen° sind.

character
give

native
well-to-do
costs / decorations

thigh
heels / strike, slap

originated from

Übungen

A. Stimmt das? Wenn eine Aussage falsch ist, geben Sie die richtige Antwort.

1. In Deutschland gibt es nur wenige Feste.
2. Viele Feste sind Volksfeste.
3. Beim Fasching ist man sehr ernst.
4. Beim Schützenfest wird nur geschossen.
5. Die Tradition des Schützenfestes geht bis ins Mittelalter zurück.
6. Das Augsburger Friedensfest feiert das Ende des Zweiten Weltkrieges.
7. Die Landshuter Hochzeit findet alle drei Jahre statt.
8. Das Winzerfest ist ein kirchliches Fest.

B. Fragen

1. Welche Arten von Festen gibt es in Deutschland?
2. Wie feiert man Karneval oder Fasching?
3. Wie entstand das Schützenfest?
4. Was ist die Bedeutung der Landshuter Hochzeit?
5. Welche Feste finden im Herbst statt?

Es ist noch immer Brauch . . .*

In den verschiedenen Gegenden Deutschlands ist noch immer Brauch, was vor Jahrhunderten begann. Wie im Falle mancher Volksfeste hat sich auch die ursprüngliche Bedeutung vieler Bräuche im Laufe der Zeit° verändert. Daß die Bräuche aber überhaupt von Generation zu Generation weitergereicht° wurden, ist ein Zeichen dafür, daß die Deutschen die Pflege von Bräuchen als wichtig empfinden.°

Die einst° viel tiefere Verbundenheit des Menschen mit der Natur liegt den jahreszeitlich bedingten Bräuchen zugrunde.° So zum Beispiel wird am ersten Tag des Frühlingsmonats Mai in Südbayern zum Maifest der Maibaum aufgestellt. Der mit einem Kranz und bunten Bändern geschmückte Baumstamm° steht in der Mitte des Ortes und

Laufe . . . *course of time*

handed down

Pflege . . . *consider it important to preserve their customs*
once

liegt . . . *is the basis for customs that are tied to the changing seasons*

trunk

---

*Based in part on Siegfried Schmidt, *Bildfeature in Color* (Bonn: Inter Nationes, 1977).

Maifest

die Bewohner in ihren Trachten begrüßen den
Frühling mit einem Tanz um den Maibaum.

Ein hübscher Brauch findet im Sommer in
Büsum an der Nordsee statt. Bei der
Kutterregatta° fahren die Fischer mit ihren
geschmückten Kuttern gemeinsam auf die
Nordsee hinaus. Dieser Brauch entwickelte
sich aus dem Treffen der Fischer, bei dem sie
Erfahrungen über den Fischfang
austauschten.°

Auch manche berufsständische Bräuche
haben die Jahrhunderte überdauert.° So feiern
die Maurer° das Richtfest,° nachdem sie den
Rohbau° eines Hauses fertiggestellt° haben.
Sie schmücken den Dachstuhl° mit einem
Richtkranz° und bringen einen Toast aus,°
um dem Bauherrn und seiner Familie eine
glückliche Zukunft in ihrem neuen Heim
zu wünschen.

Bei den Buchdruckern° ist noch heute
das „Gautschen," ein alter Zunftsbrauch,°
gang und gäbe.° Wenn ein Gehilfe Geselle°
wird, muß er einen Ritus über sich ergehen

regatta of fishing vessels

*Erfahrungen . . . exchanged
  stories about the day's catch*

survived

*masons / ceremony after the roof
  of a house has been put on*
shell, exterior / finished
roof framework
*fir wreath / bringen . . . make
  a toast*

printers
guild
gang . . . the custom / journeyman

lassen,° der einer Taufe° ähnelt°: er wird in ein Faß° gesetzt und mit Wasser begossen. Danach empfängt er den Gautschbrief, der die Berufstaufe bestätigt.° Zum Schluß lädt der neue Geselle seine Kollegen zum Freitrunk ein.

Ein alter Brauch, der in den deutschen Alpen im Herbst stattfindet, ist der Almabtrieb. Zu Beginn der kalten Jahreszeit, die hier sehr früh einsetzt, wird das Vieh° von den Hochweiden° in die Dorfställe getrieben. Die Bauern schmücken die Hörner der Rinder° mit Blumen. Mit den Blumen und dem Klang der Kuhglocken° hoffte man in alter Zeit, Dämonen zu vertreiben.°

Manche Bräuche werden nur an einem bestimmten Ort gepflegt, weil sie aus einem Ereignis hervorgingen,° das sich hier einst abspielte. In München findet alle sieben Jahre der Schäfflertanz statt, der Tanz der Faßmacher,° der aufs 15. Jahrhundert zurückgeht. Nachdem die Pest vorbei war,° sollen die Schäffler die ersten gewesen sein, die sich tanzend auf die Straßen wagten° und dabei neuen Lebensmut schöpften.°

In dem Ort Traunstein findet jährlich der „Georgi-Ritt" statt. Im Jahre 1526 soll der Ritter St. Georg auf seinem weißen Pferd am Ostermontag zur Kirche geritten sein. Dieser Ritt wird jedes Jahr zu Ostern nach alter Tradition in alten Kostümen und mit viel Musik wiederholt.

Ein anderer Volksbrauch, der sich um einen Heiligen° dreht,° sind die St. Martinsumzüge, die überall im Rheinland am St. Martinstag, den 11. November, stattfinden. Die Glocken der katholischen Kirchen läuten,° wenn eine Schar° von Kindern mit ihren Laternen, den Martinslichtern, singend durch die Straßen ziehen. Oft werden sie von einem St. Martin, der zu Pferde sitzt, angeführt.° Dies geschieht zur Erinnerung an° den Heiligen, der einst seinen Mantel mit einem Schwert entzweigeschnitten und mit einem Bettler geteilt haben soll.°

über . . . subject himself to / baptism / resembles
barrel

confirms

cattle
high country
cattle

cowbells
ward off

originated from

cooper, barrel-maker
Pest . . . plague was over

dared
dabei . . . which gave them courage to face life again

saint / centers on

ring
crowd

led
zur . . . in memory of

der . . . who is said to have cut his coat in two pieces with his sword so that he might share it with a beggar

Sternsinger aus Elbach in Oberbayern

Ebenfalls° christlichen Ursprungs ist das   *Also*
Sternsingen, das im Süden Deutschlands weit
verbreitet° ist. Am 6. Januar, dem   *weit . . . widespread*
Dreikönigstag,° ziehen die Kinder singend mit   *Twelfth Night*
einem Stern, der an einem Stab° befestigt   *staff, pole*
ist, von Haus zu Haus. Für ihr Singen
bekommen sie Geld, Nüsse, Gebäck und
Süßigkeiten. Sie erinnern dabei an die drei
Könige aus dem Morgenland,° die von einem   *East, Orient*
Stern nach Bethlehem geführt wurden.

Übungen

A. Stimmt das? Wenn eine Aussage falsch ist, geben Sie die richtige Antwort.

1. Die deutschen Volksbräuche sind überall gleich.
2. Im Laufe der Zeit hatten sich viele Bräuche verändert.
3. Die Sternsinger ziehen zu Ostern von Haus zu Haus.

4. Der Schäfflertanz hat einen politischen Ursprung.
5. Die Kutterregatta der Büsumer Fischer war ursprünglich ein Bootsrennen.
6. Der Maibaum ist mit Kerzen geschmückt.
7. Das Richtfest wird gefeiert, wenn das ganze Haus fertig ist.

B. Fragen

1. Was sind die St. Martinsumzüge?
2. Was machen die Sternsinger?
3. Wie feiert man den ersten Mai in Süddeutschland?
4. Was ist der Almabtrieb?
5. Wie feiert man die Fertigstellung des Rohbaus eines Hauses?
6. Was verstehen Sie unter dem Ausdruck „Gautschen"?

Die großen kirchlichen Feste

In dem deutschen Weihnachtsfest vermischen sich heidnische° und christliche Bräuche; denn die Geburt Christi fällt ja zusammen° mit der Winterwende,° die in dem naturverbundenen Leben der Heiden von großer Bedeutung war. Die Weihnachtslichter sind ein Symbol der Wärme und des Lebens, das selbst im tiefsten Winter nicht abstirbt. Im Mittelalter hat sich zu dem Lichtsymbol das Symbol des Tannengrüns hinzugesellt, das ebenfalls das überleben° versinnbildlicht.°

°pagan

°fällt [. . .] zusammen *coincides*
°winter solstice

°survival / symbolizes

Trotz der zunehmenden° Kommerzialisierung des Festes, verstehen° es die Deutschen immer noch, die Vorweihnachtszeit und das Weihnachtsfest stimmungsvoll zu gestalten.° Die Vorweihnachtszeit beginnt am ersten Advent; das ist der viertletzte Sonntag vor Heilig Abend. Fast alle Familien haben in ihrer Wohnung einen Adventskranz, der aus Tannenzweigen° gemacht und mit vier Kerzen geschmückt ist. An den Adventssonntagen sitzt die Familie zusammen, singt Weihnachtslieder, bastelt° Weihnachtsschmuck° und Geschenke. Am ersten Sonntag wird die erste Kerze angezündet,° am zweiten eine zweite, bis

°increasing
°know how

°stimmungsvoll . . . *celebrate in a special and meaningful way*

°fir branches

°makes / Christmas decorations

°lit

am letzten Sonntag vor Heilig Abend alle vier
Kerzen am Adventskranz leuchten.° — *are burning*

Für die Kinder ist der wichtigste Tag der
Vorweihnachtszeit der 6. Dezember, der
Nikolaustag. Am Abend vorher stellen sie die
Schuhe vor ihre Zimmertür, die dann der
Niklaus in der Nacht mit Süßigkeiten° und — *sweets*
kleinen Geschenken füllt. Denjenigen Kindern,
die nicht gefolgt haben,° legt er mitunter° auch — *nicht . . . have misbehaved / sometimes*
schwarze Kohle oder eine Rute° in den Schuh. — *switch*
Oft erscheint der Nikolaus auch in Kindergärten,
wo die Kinder ihn dann mit Nikolausliedern
und -gedichten begrüßen.

Während der Weihnachtszeit sind die
Straßen und Geschäfte weihnachtlich
geschmückt. In manchen Städten wird ein
Weihnachtsmarkt, in Süddeutschland auch
Christkindlmarkt genannt, abgehalten. Hier
kann man alles kaufen, was man für das
Weihnachtsfest braucht. Besonders schöne
Weihnachtsmärkte gibt es in Hamburg,
Nürnberg und München.

Obwohl in den Geschäften das schönste
Weihnachtsgebäck zu haben ist, werden
in den meisten Familien viele
Weihnachtsplätzchen° und Kuchen nach — *Christmas cookies*
alten Familienrezepten gebacken. Die
würzigen° Lebkuchen und der Stollen, ein — *spicy*
Weihnachtsbrot mit Rosinen° kandierten° — *raisins / candied*
Früchten und Nüssen dürfen auf keinem
Tisch fehlen.° — *dürfen . . . must not be absent from any table*

Der 24. Dezember, der Heilige Abend, ist
der Höhepunkt der Weihnachtszeit. Am
Abend vorher wird der Weihnachtsbaum mit
bunten Kugeln,° Lametta,° Strohsternen, — *balls / tinsel*
kleinen holzgeschnitzten° — *carved out of wood*
Weihnachtsdekorationen und in vielen
Familien auch mit Äpfeln, Süßigkeiten und
Weihnachtsplätzchen geschmückt. Das
Wichtigste jedoch sind die Kerzen, die in
den meisten Familien noch an Stelle von
elektrischen Lichtern benutzt werden. Bald
nach Anbruch° der Dunkelheit oder auch — *the beginning, fall*
erst nach dem Kirchgang° ist dann endlich — *going to church*
der Augenblick gekommen, dem alt und
jung schon lange erwartungsvoll° — *expectantly*

Familie bei der Weihnachtsbescherung

entgegengeblickt° haben: die Familie
versammelt sich um den erleuchteten
Weihnachtsevangelum vor. Anschließend
werden die Geschenke ausgeteilt. Jeder
bekommt auch einen „bunten Teller" mit
Weihnachtsgebäck, Marzipan, Süßigkeiten,
sagen Weihnachtsgedichte auf° und einer
der Erwachsenen° liest das
Weihnachtsevangelium vor. Anschließend
werden die Geschenke ausgeteilt. Jeder
bekommt auch einen „bunten Teller" mit
Weihnachtsgebäck, Marzipan, Süßigkeiten,
Nüssen, Äpfeln und Orangen.

    In Deutschland bestehen° die großen
kirchlichen Feste wie Ostern, Pfingsten°
und Weihnachten immer aus zwei Feiertagen.
So sind auch der 25. und 26. Dezember
gesetzliche° Feiertage. In vielen Familien
wird am ersten Feiertag die Weihnachtsgans°
gegessen, in anderen gibt es Karpfen.°

looked forward to

adults

*sagen . . . recite Christmas
  poems*
adults

consist
Pentecost

legal
Christmas goose
carp

Nachmittags besucht man Verwandte und Freunde.

In vielen Familien bleibt der Weihnachtsbaum bis zum 6. Januar, dem Dreikönigsfest, stehen. Andere Familien wiederum betrachten° Silvester, den letzten Tag des Jahres, als das Ende der Weihnachtszeit. Die Kerzen werden zum letzten Mal angezündet, und der Baum wird „gelplündert"; das heißt, aller eßbarer Weihnachtsbaumschmuck darf jetzt gegessen werden. *consider*

Silvester wird im Rahmen° kleiner oder großer Parties gefeiert, auf denen es lustig zugeht. Es wird getanzt, gesungen und viel gegessen und getrunken. Ein beliebter Silvesterbrauch ist das Bleigießen.° Erhitztes, also flüssiges° Blei wird in kaltes Wasser gegossen°; aus den Figuren und Formen, die daraus enstehen,° meint man ersehen° zu können, welche Wünsche und Hoffnungen im kommenden Jahr in Erfüllung gehen werden. Je

im . . . in the context of

the pouring of heated lead into cold water
liquid
poured
result/predict

Kinder beim Ostereiersuchen

mehr Phantasie man besitzt, um so genauer° kann man die Zukunft aus den Bleifiguren deuten.° Kurz vor Mitternacht wird das neue Jahr mit Feuerwerk begrüßt.

Je . . . The more imagination one uses, the more exactly

construe

Das zweite große kirchliche Fest Deutschlands ist das Osterfest. Es wird in den Familien nicht so intensiv gefeiert wie das Weihnachtsfest. Es ist hauptsächlich ein Fest für Kinder. Der Osterhase versteckt Ostereier und Ostersüßigkeiten, die die Kinder mit viel Jubel° suchen. In manchen Familien ist der Osterstrauß° Sitte. Weidenkätzchen° werden in eine Vase gestellt und mit bemalten ausgeblasenen° Eiern behängt.

mit . . . joyfully
Easter bouquet / Pussywillows

blown or hollowed out

Eines der eindrucksvollsten religiösen Feste ist das Fronleichnamsfest,° das besonders in den katholischen Gegenden zehn Tage nach Pfingsten begangen wird. Altäre werden im Freien aufgestellt,° zu denen die Prozessionen führen. Die Häuser werden mit Birkenzweigen geschmückt und die Straßen mit Blumen bestreut.° Auf dem Rhein und dem großen Chiemsee in Bayern finden die Prozessionen auf mit Blumen geschmückten Schiffen° statt.

Corpus Christi

Altäre . . . Altars are set up outside

strewn

mit . . . boats decorated with flowers

Übungen

A. Stimmt das? Wenn eine Aussage falsch ist, geben Sie die richtige Antwort.

1. Weihnachten hat wenig Bedeutung für die Deutschen.
2. Der 6. Dezember ist der Nikolaustag.
3. Die großen kirchlichen Feiertage dauern jeweils zwei Tage.
4. Es gibt keine deutschen Weihnachtsspezialitäten.
5. Die Straßen und Geschäfte sind geschmückt.
6. Bleigießen ist ein beliebtes Getränk.
7. Das Fronleichnamsfest wird von Protestanten gefeiert.

B. Fragen

1. Was ist die Adventzeit?
2. Wie unterscheidet sich ein deutscher Weihnachtsbaum von einem amerikanischen?
3. Was essen die meisten Deutschen zu Weihnachten?
4. Was gibt es in manchen Städten vor Weihnachten?
5. Wie feiert man den Beginn des neuen Jahres?
6. Wie feiern die Deutschen das Fronleichnamsfest?

Diskussions- und Aufsatzthemen

1. Haben Sie schon einmal an einem deutschen Fest teilgenommen? Wenn ja, an welchem? Erzählen Sie darüber.
2. Wie feiern die Deutschen Weihnachten? Wie wird dieses Fest in Ihrem Land gefeiert?
3. Welche weiteren Feste Ihres Landes sind deutschen Festen ähnlich? Beschreiben Sie diese Feste.
4. Wählen Sie sich ein Bild in diesem Kapitel aus und beschreiben Sie es.

Grammatisches: Pronouns; The Reflexive

Pronouns

The personal pronouns are declined as follows:

	First Person	Second Person Familiar	Second Person Polite	Third Person Masculine	Third Person Feminine	Third Person Neuter
Singular						
Nominative	ich	du	Sie	er	sie	es
Accusative	mich	dich	Sie	ihn	sie	es
Dative	mir	dir	Ihnen	ihm	ihr	ihm
Plural						
Nominative	wir	ihr	Sie		sie	
Accusative	uns	euch	Sie		sie	
Dative	uns	euch	Ihnen		ihnen	

Third-person pronouns must agree in grammatical gender with inanimate nouns to which they refer:

War *die Reise* interessant? —Ja, *sie* war interessant.

Object pronouns precede object nouns:

Wer hat dir diese Maske geschenkt?
Who gave you this mask?

Direct object pronouns precede indirect object pronouns; the preposition **zu** is not used:

> Meine Eltern haben sie mir geschenkt.
> My parents gave it to me.

The Reflexive

Reflexive pronouns are object pronouns that refer to the subject of the sentence. The third-person reflexive pronoun, dative and accusative, singular and plural, is **sich**. It is also used with the polite second-person form **Sie**:

> Wie hast du *dich* unterhalten?
> Frau Schmidt hat *sich* ein neues Kostüm gekauft.

Certain verbs almost always require reflexive pronouns and are called reflexive verbs. Most reflexive verbs take accusative objects:

> Ich *habe mich* schnell *angezogen.* (sich anziehen)
> I dressed quickly.

> Sonja, *beeile dich!* (sich beeilen)
> Sonja, hurry!

> Wir *erinnern uns* an unsere Reise zum Karneval. (sich erinnern)
> We remember our trip to the carnival.

> Monika *hat sich* gestern *erkältet.* (sich erkälten)
> Monika caught cold yesterday.

A few reflexive verbs take dative objects:

> *Hast* du *dir* je so etwas *vorgestellt?* (sich etwas vorstellen)
> Have you ever imagined anything like that?

> Ich kann *mir* keinen neuen Wagen *leisten.* (sich leisten)
> I can't afford a new car.

All reflexive verbs require the auxiliary **haben** in the perfect tenses:

> Wir *haben uns* an unsere Reise nach Köln *erinnert.*
> We remembered our trip to Köln.

Übungen

A. *Replace the nouns in italics with the proper pronouns.*

1. Ich habe *den Rosenmontagszug* gesehen.
2. Er fährt mit *seinem Freund* zum Winzerfest.
3. Weihnachten werden *die Geschenke* verteilt.
4. *Die Masken* sehen furchterregend aus.

5. Ich habe es *meiner Schwester* gegeben.
6. Hast du *den Umzug* gesehen?
7. In *der Zeitung* wird über das Fest berichtet.
8. *Der Herzogssohn* und *die Königstochter* heiraten.
9. *Das Fronleichnamsfest* ist eines der schönsten.
10. Hast du *das Schützenfest* interessant gefunden?

B. *Answer each question in the affirmative with a pronoun.*

1. Willst du mit mir zum Richtfest gehen?
2. Nimmst du mich zum Schützenfest mit?
3. Hast du dir eine andere Maske gekauft?
4. Darf ich dich zum Tanz einladen?
5. Kommst du mit uns in die Kirche?
6. Können wir euch zum Jahrmarkt mitnehmen?
7. Hast du uns im Festzug gesehen?
8. Könnt ihr mich mit dem Auto abholen?

C. *Complete each sentence with the appropriate forms of the suggested pronouns.*

1. Siehst du _____? (er, sie, ich)

2. Wir besuchen _____. (du, wir, Sie)

3. Kommen Sie zu _____! (ich, ihr, du)

4. Die Frau kauft das Kostüm für _____. (er, du, ihr)

5. Gib es _____. (wir, es, ich)

D. *Answer each question in the negative with the proper reflexive pronoun.*

1. Soll ich mich beeilen?
2. Erkältest du dich oft?
3. Fühlt ihr euch wohl auf dem Maskenball?
4. Amüsieren sich die Leute auf dem Fest?
5. Hast du dich auf dem Schützenfest betrunken?
6. Erinnerst du dich noch an das Weihnachtsfest zu Hause?

E. *Complete each sentence with the proper reflexive pronoun.*

1. Ich will _____ die Fronleichnamsprozession ansehen.

2. Hast du _____ so etwas vorgestellt?

3. Ich will _____ neue Schuhe kaufen.

4. Habt Ihr _____ schon das Spiel angesehen?

5. Ich werde _____ das nicht leisten können.

F. *Rearrange the words to form sentences. Pay careful attention to the order of object nouns and pronouns.*

1. zu Weihnachten / hat / er / gegeben / sie / mir
2. hast du / für / die Eintrittskarte / bezahlt / ihn?
3. es / will / zeigen / ich / ihm / noch einmal
4. Hans / geschickt / eine Karte / hat / vorige Woche / uns
5. erkältet / schon / dich / du / hast / wieder

11
Die Jugend

Wortschatz

die Ausbildung (-en) vocational or professional training

die Bildung (-en) education

das Fach ("-er) subject; **die Fachschule** school for specialized vocational or professional training

die Fakultät (-en) academic department, school

die Forschung (-en) research

die Hochschule (-n) institute of higher education, graduate school

die Klasse (-n) class

die Lehre (-n) teaching; apprenticeship

der Lehrer (-), die Lehrerin (-nen) teacher

der Schüler (-), die Schülerin (-nen) (young) pupil

der Unterricht (-e) instruction, course

die Wirklichkeit (-en) reality

die Wissenschaft (-en) science; knowledge, inquiry into knowledge

sich bewerben* um to apply for

bewirken to cause, affect, induce

forschen to do research

lernen to learn

umfassen to include, comprise

wesentlich essential

Möwensee: Grundschule

---

*Verbs with an asterisk are strong verbs; see the appendix for principal parts of strong verbs.

A. Give the nouns from the vocabulary list that correspond to the following verbs.

1. wissen
2. forschen
3. lehren
4. belden

B. Match each word on the left with one on the right that you associate with it.

1. Schule
2. Hochschule
3. Unterricht
4. Fachschule
5. wesentlich

a. Lehre
b. Schüler
c. Ausbildung
d. Wesen
e. Student

C. Complete the sentences with words from the vocabulary list.

1. Die traditionellen _____ der Universität Heidelberg sind die Philosophie, die Theologie und die Medizin.

2. Ist das ein Traum oder _____?

3. Welches _____ studieren Sie an der Universität?

4. Ist es leicht, sich um eine Position in der Industrie zu _____?

5. Mit welcher _____ beginnt die amerikanische *junior high school*?

6. Die Realschule (früher Mittelschule) _____ sechs Jahre von der 5. bis zur 10. Klasse.

Das deutsche Schulsystem

Im allgemeinen sind die Deutschen heute im Vergleich zu früher gebildeter.° Seit den siebziger Jahren° ist man in der Bundesrepublik Deutschland bestrebt,° das Bildungssystem einer grundlegenden Reform zu unterziehen.° Die humanistische Bildung, wie sie einst von Wilhelm von Humboldt (1767–1853) formuliert wurde, sollte den Anforderungen eines Zeitalters der

better educated

siebziger . . . seventies

ist [. . .] bestrebt has attempted

das . . . to make a fundamental reform in the educational system

Hochtechnik angepaßt werden.° Man ist seither bestrebt, ein demokratisches Bildungssystem zu entwickeln. Demokratisch bezieht sich darauf,° daß das Bildungssystem eine Chancengleichheit und eine individuelle Förderung° für jeden gewährleisten° soll.

    Es ist schwierig, ein einheitliches Bildungssystem zu erreichen, da durch die föderalistische Struktur der Bundesrepublik die Bildungspolitik den einzelnen Ländern überlassen° ist. Die wesentlichen Unterschiede in der Bildungspolitik zwischen den Ländern wirken sich vor allem auf die Schüler und Studenten aus, die von einem Land in eine anderes umziehen. Um auf bestimmten Gebieten des Bildungswesens zumindest° eine einheitliche Entwicklung zu gewährleisten, wurde eine Bundesländer kommission gegründet. Diese hat die Aufgabe, einen Bildungsgesamtplan zu erarbeiten.°

    In der Bundesrepublik Deutschland besteht eine allgemeine Schulpflicht vom sechsten bis zum achtzehnten Lebensjahr, das heißt, alle Kinder müssen zwölf Jahre lang eine Schule besuchen; drei davon sind in den überwiegenden Fällen Berufsschuljahre.° Vor dem sechsten Lebensjahr kann ein Kind einen Kindergarten besuchen. Der Besuch des Kindergartens ist freiwillig. Der Kindergarten gehört nicht zum staatlichen Schulsystem und wird meistens von Gemeinden, Kirchen, Wohlfahrtsverbänden° oder von privater Seite unterhalten. Heute besuchen fast 70 Prozent der Kinder zwischen drei und sechs Jahren einen Kindergarten.

    Die sechs- bis zehnjährigen Kinder gehen vier Jahre lang in die Grundschule.° Dann können sie sich entweder für die Hauptschule, die Realschule oder das Gymnasium entscheiden. Früher mußten Kinder, die eine höhere Schule besuchen wollten, eine Aufnahmeprüfung° machen. Heute hat man eine sogenannte Orientierungsstufe (Klasse 5 und 6) eingerichtet, wo sich entscheidet, welchen Schultyp ein Schüler besuchen

---

sollte . . . should be adapted to the demands of a century of advanced technology

bezieht . . . refers to the fact

advancement / guarantee

left to

at least

work out

in . . . for most cases vocational schooling

charitable groups

elementary school

admissions test

sollte. Damit sind heute über° die Hauptschule alle Bildungswege° zu erreichen.

Etwa die Hälfte der Kinder gehen auf die Hauptschule. Hier wird zusätzlich° zu den allgemeinen Bildungsfächern wie Deutsch, Mathematik, Naturwissenschaften, Geschichte, Erdkunde,° Politik, Fremdsprache, Musik, Kunst und Sport auch noch Arbeitslehre° angeboten, um den Schülern den Weg in die Berufsausbildung° zu erleichtern.° Ungefähr ein Viertel der Schüler verlassen die Hauptschule, ohne den Abschluß° zu erreichen. Für diese Schüler ist es schwer eine Lehrstelle° zu finden, was wesentlich zur Arbeitslosigkeit der Jugend beiträgt und viele Probleme mit sich bringt.

Die Realschule (früher Mittelschule) umfaßt sechs Jahre von der 5. bis zur 10. Klasse. Sie hat seit der Bildungsreform den größten Zuwachs° an Schülern. Zusätzlich zu den allgemeinen Bildungsfächern gibt es ab der 7. Klasse noch den Wahlpflichtsunterricht° von entweder Französisch, Sozial- oder Wirtschaftskunde. In den Klassen 9 und 10 können die Schüler selbst persönliche Lernschwerpunkte° festlegen.

Die Realschule führt zu einem mittleren Bildungsabschluß, der zum Besuch einer Fachoberschule° berechtigt und auch im Allgemeinen die Grundlage für gehobene,° nichtakademische Berufe ist. Im Jahre 1978–1979 haben etwa 20 Prozent aller Schüler die Realschule besucht.

Immer mehr Schüler machen heute von der Möglichkeit Gebrauch, nach erfolgreichem Abschluß° der 6. Klasse in das Gymnasium überzuwechseln,° um die allgemeine Hochschulreife° zu erwerben.° Das Gymnasium (5. bis 13. Klasse) ist die traditionelle Vorbildung für die Universität in Deutschland und hat drei Grundformen: das altsprachliche,° das neusprachliche° und das mathematisch-naturwissenschaftliche Gymnasium. Zu den Pflichtfächern gehören Latein und zwei moderne Fremdsprachen. Heute kann man in den oberen Klassen

via	
educational avenues	
in addition	
geography	
theories of work	
vocational training / facilitate	
diploma	
apprenticeship	
increase	
requirement chosen from one of several things	
special study interests	
specialized vocational school, usually technical	
skilled	
completion	
to transfer	
qualification for university study / attain	
classical	
modern language	

(11 bis 13) an jedem Gymnasium
Neigungsschwerpunkte° wählen, das heißt,
daß sich ein Schüler von Semester zu Semester
je nach Begabung,° Leistung und Interesse
selbst ein Programm zusammenstellen kann.
Dabei müssen sprachliche, literarische,
künstlerische, gesellschaftswissenschaftliche,
mathematische und naturwissenschaftliche
Klassen berücksichtigt werden.°

 Der erfolgreiche Abschluß des Gymnasiums
führt zum Abitur° und ermöglicht damit die
Hochschulreife, die zum Studium an der
Universität oder einer anderen Hochschule
berechtigt. Heute erwerben etwa 15 Prozent
eines Jahrgangs° die Hochschulreife.

 Die drei Bildungswege sind viel kritisiert
worden, da für viele Schüler die Entscheidung,
welchen Bildungsweg sie gehen wollen, zu
früh getroffen werden muß.° Außerdem
behaupten Kritiker, daß durch dieses System
gesellschaftliche Unterschiede geschaffen
werden, die man eigentlich habe abbauen°
wollen. Man hat deswegen in den sechziger
Jahren als Modellversuch die Gesamtschule
geschaffen. Sie umfaßt die drei bisher
genannten Schulformen, nämlich die
Hauptschule, Realschule und das Gymnasium.
Jeder Schüler kann seinen Neigungen
entsprechend,° leichtere oder schwierigere
Fächer wählen.

 Das Konzept der Gesamtschule hat nach
anfänglicher Begeisterung° an Prestige
verloren. 1979 gab es etwa 300 Gesamtschulen
in der Bundesrepublik, und ungefähr 3
Prozent aller berechtigten Schüler besuchten
eine Gesamtschule.

 Eine Analyse der Gesamtschule, die von
200 Lehrern aus Nordrhein-Westfalen gemacht
worden ist, ergab folgende Kritik: (1) Absinken
des Lernniveaus,° (2) Verzerrung° der
Leistungsbeurteilung°: Gesamtschule
verzeichnet bessere Zensuren° als die anderen
Schulformen.* Die Kontroverse um die

areas of interest

aptitude

berücksichtigt . . . be considered

qualifying diploma for university
 study

graduation class

zu . . . must be made too early
 (in life)

eliminate

seinen . . . according to his or
 her preference

enthusiasm

Absinken . . . lowering of
 educational levels / distortion
evaluation of achievement
grades

---

*Peter Weigert, „Gesamtschullehrer: Bessere Noten,
weniger Leistungen, mehr Geschwätz," *Die Welt*
(29 October, 1979).

Effektivität der Gesamtschule verglichen mit
den älteren Schulformen ist noch heute
aktuell.°   *in progress*

Übungen

A. **Stimmt das? Wenn eine Aussage falsch ist, geben Sie die richtige Antwort.**

   1. Die Bundesregierung trägt die Verantwortung für die Schulen.
   2. Jeder Deutsche muß bis zum 18. Lebensjahr zur Schule gehen.
   3. Die meisten Kinder besuchen eine Hauptschule.
   4. Jeder kann eine Realschule besuchen.
   5. Viele Schüler wechseln nach der 6. Realschulklasse zum Gymnasium über.
   6. Auf dem Gymnasium braucht man keine Fremdsprachen zu lernen.
   7. Die Gesamtschule umfaßt nur eine Schulform.
   8. Die Gesamtschulen sollen Klassenunterschiede abbauen.

B. **Fragen**

   1. Warum hat man in den letzten zehn Jahren versucht, das deutsche
      Schulsystem zu ändern?
   2. Warum gibt es kein einheitliches Schulsystem?
   3. Welche Fächer werden auf der Hauptschule gegeben?
   4. Was kann ein Schüler mit Realschulabschluß machen?
   5. Welche Grundformen hat das Gymnasium?
   6. Was ist das Abitur?
   7. Warum hat sich die Gesamtschule bisher nicht durchgesetzt?

Die Hochschulen*

Das deutsche Hochschulwesen° hat eine   *system of higher education*
lange Geschichte. Die älteste Hochschule der
Bundesrepublik Deutschland, die Universität
Heidelberg, wurde 1386 gegründet. Mehrere
andere Universitäten haben bereits ihre
Fünfhundertjahresfeier hinter sich. Neben
diesen alten Institutionen gibt es jedoch
auch ganz junge Universitäten: über
zwanzig sind erst in den letzten fünfzehn
Jahren gegründet worden. Tradition und

---

*Information in this section and the next was partly
taken from *Tatsachen über Deutschland* (Gütersloh:
Lexikothek Verlag GmbH, 1980), pp. 305–316.

Moderne stehen im Hochschulwesen der
Bundesrepublik dicht nebeneinander.

Über ein Jahrhundertlang sollte die
deutsche Hochschule vor allem eine Stätte
reiner° Wissenschaft, Forschung und Lehre   *pure*
sein und erst in zweiter Linie der
Berufsausbildung dienen. Dieses Ideal geriet
in unserer Zeit mehr und mehr in Gegensatz
zu den bildungspolitischen Grundsätzen
der modernen. Die heutige demokratische
Gesellschaft verlangt aber gleiche
Bildungschancen für alle. 1950 begannen nur
6 Prozent eines Altersjahrgangs ein Studium,
heute bewirbt sich jeder fünfte um einen
Studienplatz. Der Staat versucht diesem
Andrang durch den Neubau von Hochschulen
die Zahl der Studienplätze zu vergrößern.
Zwischen 1971 und 1978 wurden 200 000
neue Studienplätze geschaffen.° Es wurde   *created*
darauf hingewiesen, die Studiengänge stärker
auf die künftige° Berufspraxis zu orientieren.   *future*

Die Hochschulen (mit Ausnahme der
kirchlichen Hochschulen) sind in der
Bundesrepublik Deutschland staatliche
Einrichtungen° der Länder.   *institutions*

Von grundlegender° Bedeutung ist die   *fundamental*
Freiheit der Lehre: der Staat darf keinen
Einfluß auf die Lehrinhalte° nehmen. Jede   *contents of the curricula*
Hochschule gibt sich im Rahmen° der   *scope*
geltenden Gesetze ihre eigene Verfassung.°   *system of government*
Dementsprechend° bestehen zwischen den   *Accordingly*
einzelnen Hochschulen in Aufbau und
Gliederung° beträchtliche Unterschiede.   *organization*

Manche Hochschulen haben noch die
herkömmliche° Gliederung in wenige große   *traditional*
Fakultäten, wobei in jeder Fakultät zahlreiche
Wissenschaftsgebiete zusammengefaßt sind.
Moderner dagegen ist die Gliederung in viele
kleine „Fachbereiche°".   *specialized disciplines*

Man unterscheidet zwischen
wissenschaftlichen, technischen und
pädagogischen Hochschulen. In einigen
Ländern sind die Pädagogischen Hochschulen
in die Universitäten eingegliedert.° Das   *integrated*
Studium an einer wissenschaftlichen
Hochschule wird mit der Magister-, Diplom-

oder Doktorprüfung oder mit dem Staatsexamen
abgeschlossen.° concluded

Ein relativ junger Hochschultyp sind
die Fachhochschulen. Sie vermitteln° in make possible
zahlreichen Fachrichtungen° eine Ausbildung, specialized professions
die mit der Graduierung abschließt und meist
direkt ins Berufsleben führt. Absolventen° der Graduates
Fachhochschulen können aber auch an einer
wissenschaftlichen Hochschule
weiterstudieren.

In einigen Bundesländern wurden in den
letzten Jahren Gesamthochschulen errichtet
oder bestehende Hochschuleinrichtungen
zu Gesamthochschulen zusammengefaßt.
Die Gesamthochschule soll die bisherige
Trennung° der Hochschulformen überwinden° separation / overcome
und den Studenten den Übergang von der
einen zur anderen erleichtern.

An den Hochschulen der Bundesrepublik
sind rund 946 000 Studenten immatrikuliert°
—über fünfmal soviel wie vor zwanzig Jahren.
52 000 davon sind Ausländer. Ein paar
Zahlen mögen zeigen, welchen Erfolg die
bisherigen Bemühungen° hatten, die attempts
Hochschulen möglichst allen
Bevölkerungsschichten° zu öffnen. Im sectors of the population
Wintersemester 1952–1953 kamen 4 Prozent
aller Studienanfänger aus Arbeiterfamilien,
im Wintersemester 1977–1978 dagegen
18 Prozent. Vor fünfundzwanzig Jahren
waren rund ein Fünftel aller Studierenden
Mädchen, heute sind es gut ein Drittel.

In der Gestaltung ihres Studiums sind die
Studenten traditionell recht frei. Zwar° Of course
werden für zahlreiche Fächer Lehrpläne° curricula
empfohlen° und Zwischenprüfungen verlangt, recommended
aber die Studenten können aus einem
großen Angebot° von Lehrveranstaltungen selection
selbst einen Plan zusammenstellen.

Studiengebühren° werden an den Tuition
Hochschulen der Bundesrepublik nicht
erhoben.° Wenn die Studenten oder ihre charged
Eltern die Kosten für den Lebensunterhalt
nicht aufbringen können, zahlt der Staat
einen Zuschuß.° Heute wird jeder zweite subsidy
Student auf diese Weise gefördert.° encouraged, benefitted

Technische Universität Berlin: Mensa

Zur Verbesserung der Lage der Studenten tragen staatliche Zuchüsse zu den Mensen° und die staatliche Förderung des Studentenwohnheimbaus bei. Heute steht etwa jedem zehnten Studenten ein Platz in einem Wohnheim zu einer verhältnismäßig geringen Miete zur Verfügung.°   *student restaurants*   *zu . . . available for relatively low rent*

Der gewaltig angewachsene Andrang zu den Hochschulen hat dazu geführt, daß für einige Fächer eine Zulassungsbeschränkung,° der „Numerus clausus", eingeführt werden mußte. Nicht alle Studienbewerber können ihr Studium an der Hochschule ihrer Wahl oder zum vorgesehenen° Zeitpunkt aufnehmen. Durch den starken Ausbau der Hochschulen in den letzten Jahren hat sich aber die Lage sehr gebessert.   *admissions quota*   *scheduled*

Bei der Verteilung der freien Studienplätze sind vor allem die Durchschnittsnote° des Abiturzeugnisses und die Wartezeit maßgebend.° Ein Kontigent der Studienplätze ist für Ausländer reserviert.   *grade-point average*   *decisive*

Übungen

A. Stimmt das? Wenn eine Aussage falsch ist, geben Sie die richtige Antwort.

1. In der Bundesrepublik gibt es nur alte Hochschulen.
2. Die Universitäten sind Einrichtungen der Länder.
3. Zum Abschluß des Studiums muß man keine Prüfung machen.
4. Fast eine Million Studenten studieren an den deutschen Universitäten.
5. Studenten kommen aus allen Bevölkerungsschichten.
6. Die Studenten müssen einem bestimmten Studienplan folgen.
7. Es gibt für alle Bewerber Studienplätze.

B. Fragen

1. Wie hat der Staat den großen Andrang von Studenten bewältigt?
2. Welche Reformen wurden durchgeführt?
3. Welche Freiheiten hat eine Hochschule?
4. Welche Freiheiten hat der Student?
5. Wie sind die Hochschulen gegliedert?
6. Wie kann ein Student sein Studium finanzieren?
7. Warum sind Zulassungsbeschränkungen eingeführt worden?

Die berufliche Ausbildung

Von den Jugendlichen, die die Hauptschule abgeschlossen haben, besucht etwa ein Viertel eine weiterführende Schule, und ein Viertel geht direkt ins Erwerbsleben.° Die weitaus meisten aber, fast die Hälfte, nehmen eine Berufsausbildung auf. Sie werden Lehrlinge° oder—wie es amtlich° heißt— „Auszubildende". Zur Zeit befinden sich 1,3 Millionen junge Menschen in der Berufsausbildung.

    Charakteristisch für die berufliche Ausbildung in der Bundesrepublik Deutschland ist das sogenannte duale System. Man vesteht darunter die Verbindung der praktischen Ausbildung im Betrieb° mit der theoretischen Ausbildung in der Berufsschule. Die private Wirtschaft und der Staat sind also gemeinsam für die berufliche Ausbildung verantwortlich.°

job market

apprentices / officially

im . . . on the job, in industry

responsible

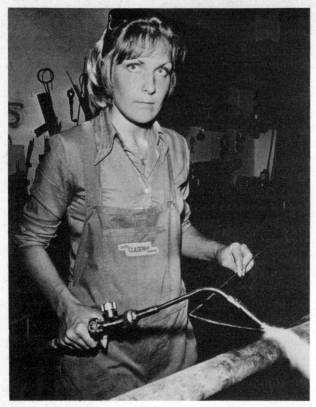

Ein praktische Beruf

Die praktische Ausbildung im Betrieb
dauert je nach dem Beruf zwei bis dreieinhalb
Jahre, meist jedoch drei Jahre. Der Lehrling
bekommt ein jährlich steigendes° *increasing*
Ausbildungsgeld.

Größere Betriebe unterhalten° eigene *maintain*
Lehrwerkstätten.° Dort werden die Lehrlinge *apprenticeship schools*
von geschulten Ausbildern° mit allen Aufgaben *instructors*
ihres späteren Berufs bekannt gemacht.

Neben der Ausbildung im Betrieb muß der
Lehrling drei Jahre lang wöchentlich 8–10
Stunden eine Berufsschule besuchen.
Unterrichtsfächer sind Fachkunde,
Wirtschaftskunde, Sozialkunde, Politik,
Kulturkunde und Religion.

Aber nicht nur Auszubildende besuchen
die Berufsschule. Sie ist Pflichtschule für
alle Jungendlichen, die noch nicht 18 Jahre alt
sind und keine andere Schule besuchen.
So müssen zum Beispiel, auch junge
Hilfsarbeiter° die Berufsschule besuchen.

unskilled workers

Die Berufsschulen sind nach Fachklassen
eingeteilt.° Am häufigsten sind gewerbliche,
kaufmännische, hauswirtschaftliche und
landwirtschaftliche Klassen. Man versucht
für jeden jungen Menschen einen
Ausbildungsplatz zu schaffen. Der Bedarf°
an Lehrstellen ist sehr groß. Allein im Jahre
1979 fragten über 650 000 Jugendliche
nach einen Ausbildungsplatz.

divided

need

Übungen

A. Stimmt das? Wenn eine Aussage falsch ist, geben Sie die richtige Antwort.

1. Die meisten Jugendlichen nehmen eine Berufsausbildung nach dem Hauptschulabschluß.
2. Große Betriebe haben ihre eigenen Lehrwerkstätten.
3. Die Berufsfachschule ist eine Vollzeitschule.

B. Fragen

1. Was ist das duale System in der beruflichen Bildung?
2. Wer muß eine Berufsschule besuchen?
3. Wie sind die Berufsschulen aufgeteilt?

Die Jugendlichen und die Gesellschaft

Das Gesetz der Bundesrepublik teilt
die Jugendlichen in zwei Gruppen ein,
Jugendliche zwischen 14 und 18 Jahren und
junge Erwachsene zwischen 18 und 25 Jahren.
Jeder dritte Bürger der Bundesrepublik ist
jünger als zwanzig Jahre. Mit 18 Jahren wird

ein Jugendlicher volljährig° und
wahlberechtigt° und muß einen 15 monatigen
Militärdienst ableisten.° Jeder hat das Recht
aus religiösen oder Gewissensgründen°
den Wehrdienst zu verweigern und muß
dafür 18 Monate einen Zivildienst (zum
Beispiel in einem Krankenhaus) ableisten.

    Verglichen mit der Generation der
Hitlerzeit und der Nachkriegszeit, wird die
heutige Jugend mit materiellem Wohlstand
und politisch relativer Sicherheit
groß.° Überhaupt ist bei der
heutigen Jugend ein größeres politisches
Mitverantwortungsbewußtsein° spürbar°
als bei früheren Generationen. Seit 1960 neigen
gewisse Jugendgruppen dazu,° demonstrativ
an ihrer Umwelt Kritik zu üben.° Sie setzen
sich mit Gesellschafts- und Umweltproblemen
auseinander,° wie zum Beispiel, Atomwaffen,

an adult
able to vote
serve
conscientious objection

wird [. . .] groß are growing up

sense of responsibility / to be felt, noticeable

neigen [. . .] dazu have been inclined
ihrer . . . to criticize their

setzen sich [. . .] auseinander confront one another

Freiburg: Demonstration gegen Atomenergie

Atomenergie, Umweltverschmutzung° und
gewissen Diskrepanzen in der sogenannten
Wohlstandsgesellschaft.

environmental pollution

Wie in anderen Ländern, so gibt es auch
in der Bundesrepublik Deutschland große
Jugendprobleme, wie zum Beispiel
Kriminalität, Drogen, Alkohol und
Arbeitslosigkeit.

Die Rauschgiftwelle° rollte in den Jahren
1966–1968 auch in der Bundesrepublik
Deutschland. Haschisch°-Zigaretten und
LSD-Pillen waren große Mode bei bestimmten
Gruppen von Schülern und Studenten. Es
war ein völlig neues Gruppenerlebnis. Die
Drogen sollten das „Bewußtein erweitern°".
Man wollte kreativer und aktiver sein—vor
allem in der Politik. Es war die Zeit der
großen Studentenunruhen.

narcotics movement

marijuana (usually)

expand

In den siebziger Jahren entstand ein
organisierter Drogenmarkt in Westeuropa.
Zuerst kam Rohopium, dann Heroin. Experten
schätzen die Zahl der Drogenabhängigen in
der Bundesrepublik Deutschland auf
mindestens 40 000. Davon sind etwa 30 000
Heroin-„Fixer". Die meisten „Fixer" sind 18
bis 22 Jahre alt. Aber auch zwölf-jährige
rauchen, schlucken° und spritzen° schon
Drogen. Hinzu kommen noch etwa 600 000
bis 1 Million Haschisch-Raucher. 1980
starben in der Bundesrepublik 470 junge
Menschen an einer überdosis Rauschgift.[1]

swallow / shoot

Was den Alkohol betrifft berichtet die
deutsche Illustrierte *Der Stern* im Jahre 1979
folgendes: 1973 ergab eine Umfrage° unter
Hamburger Schülern zwischen 13 und 21
Jahren, daß jeder vierte innerhalb von zwei
Monaten mindestens einmal betrunken ist—
das entspricht, hochgerechnet, einer Zahl
von 26 000 Schülern. 1974 ermittelte das
Münchner Innenministerium, daß 53 Prozent
der 12–24 jährigen mehrmals pro Woche
Alkohol trinken—das sind eine Million

ergab . . . a poll showed

---

[1] „Auf Leben und Tod", *Scala Jugendmagazin* (February, 1981), p. 3.

junge Bayern. Am meisten wird in der Oberschicht gebechert,° und bei den Jüngeren holen die Mädchen deutlich auf.°

Die Gesamtzahl der bereits alkoholabhängigen Jugendlichen in der Bundesrepublik wird auf 120 000 bis 150 000 geschätzt.°[2]

Eine problemerregende Erscheinung° ist die ständig ansteigende° Anzahl von Arbeitslosen unter den Jugendlichen. Fast jeder dritte Arbeitslose in der Bundesrepublik ist unter 25 Jahre alt. Am härtesten sind Jugendliche mit unzureichender° Schul- oder Berufsausbildung betroffen. Man erwartet, daß sich dieses Problem noch vergrößern wird, da in den nächsten Jahren die besonders geburtenstarken Jahrgänge aus den Schulen entlassen werden.

wird . . . people in the upper classes drink
holen . . . the girls are clearly closing the gap

estimated
event
climbing

insufficient

Übungen

A. **Stimmt das? Wenn eine Aussage falsch ist, geben Sie die richtige Antwort.**

1. Man unterscheidet zwei Gruppen von Jugendlichen.
2. Die Jugendlichen demonstrieren gegen Atomwaffen.
3. Es gibt keine Jugendprobleme in Deutschland.
4. Die Rauschgiftwelle erreichte auch die Bundesrepublik.

B. **Fragen**

1. Warum demonstrieren viele Jugendliche?
2. Müssen alle Jugendlichen einen Wehrdienst ableisten?
3. Was sind die größten Jugendprobleme?
4. Warum sind Drogen bei Jugendlichen besonders beliebt?
5. Aus welchen Schichten kommen die meisten Drogenkonsumenten?

Diskussions- und Aufsatzthemen

1. Vergleichen Sie die vier Schulformen in Deutschland.
2. Ihrer Meinung nach, welches Schulsystem ist besser, das deutsche oder das Ihres Landes? Begründen Sie Ihre Antwort.

---

[2]Christine Heide and Cornelius Heffert, „Der Suff der frühen," *Stern-Illustrierte.*

3. Welche Möglichkeiten der Schulbildung gibt es in Deutschland? Nennen Sie die Vor- und Nachteile jeder Möglichkeit.
4. Welche Rolle spielt das Drogen- und Alkoholproblem in Ihrem Land?
5. Nennen Sie die Gründe warum die deutsche Jugend demonstriert und Kritik an der Gesellschaft übt. Haben Sie dieselben Probleme in Ihrem Land?

Grammatisches: Prepositions

The dative case is always used after the following prepositions: **aus** (*out of, from*), **außer** (*except, besides*), **bei** (*at, near*), **gegenüber** (*across from*), **mit** (*with*), **nach** (*after, according to, to*), **seit** (*since, for*), **von** (*from, by, of*), and **zu** (*to*).

Die Jugend *aus* diesem Land hat Probleme.

Alle *außer* ihm haben die Schule besucht.

Bei der Demonstration wurden Jugendliche verletzt.

Gegenüber der Universität ist die Mensa.

Man versucht die Probleme *mit* Drogen zu lösen.

Nach dem Abitur kann man die Hochschule besuchen.

Seit der Reform hat sich die Lage gebessert.

Er wird *von* dem Professor gelobt.

Wir gehen *zu* diesem Fest.

The accusative case is always used after the following prepositions: **bis** (*until, by, as far as*), **durch** (*through, by means of*), **entlang** (*along*), **für** (*for*), **gegen** (*against*), **ohne** (*without*), **um** (*around*), and **wider** (*against*).

Sie bleiben *bis* morgen in der Stadt.

Viele sind *durch* Drogen gestorben.

Wir fahren den Fluß *entlang*.

Für das Abitur muß man viel lernen.

Viele sind *gegen* die Demonstrationen.

Ohne Alkohol lebt man gesünder.

Man muß *um* die Ecke gehen.

Er sprach *wider* das Notengeben (*giving of grades*).

Some prepositions can take either the dative or the accusative case. When the main verb expresses location or movement within a confined space, they take the dative; when the main verb expresses movement toward a goal or destination they take the accusative. These prepositions include: **an** (*at, to, on,* used with vertical surfaces or boundaries), **auf** (*upon*), **hinter** (*behind*), **in** (*in, into*), **neben** (*next to*), **über** (*over, across*), **unter** (*under, among*), **vor** (*before, in front of*), and **zwischen** (*between*).

Dative	Accusative
Ich bin *an der Tür*.	Ich gehe *an die Tür*.
Wir sind *auf der Hochschule*.	Wir gehen *auf die Hochschule*.
Ich bleibe *hinter dir*.	Ich setze mich *hinter dich*.
Der Stuhl steht *neben dem Tisch*.	Er stellt den Stuhl *neben den Tisch*.
Über der Tür hängt eine Glocke.	Ich hänge die Glocke *über die Tür*.
Unter der Brücke ist ein Schiff.	Das Schiff fährt *unter die Brücke*.
Vor dem Tor steht ein Wagen.	Der Wagen fährt *vor das Tor*.
Zwischen den Parteien herrscht Krieg.	Er stellt sich *zwischen die Parteien*.

The genitive case is generally used after the following prepositions in formal German: **(an)statt** (*instead of*), **trotz** (*in spite of*), **um . . . willen** (*for the sake of*), **während** (*during*), and **wegen** (*on account of*).

Sie trinken Milch *anstatt des Weines*.

Trotz der Gefahr nehmen sie Drogen.

Um des Friedens *willen* gab er nach.

Während des Studiums lernen sie viel.

Wegen des Platzmangels können nicht alle studieren.

Übungen

A. *Complete each sentence with the proper form of the word in parentheses.*

1. Hans bleibt nach _____ Unterricht in der Schule. (der)

2. Außer _____ Hauptschule gibt es noch die Realschule. (die)

3. Bei _____ Professor hast du Vorlesung? (welcher)

4. Der Schüler kommt aus _____ Klassenzimmer. (das)

5. Er bekommt von _____ das Buch. (sie)

6. Hast du schon mit _____ Lehrer gesprochen? (mein)

7. Mein Freund geht schon seit _____ Jahr auf das Gymnasium. (ein)

B. *Supply for each sentence the appropriate dative preposition.*

1. Am Sonntag gehen wir _____ dem Schulfest.

2. _____ letztem Jahr studierte er in Thübingen.

3. Er kommt gerade _____ dem Hörsaal.

4. Gehst du _____ der Schule immer gleich _____ Hause?

5. _____ der Arbeitslosigkeit werden viele Jugendliche betroffen.

C. *Complete each sentence with the proper form of the word in parentheses.*

1. Meine Eltern brauchen nicht für _____ Studium zu bezahlen. (mein)

2. Die meisten Leute sind gegen _____ Schulreform. (eine)

3. Wir liefen um _____ Sportplatz. (der)

4. Sie kann ohne _____ Freund nicht leben. (ihr)

5. Die Demonstranten liefen _____ Hauptstraße entlang. (die)

D. *Supply for each sentence the appropriate accusative preposition.*

1. Er hat mich _____ eine Flasche Bier gebeten.

2. Wer bezahlt denn _____ dein Studium?

3. _____ Drogen hat er viel Geld bezahlt.

4. Warum sind viele _____ die Gesamtschule?

5. _____ viele gibt es keinen Arbeitsplatz.

E. *Complete each sentence with the proper form of the word in parentheses.*

1. Auf _____ Universität gehst du? (welche)

2. Die Hauptschule ist neben _____ Realschule. (die)

3. Unter _____ Jugendlichen gibt es viele Alkoholiker. (die)

4. Er hat an _____ Kultusminister geschrieben. (der)

5. Neben _____ sitzt eine schöne Studentin. (er)

6. Unsere Tochter geht gern in _____ Kindergarten. (der)

7. Zwischen _____ Klassen gehe ich in die frische Luft. (die)

8. Sie legt das Buch neben _____ Tasche. (meine)

F. *Complete each sentence with the correct preposition as indicated in English.*

1. _____ seines Studiums hat er nicht viel gelernt. (*during*)

2. _____ der vielen Reformen sind viele Leute mit dem Schulsystem nicht zufrieden. (*in spite of*)

3. Er trinkt jetzt Alkohol _____ Drogen zu nehmen. (*instead of*)

4. _____ der schlechten Noten kann er nicht aufs Gymnasium gehen. (*on account of*)

5. Ich bin _____ der Vorlesung eingeschlafen. (*during*)

Der fröhliche Wanderer (top left)
Kleinwalsertal: Skiläufer (top right)
Garmisch-Partenkirchen: Wandergruppe (bottom left)
Schwarzwald: Angler (bottom right)

12
Freizeit und Sport

Wortschatz

der Alltag (-e) daily routine

die Beschäftigung (-en) occupation; activity

der Feierabend (-e) end of the workday

die Ferien (-) vacation

das Fernsehen (-) television

der Fußball (-̈e) soccer

die Gaststätte (-n) inn

die Mannschaft (-en) team

das Mitglied (-er) member

die Reise (-en) trip

die Sendung (-en) broadcast; program

der Urlaub (-e) vacation

der Verbraucher (-) consumer

der Verein (-e) organization, club

angehören to belong to

sich beschäftigen (mit) to concern oneself (with)

fern · sehen* to watch television

gelten* (als) to consider

spazierengehen* to take a walk

(einen Sport) treiben* to participate in sports

öffentlich public

regelmäßig regular

A. *Match each noun on the left with one on the right that you associate with it.*

1. Urlaub
2. Sendung
3. Fußball
4. Verein

a. Mitglied
b. Mannschaft
c. Ferien
d. Fernsehen

B. *Match each question on the left with an appropriate response on the right.*

1. Inge, es ist schon sechs Uhr. Wann machst du endlich Feierabend?

2. Herr Bielitz, wie oft wird bei Ihnen zu Hause ferngesehen?

3. Horst, ist dein Alltag genau so monoton wie meiner?

a. Ich würde sagen, er beschäftigt sich mehr mit Freizeitgestaltung.

b. Nein, eine öffentliche; sie gehört dem Staat.

c. Bei meinen Großeltern, ja. Die wandern auch heute noch viel. Für die heutige Generation gilt die Reise als modern.

---

*Verbs marked with an asterisk are strong verbs; see the appendix for principal parts of strong verbs.

---

4. Monika, glaubst du tatsächlich, daß der durchschnittliche Verbraucher sich mit Umweltproblemen beschäftigt?

5. Karl, sag mal, war spazierengehen eine Familientradition bei euch?

6. Was ist Ihre Beschäftigung, Frau Gerber?

7. Ist das Fernsehen in Deutschland eine private Industrie?

d. Ich besitze eine Gaststätte.

e. Überhaupt gar nicht. Vielleicht solltest du regelmäßig einen Sport treiben, so wie ich.

f. Eigentlich selten. Meine Frau und ich gehören so vielen Vereinen an, daß wir wenig Zeit dafür haben.

g. Oh, ich arbeite gerne lange.

Freizeit

Die Bürger der Bundesrepublik haben heute mehr Freizeit als je zuvor. Noch am Ende des 19. Jahrhunderts gab es für Berufstätige° in Deutschland fast keine Freizeit. Selbst Mitte der fünfziger Jahre wurde in der Industrie durchschnittlich° nicht weniger als fünfzig Stunden die Woche gearbeitet. Aber durch die ständig zunehmende Automatisierung konnte die Arbeitszeit mehr und mehr verkürzt werden. Heute ist die Fünf-Tage-Woche zur Regel geworden, und man hat die Arbeitszeit auf 40–42 Stunden in der Woche verkürzt. Wenn man den Urlaub, die Sonn- und Feiertage und den arbeitsfreien Samstag zusammenzählt, so haben heute die meisten insgesamt vier Monate im Jahr frei. Man hat berechnet, daß der Mensch in der Bundesrepublik mehr Freizeit als Arbeitszeit hat; selbst wenn man die Zeit, die mit Schlafen zugebracht wird und die Zeit, die es kostet, zur Arbeitsstelle zu gelangen,° nicht mitrechnet.°[1] Die zur Verfügung stehende

employed persons

on the average

die . . . that it takes to get to work
include

---

[1] Werner Ross, *Typisch Deutsch* (Munich: Verlag Mensch und Arbeit 1976), p. 94.

Freizeit ist im Verhältnis° zu früher° so
groß, daß man heute schon von einer
sogenannten Freizeitgesellschaft spricht.

Durch diese Entwicklung sind neue Arten
von Freizeitbeschäftigungen entstanden. Die
Freizeit- und Hobbyindustrie hat von den
zunehmenden Bedürfnissen° für eine sinnvolle
Freizeitgestaltung° profitiert. Die jährlichen
Ausgaben in der Bundesrepublik für Freizeit
und Hobby haben sich in den letzten zehn
Jahren verdreifacht. So haben Bundesbürger
im Jahre 1979 mehr als 36 Milliarden DM für
Vergnügungen° in ihrer Freizeit ausgegeben.

An der Spitze° der täglichen
Freizeitgestaltung steht das Fernsehen.
Untersuchungen° haben ergeben,° daß über
50 Prozent der Bevölkerung am Feierabend am
liebsten fernsehen. Bevorzugte° Sendungen
sind die Tagesschau und Sportübertragungen.°
In seiner Ausgabe Nr. 6 im Jahre 1975
berichtete *Der Spiegel* über die Bedeutung des
Fernsehens für die bundesdeutschen Bürger
an einem typischen Freitagabend folgendes:

> Das Fernsehen war total, die Bundesrepublik
> saß vor dem Bildschirm.° Die Meßgeräte°
> schienen ihren Dienst zu versagen.° Sie
> meldeten,° daß nicht nur 100, sondern sogar
> 103 Prozent aller Fernsehgeräte° eingeschaltet°
> waren. An diesem Abend wurden demnach,
> wenn ein Fernsehgerät im Haus war (also 93
> Prozent aller Haushalte), weder Bücher
> gelesen noch Skatkarten° gemischt, weder
> Platten° gehört noch Parties gegeben. Und
> selbst Kranke und Trauernde° vergaßen ihren
> Schmerz. Doch keine einzige° Schlagzeile,°
> nicht einmal ihrgendeine Notiz war diesem
> Fernsehereignis gewidmet.° Es geschah
> vor fast einem Jahr, am 22. Februar, einem
> Freitag, ab 20.15, lief im ersten Programm°
> „Mainz bleibt Mainz", im zweiten Programm
> „Der Kommisar". 69 Prozent der Geräte
> waren auf Karneval, 34 Prozent auf Krimi°
> eingestellt.

Diese Zahlen zeigen, daß das Fernsehen ein
fester Bestandteil° des deutschen Alltags
geworden ist.

comparison / earlier times	
needs	
sinvolle . . . meaningful use of one's leisure time	
recreation	
top	
Investigations / shown	
Favorite	
Tagesschau . . . news and sports shows	
a weekly news magazine	
screen/meters	
ihren . . . fail at their task	
reported, indicated	
television sets / turned on	
type of card game	
records	
people in mourning	
single / headline	
mentioned	
station name	
detective show	
ingredient, part	

Dem Fernsehen ist es jedoch nicht
gelungen, das Lesen als Freizeitbeschäftigung
völlig zu verdrängen.° Rund 50 Prozent der
Männer und 60 Prozent der Frauen blättern°
nach der Arbeit in einer Zeitschrift,° lesen die
Tageszeitung oder greifen zu° einem Buch.
Die öffentlichen Bibliotheken und
Stadtbüchereien haben besonders während der
Ferienzeit wahre Ausleihrekorde.

In den letzten Jahren hat der
„do-it-yourself" Trend stark zugenommen. Die
Hauptgründe dafür sind die stark steigenden
Lohnkosten,° das Verlangen,° etwas selbst zu
schaffen° und die Sparsamkeit der
Verbraucher. Etwa ein Drittel aller
Bundesbürger haben einen eigenen gut
ausgestatteten° Werkzeugschrank.° Viele
Eigenheime haben sogar einen Hobbyraum.

Eine Freizeitbeschäftigung, die von
vielen Deutschen sehr ernst genommen und
von anderen hingegen° belächelt° wird, ist
die Autopflege.° Viele Autobesitzer waschen
fast jeden Sonnabend ihren Wagen, damit
seine Besitzer am Sonntag in einem gut
gepflegten Auto ihre Sonntagsfahrt machen
können.

Viele Deutsche haben einen kleinen
Garten, einen sogenannten Schrebergarten,*
wo sie einen großen Teil ihrer freien
Stunden verbringen. Allein im Lande
Nordrhein-Westfalen, dem größten Bundesland,
gibt es über 93 000 Kleingärten. In diesen
gepflegten° Gärten züchtet° man Gemüse
und Blumen. Fast jeder Garten hat eine
Laube,° wo man sich bei Kaffee und Kuchen
oder einem Glas Bier von der Gartenarbeit
ausruht.

Ein Picknick im Grünen wird von
vielen Deutschen besonders geschätzt. Etwa
zehn Millionen Deutsche packen regalmäßig
an schönen Wochenenden Essen und Trinken
in Körbe° oder Rucksäcke,° um an einem See,

displace
blättern [. . .] in leaf through
magazine
greifen . . . reach for

wages / desire
create

well-equipped / tool closet

on the other hand / ridiculed
taking care of the car

well-tended / grow

tiny cottage

baskets / day-packs

---

*A **Schrebergarten** is a small plot of land located among
many other plots, usually at the edge of town. The
name derives from the founder of this community garden system, Daniel Gottlob Schreber (1808–61).

einer Waldlichtung° oder in einem Park
zu essen. Wer nicht mit dem Auto wegfährt,
macht am Sonntagnachmittag einen
Spaziergang in einen nahegelegenen Wald
oder Park; oft ist das Ziel eine Gaststätte,
wo man sich mit Kaffee und Kuchen oder
belegten Broten und Bier erfrischt.

    Viele Deutsche wandern an Wochenenden
oder machen auch regelrechten° Wanderurlaub.
In allen Gebieten Deutschlands gibt es
Wanderwege, die in Wanderkarten°
aufgezeichnet° sind. Dieses Land kann man
von Nord bis Süd und von West bis Ost auf
den Wanderwegen durchstreifen.° Die
Wanderer übernachten in Jugendherbergen,°
in Gasthöfen,° in Bauernhöfen, in Pensionen°
oder in den Alpen in Berghütten.

    Auch das Vereinsleben, das in keinem
Land mehr verbreitet ist als in Deutschland,
spielt eine wichtige Rolle in der
Freizeitgestaltung. Viele Deutsche gehören
nicht nur einem, sondern gleich mehreren
Vereinen an. Die meisten Vereine dienen
der Pflege° gemeinsamer Hobbys, der
Unterhaltung,° Belehrung° und der reinen
Geselligkeit.° Zu den beliebtesten Vereinen
gehören die Sportvereine und die
Gesangvereine.° Briefmarkensammler,°
Hundezüchter,° Angler, Schützen,° Kleingärtner
und so weiter haben ihren Verein. Die
Vereinssammlungen finden oft in einem
Gasthaus statt, wo auch die Mitglieder an
anderen Abenden an ihrem Stammtisch°
sitzen und—wie könnte es auch anders
sein—ihr Glas Bier zusammen trinken.

    Die Freizeit wird nicht nur dazu benutzt,
sich zu entspannen° und zu erholen, sondern
auch dazu, sich weiterzubilden.° Dies läßt
sich gut an den steigenden Besucherzahlen der
Theater und Opern, der Volkshochschulen°
und Abendschulen feststellen. Besonders hoch
im Kurs steht° das Erlernen von
Fremdsprachen, da man eine Fremdsprache
entweder später im Beruf oder bei der
nächsten Urlaubsreise gut verwenden kann.

forest clearing

real

trail maps
indicated

roam through
youth hostels
inns / bed-and-breakfast places

pursuit
entertainment / learning
socializing

singing clubs / stamp collectors
dog breeders / riflemen

table reserved for regular guests

sich . . . to relax
broaden one's education

adult education classes

hoch . . . popular

Jeder Arbeitnehmer° erhält drei bis vier
Wochen bezahlten Urlaub im Jahr. Hinzu
kommen noch die Kurzurlaube an langen
Wochenenden oder Feiertagen. Also haben die
Deutschen genug Zeit zum Reisen. Sie gelten
als ausgesprochen reisefreudig°; das ganze
Jahr wird auf den Urlaub gespart.° In den
Sommermonaten fahren rund 14 Millionen
mit dem Auto ins Ausland. Auf den
Autobahnen ist dann immer ein großes Chaos,
wenn sich die „Blechlawine"° von Norden
nach Süden oder umgekehrt° wälzt.° Um
den Verkehr etwas zu erleichtern,° sind die
Schulferien in den Ländern über den Sommer
verteilt.° In manchen Ländern beginnen
die Ferien bereits im Juni, in anderen
wiederum erst im August. Am liebsten

employee

*ausgesprochen . . . especially
enthusiastic about traveling*
*wird . . . one saves for
the vacation*

"avalanche of sheet metal"
vice versa / rolls
relieve

spread out

Ferien an der Nordsee

verbring die Deutschen ihren Urlaub in
Österreich, Italien, Spanien, Frankreich oder
Jugoslawien. In den südlich gelegenen
Ländern genießen sie den Sonnenschein
am Meer. Immer mehr Deutsche reisen auch
in entferntere° Länder der Erde, entweder   *more distant*
privat oder sie schließen sich einer der
Gruppenreisen an,° die von den   *schließen . . . join a tour*
Reisegesellschaften° organisiert werden.   *travel agencies*

Viele Deutsche verbringen ihren Urlaub
mit Camping. Mit Zelt° oder Wohnwagen°   *tent / camper*
fahren sie zu den vielen Campingplätzen,
die mit allem Komfort ausgestattet° sind: es   *equipped*
gibt Cafés, Selbstbedienungsläden und
Waschanlagen.

Da die Fitness-Welle° auch über   *wave*
Deutschland rollt, ist der sogenannte
Aktivurlaub besonders beliebt. Von vielen
wird ein Reit-, Ski- oder Wanderurlaub
vorgezogen. Im Folgenden wird auf die
äußerst wichtige Rolle, die der Sport in
dem Leben der Deutschen spielt, näher
eingegangen° werden.   *looked at*

Übungen

A. Stimmt das? Wenn eine Aussage falsch ist, geben Sie die richtige Antwort.

1. Früher hatten die Deutschen auch viel Freizeit.
2. Heute hat jeder Deutsche fast vier Monate im Jahr frei.
3. Nur wenige Deutsche sehen oft fern.
4. Viele Deutsche haben einen Kleingarten.
5. Der Urlaub ist eine der wichtigsten Freizeitbereiche.
6. Die meisten Deutschen verbringen den Urlaub zu Hause.
7. Jeder Arbeitnehmer hat Anspruch auf wenigstens drei Wochen Urlaub im Jahr.

B. Fragen

1. Warum hat der Deutsche heute mehr Freizeit?
2. Warum ist die Freizeitindustrie zu einer der größten Industrien geworden?
3. Welche Rolle spielt das Lesen bei den Deutschen in der Freizeit?
4. Welche Rolle spielt das Vereinsleben in Deutschland?
5. Was verstehen Sie unter ein „do-it-yourself" Trend?
6. Warum gelten die Deutschen als reisefreudig?
7. Was ist unter Aktivurlaub zu verstehen?

Sport*

Körperliche Betätigung° ist den Deutschen
von jeher° wichtig gewesen. Viele Deutsche
gehen regelmäßig spazieren, wandern,
schwimmen oder fahren Rad. Die große Rolle,
die der Sport im Leben der Deutschen spielt,
geht bereits daraus hervor,° daß Sport
ein wichtiger Bestandteil° der Lehrpläne°
in den Schulen ist. Fast alle Schulen haben
eine gut eingerichtete Turnhalle,° wo alle
Schüler turnen.° Leichtathlethik° ist auch
ein Teil des Sportunterrichts.° Jedes Jahr
findet in den Schulen ein Sportfest statt,
auf dem die besten Sportler der Schule
ermittelt° werden. In weiteren Wettbewerben°
werden dann die besten Leistungen° auf den
verschiedenen Ebenen° ermittelt; Stadtsieger,
Landessieger und Bundessieger gehen aus
diesen Wettkämpfen hervor.

Viele Deutsche betätigen sich heute
sportlich, um optimale Gesundheit zu
erreichen. Der Deutsche Sportbund hat vor
einigen Jahren mit viel Erfolg
Trimm-dich-Aktionen° eingeführt. In einem
Heftchen,° das in Sportartikelgeschäften°
erhältlich° ist, sind die Bedingungen°
aufgezeichnet, die erfüllt werden müssen, ehe
man das „Trimmy-Abzeichen°" erhalten kann.

An vielen Orten, besonders in Kur- und
Badeorten, sind richtige „Trimm-dich" Pfade
eingerichtet worden. Ähnliches findet man
auch an Raststätten° der Autobahnen, wo der
Autofahrer nach ermüdenden Stunden am
Steuer° seinen Kreislauf wieder in Schwung
bringen° kann.

Rund 67 Prozent aller Bundesbürger
betreiben heute irgendeinen Sport. Etwa
15 Millionen tun dies im Rahmen eines
Sportvereins, von denen es ungefähr 50 000

Körperliche . . . *Physical activity*
von . . . *from time immemorial*

geht . . . *is evident from the fact*
component, part / curricula

gym
exercise / Field and track
physical education

identified / competitions
achievements
levels

Slim-down Activities
booklet / sporting-goods stores
available / requirements

"trimmy-pin"

rest areas

am . . . *behind the wheel*
seinen . . . *get his circulation
going again*

---

*Based in part on *Willkommen in der Bundesrepublik
Deutschland* (Munich: Prestel Verlag, 1979), pp. 78–81.

gibt. Keine politische Partei, Gewerkschaft° union
oder irgendeine andere Organisation hat so
viele Mitglieder.

Der Deutsche Turnerbund mit seinen
2,8 Millionen Mitgliedern ist der älteste
sportliche Zusammenschluß° in Deutschland. association
Einer seiner Vereine, die Hamburger
Turnerschaft, wurde bereits 1816 gegründet.
In den vielen Abteilungen° seiner Vereine sections
wird nicht nur geturnt, sondern fast
jede Art von Sport betrieben, für die sich
genügend Interessenten° finden. interested persons

Der weitverbreitetste° Sport, der auch die most widespread
meisten Fans hat, ist Fußball. Der Deutsche
Fußballbund mit fast vier Millionen
Mitgliedern ist der größte Sportverband der
Welt. Seine Organisation reicht von den
kleinsten Dörfern, wo auf einer Wiese° am meadow
Ortsrand° die beiden weißen Tore° aufgestellt at the edge of the village / goals
sind, bis zu den großen Städten mit ihren
Riesenstadien. Für die Deutschen bedeutet
Fußball dasselbe wie in Kanada Eishockey,
in den USA Baseball, in Australien Tennis
oder in Indien Hockey. Die Jungen und auch
viele Männer und Frauen spielen in ihren
eigenen Mannschaften und verfolgen° die keep track of

Fußball, der beliebteste Sport der Deutschen

Leistungen der Mannschaften, die sie favorisieren. Die Popularität der besten Spieler ist häufig° größer als die der Showstars oder der Politiker—ihr Einkommen in der obersten Spielklasse, der Bundesliga, übrigens° auch.

frequently

by the way

Die Nationalmannschaft der Bundesrepublik gilt als eine der besten der Welt. 1966 in London stand sie im Endspiel der Weltmeisterschaft,° 1970 in Mexico City im Semifinale. Im Jahre 1972 wurde die Fußball-Nationalmannschaft der Bundesrepublik Europameister und im Jahre 1974 Weltmeister.

world championship

In den Sportvereinen wird auch viel Handball, Korbball und Volleyball gespielt. Aber keine dieser Sportarten ist ein Nationalsport wie es Fußball seit langem in Deutschland ist.

Eine Rudernannschaft beim Training

Auch Schwimmen ist ein beliebter
Sport. Fast jede Stadt hat mindestens ein
öffentliches Schwimmbad, das das ganze
Jahr über benutzt wird. Dort trainieren die
Jugendmannschaften, schwimmen sich
Senioren fit und erholen sich Männer und
Frauen vom Streß des Alltags. Ferner gibt
es herrliche Seen, an deren Ufern° öffentliche   shores
Badeplätze° eingerichtet sind. Fast an   beaches
jedem der größeren Seen—ob im südlichen
Bayern oder im nördlichen Schleswig-Holstein
—kann man Segel- und Ruderboote° oder   sailboats and rowboats
Kanus stunden- und tageweise mieten.° An   rent
der Nord- und Ostsee gibt es die Möglichkeit,
sich in den kleinen Häfen und
Anlegeplätzchen° für einen Tagesausflug°   landings / day excursions
zu einer Segelcrew zu melden.

Außer den Massensporten gibt es in
Deutschland natürlich auch solche Sportarten,
die nur von denen betrieben werden, die die
nötigen Mittel° dazu haben. Golf, Reiten   means
und Fliegen gehören in diese Kategorie
und in beschränktem Maße° auch Tennis.   in . . . to a lesser extent

Tennis war bis vor kurzem kein Volkssport,
weil man einem relativ teuren Tennisklub
angehören mußte, um Tennis spielen zu
können. Es gab keine öffentlichen
Tennisplätze. Dieser Zustand hat sich
mittlerweile° geändert. Die Städte und großen   in the meantime
Sportartikelgeschäfte haben inzwischen
Plätze bauen lassen, die man für acht bis
fünfzehn Mark in der Stunde benützen darf.
Doch möchten viel mehr Bundesbürger
Tennis spielen, als es zur Zeit Plätze gibt.

Es gibt keine öffentlichen Golfplätze;
sie sind durchwegs° im Besitz von Klubs,   without exception
und lediglich° ihre Mitglieder dürfen dort   only
Golf spielen. Golfanlagen° gibt es nur in den   Golf courses
großen Städten und in Kurorten.

Die Städte, ja auch kleinere Gemeinden°   communities
und Touristikzentren besitzen Reitställe°   riding stables
und Ponyhöfe,° in denen man gut zugerittene°   pony farms / broken in
Pferde stundenweise mieten kann. Diejenigen,
die regelmäßig reiten, gehören Reitervereinen
an, und viele von ihnen besitzen ihr eigenes
Pferd.

Reiterin

Sowohl Segelfliegen° als auch Drachenfliegen° sind in Deutschland sehr beliebt. Den rund 33 500 Mitgliedern von Segelflugvereinen stehen fast 6000 Segelflugzeuge zur Verfügung. Mehrere Weltmeistertitel konnten in den letzten Jahren errungen° werden; und von den rund 20 000 Drachenfliegern° Europas leben über die Hälfte in der Bundesrepublik. Auch im Motorflugsport und im Fallschirmspringen° ist man sehr aktiv. Der Aeroclub (Hauptsitz in Frankfurt am Main) hatte 1978 fast 71 000 Mitglieder. Freiballonfahrer gibt es hier sogar mehr als in allen übrigen Ländern zusammen.

hang-gliding
variation of hang-gliding

obtained
hang-gliders

parachuting

Übungen

A. **Stimmt das? Wenn eine Aussage falsch ist, geben Sie die richtige Antwort.**

1. In der Schule ist Sport ein Pflichtfach.
2. Fußball ist die populärste Sportart in Deutschland.

3. In Deutschland gibt es überall Golfplätze.
4. Reiten ist ein beliebter Sport in Deutschland.
5. Segel- und Drachenfliegen gibt es nicht in Deutschland.

B. **Fragen**

1. Wieviele Sportvereine gibt es in Deutschland?
2. Was ist die „Trimm-dich" Aktion?
3. Welche Möglichkeiten zum Wassersport gibt es in Deutschland?
4. Warum spielten früher nur wenige Deutsche Tennis?
5. Warum ist Golf kein Massensport in Deutschland?

Diskussions- und Aufsatzthemen

1. Erzählen Sie über Ihre liebste Freizeitbeschäftigung.
2. Können Sie ein deutsches Fußballspiel beschreiben? Wenn ja, vergleichen Sie es mit dem amerikanischen Spiel *football*.
3. Welche Rolle spielen die Vereine in Ihrer Stadt oder Schule?
4. Entwickeln Sie einen Plan für einen „Trimm-dich" Pfad in Ihrer Umgebung.
5. Vergleichen Sie die Urlaubsmöglichkeiten in Deutschland mit denen in Ihrem Land.

Grammatisches: Interrogatives; Relative Pronouns; Demonstrative Pronouns

Interrogatives

Although the interrogative **was** is invariable and is used only in the nominative and accusative cases, **wer** is declined in all four cases:

Wer hat in der Olympiade gespielt? (nominative)

Wen hast du dort getroffen? (accusative)

Mit wem ist Gisela zum Fußballspiel gegangen? (dative)

Wessen Schläger ist das? (genitive)

When **was** is preceded by a preposition, it is usually reduced to the prefix **wo** and attached to the preposition (**wor-** is used if the preposition begins with a vowel):

Womit spielt man Tischtennis?

Worüber haben die Trainer gesprochen?

The interrogative **welcher** used as an adjective agrees with the noun it modifies as does any other adjective. When used as a pronoun it agrees with its antecedent (the noun to which it refers) in gender.

Welche Eisläuferin ist die schnellste? (adjective)

Hier sind einige Bälle. *Welchen* willst du? (pronoun)

The phrase **was für** functions as an interrogative adjective and has no effect on case:

Was für *ein* Schläger ist das?

Mit was für *einem* Schläger spielst du?

Relative Pronouns

Relative pronouns join (or "relate") one clause to another; for example, **der** functions as a relative pronoun in the following sentence:

Ich kenne den Tennisspieler, *der* das Spiel gewonnen hat.
I know the tennis player who (that) won the match.

The gender and number of the relative pronoun (**der** in this case) is determined by its antecedent (**den Tennisspieler**), but its case is determined by its function within its own clause (**der** is the subject). Notice that the relative clause requires transposed word order. Relative pronouns are similar to the forms of the definite articles, except that: (1) the dative plural is **denen** (not **den**), (2) the masculine and neuter genitive is **dessen** (not **des**), and (3) the feminine and plural genitive is **deren** (not **der**):

Kennst du die Ausländer, mit *denen* wir gespielt haben?

Der Trainer, *dessen* Mannschaft gewonnen hat, kommt aus Italien.

Die Studentin, *deren* Vater Trainer ist, ist eine Schwimmerin.

Wer and **was** are used as relative pronouns if there is no antecedent noun.

Wer hart trainiert, gewinnt oft das Spiel.

Was der Trainer gesagt hat, war falsch.

Alles (Nichts), *was* er gesagt hat, war falsch.

Was is also used to refer to entire clauses used as antecedents.

Unsere Mannschaft hat gewonnen, *was* niemand erwartet hatte!

Demonstrative Pronouns

Demonstrative pronouns have basically the same forms as relative pronouns:

Der Franzose? *Der* spielt gut Schach.
The Frenchman? That one plays chess well.

Mit welchem Trainer haben Sie gesprochen? Mit *dem*, der einen Hut trägt.
Which coach did you talk to? With the one who is wearing a hat.

The neuter demonstrative forms **das** and **dies** can be used with the verb **sein** in the singular or plural to refer to nouns of any gender:

Das (dies) ist meine Mannschaft.

Das (dies) sind unsere Spieler.

Übungen

A. *Create questions to which the following would be possible answers.*

1. Er ist ein Tennisspieler.
2. Ich fahre jedes Jahr mit meinem Freund auf Urlaub.
3. Der Lieblingssport vieler Deutscher ist Fußball.
4. Freizeit ist ein kostbares Gut.
5. Auf dem Sportfest waren viele Zuschauer.
6. Der Trainer besprach mit seiner Mannschaft die Taktik.
7. Jeder Deutsche hat täglich ungefähr vier Stunden Freizeit.
8. Bergsteigen ist ein anstrengender Sport.

B. *Join each of the two sentences with a relative pronoun.*

1. Ich gehöre dem Sportverein an. Er ist schon sehr alt.
2. Der Fußballplatz gehört der Stadt. Wir spielen jeden Samstag darauf.
3. Das Boot war nicht sehr groß. Es ist untergegangen.
4. Viele Leute benutzen den „Trimm-dich" Pfad. Sie wollen schlank werden.
5. Erich ist mein bester Freund. Ich spiele mit ihm fast jede Woche Schach.
6. Hast du mit den Spielern gesprochen? Ich kenne sie alle.

C. *Complete each sentence with the correct relative pronoun.*

1. Das Land, in _____ ich meinen Urlaub verbringe, ist Spanien.

2. Hast du alles sehen können, _____ im Fernsehen gezeigt wurde?

3. Die Sportarten, _____ viel kosten, sind nicht immer die besten.

4. _____ fit sein will, muß viel Sport betreiben.

5. Die Mannschaft hat gehalten _____ sie versprochen hat.

6. Leider hat der Reiter, auf _____ ich getippt habe, das Rennen (race) verloren.

7. _____ die meisten Punkte erreicht, bekommt eine Urkunde.

8. Die Wanderung, an _____ ich teilgenommen habe, dauerte acht Stunden.

Heidelberg: Blick über den Neckar auf Alte Brücke und Schloss

D. *Answer each question with a demonstrative pronoun.*

    Zum Beispiel: Was für ein Boot ist das?

        Das ist ein Segelboot.

1. Wer sind die Sportler bei dem Wettkampf?
2. Worüber berichtest du am liebsten?
3. Welcher Verein ist das?
4. Wer ist der Spieler, der so gut Fußball spielt?
5. Was für ein Spiel ist das?

13
Österreich

Wortschatz

die **Bühne** (-n) stage, theater

der **Dichter** (-) poet, writer

das **Festspiel** (-e) festival performance

der **Fremdenverkehr** (-e) tourism

das **Gedicht** (-e) poem

der **Komponist** (-en) composer

die **Lebensfreude** (-n) joy of life

das **Lied** (-er) song

der **Maler** (-) painter

die **Mundart** (-en) dialect

der **Musiker** (-) musician

die **Oper** (-n) opera

der **Roman** (-) novel

der **Schauspieler** (-) actor

der **Schriftsteller** (-) author, writer, novelist

das **Theater** (-) theater

der **Walzer** (-) waltz

sich **äußern** to respond; to express

auf · **führen** to stage

genießen* to enjoy

A. *Find the word that does not belong.*

1. Fremdenverkehr / Reisen / Tourismus / Lebensfreude
2. Walzer / Lied / Roman / Musiker
3. Maler / Dialekt / Mundart / Sprache
4. Roman / Dichter / Schriftsteller / Lied
5. Festspiele / Oper / Musiker / Roman

B. *Complete the sentences with words from the vocabulary list.*

1. Ein Schauspieler spielt auf der _____.
2. Eine Oper wird meistens im Theater _____.
3. Ein _____ schreibt Gedichte.
4. Ein Schriftsteller ist Autor eines _____.
5. Ein _____ schreibt Lieder; ein Musiker spielt Lieder.
6. Ein _____ malt ein Gemälde.
7. Das Publikum _____ Festspiele.
8. Zu Kultur und Kunst _____ sich immer der Kritiker.

---

*Verbs marked with an asterisk are strong verbs; see the appendix for principal parts of strong verbs.

Österreich gestern und heute

Karl der Große° gründete um 800 an der Donau die Awarische Mark,° aus der später Österreich hervorging.° Teile dieses Gebietes kamen 976 an die Babenberger, auf die im Jahre 1282 die Habsburger als Landesfürsten° folgten. Von 1438 bis 1806 stellten die Habsburger in fast ununterbrochener Folge° die römisch-deutschen Kaiser.

Im 18. Jahrhundert schufen die Reformen der Kaiserin Maria Theresia und ihres Sohnes Joseph II. die Grundlagen° eines modernen Staates. Als die österreichisch-ungarische Doppelmonarchie sich am Ende des Ersten Weltkrieges in autonome Nationalstaaten auflöste,° wurde die Republik Österreich gegründet. Somit verlor das Land seine Stellung als Großmacht.

Karl . . . *Charlemagne*

originated

sovereign

ununterbrochener . . . *uninterruptedly*

foundations

sich [. . .] auflöste *dissolved*

Eine Bergwanderung bei Rosennode

Im März 1938 annektierte Hitler Österreich.
Nach dem Zweiten Weltkrieg wurde 1945 die
Zweite Republik gegründet. Österreich blieb
aber noch zehn Jahre von den vier Alliierten
besetzt. Als Österreich 1955 seine volle
Souveränität erlangte,° erklärte es seine   *attained*
ständige Neutralität. Im selben Jahr wurde
Österreich Mitglied der Vereinten Nationen
und stellte von 1972–1981 mit dem früheren
österreichischen Außenminister
Kurt Waldheim den UN-Generalsekretär.

Die Gesamtbevölkerung Österreichs
beträgt 7,5 Millionen, wovon 22 Prozent
in Wien, der Bundeshauptstadt, leben. Die
Republik besteht aus neun Bundesländern:
Vorarlberg, Tirol, Kärnten, Burgenland,
Niederösterreich, Wien, Oberösterreich,
Salzburg und Steiermark.

Trotz der Tatsache, daß Österreich
ein Kleinstaat ist, ist es ein Industrieland.
Die Industrie verteilt sich hauptsächlich auf
kleine und mittlere° Betriebe° und ist   *medium-sized / companies*
besonders in den Landeshauptstädten, vor
allem in Wien und Linz, angesiedelt.° Wien   *located*
hat als Handelszentrum große Bedeutung.
Zweimal jährlich finden hier Handelsmessen°   *trade fairs*
statt, die ein internationales Publikum
sowohl aus dem Westen als auch aus dem
Osten anziehen.

Österreichs wichtigste Handelspartner
sind Deutschland, die Schweiz und die
EWG-Länder.° Exportiert werden hauptsächlich   *countries belonging to the*
Holz, Eisen und Stahl.° In Burgenland, in der   *European Economic*
Steiermark, in Kärnten und Niederösterreich   *Community*
wird Ackerbau betrieben.° Die Landwirtschaft   *steel*
deckt 80 Prozent des österreichischen   *practiced*
Nahrungsbedarfs.°
                                               deckt . . . supplies 80% of the
Sehr wichtig für die Wirtschaft ist der   *food required to feed the*
Fremdenverkehr. Etwa 11 Millionen Ausländer   *Austrians*
besuchen jährlich dieses Land. Mit seinen
vielen Bergen, Wäldern und Seen ist
Österreich landschaftlich reizvoll und
abwechslungsreich. Die meistbesuchten
Städte sind Wien, Salzburg und Innsbruck.
Wiens und auch Salzburgs Beliebtheit

beruhen zum großen Teil auf kulturellen Attraktionen, auf die später noch ausführlicher eingegangen werden wird.° Weltbekannt ist die „Spanische Hofreitschule" mit ihren weißen Lippizanerpferden aus dem Gestüt° von Lippiza. Die Vorführungen° sind sehr beliebt und immer schon Wochen vorher ausverkauft.

ausführlicher . . . will be discussed in greater detail

stud-farm

presentations

Eine große Attraktion für Einheimische und Fremde ist der Wiener Prater, ein riesiger Vergnügungspark.°

amusement park

In Innsbruck, der Landeshauptstadt Tirols, wurden 1964 und 1976 die Olympischen Winterspiele ausgetragen. Die Skiorte in Tirol und Vorarlberg, unter anderem Kitzbühel, St. Anton, Lech und Zürs sind weltbekannt.

Graz, im Südosten Österreichs, ist die zweitgrößte Stadt Österreichs. Dank seiner Lage an der Nähe der östlichen Grenze wird Graz das Tor zum Balkan genannt.

In den verschiedenen Gegenden Österreiches haben sich die Mundarten sehr gut erhalten. Im Alltag wird gewöhnlich Dialekt gesprochen. Besonders in den Großstädten wird neben der Mundart auch Hochdeutsch gesprochen.

Übungen

A. Stimmt das? Wenn eine Aussage falsch ist, geben Sie die richtige Antwort.

1. Österreich war früher eine Doppelmonarchie.
2. In Österreich gibt es keine Berge.
3. Österreich ist ein beliebtes Ferienland.
4. Wien liegt am Rhein.
5. Österreich ist heute ein modernes Industrieland.
6. Österreich exportiert hauptsächlich Holz, Stahl und Kaffee.
7. Im Alltag wird gewöhnlich Hochdeutsch in Österreich gesprochen.

B. Fragen

1. Wie heißen die größten Städte Österreichs?
2. Was ist der Wiener Prater?
3. Wodurch ist die Stadt Innsbruck bekannt?
4. Welche Stadt ist „das Tor zum Balkan" genannt?

Die Lebensweise in Österreich

Österreich ist ein progressives Land. Arbeiter und Angestellte° bekommen vier Wochen Urlaub im Jahr. Rentner° erhalten ihre Sozialversicherung.° Familien werden gefördert,° indem der Staat einem Paar anläßlich seiner Eheschließung° und der Geburt seiner Kinder eine Beihilfe zahlt. Für jedes Kind erhalten die Eltern eine jährliche Unterstützung,° bis das Kind sechzehn Jahre alt wird.

Den Österreichern geht es gut. Die meisten machen zweimal im Jahr Urlaub. Auch wenn sie nicht im Urlaub sind, verstehen sie es, das Leben zu genießen. Das merkt man bereits an ihrer schmackhaften° Küche.° Zu den österreichischen Spezialitäten gehören solche, die von den Nachbarländern übernommen wurden: böhmische Knödel° mit Schweinsbraten, ungarische Krautfleckerln,° die italienische Lasagne und deutsche Spätzle.° Weitere typische Gerichte sind der Tafelspitz° mit Kartoffelschmarrn,° der Bauernschmaus,° das Gulasch und das Wiener Schnitzel.°

Wie ihre deutschen Nachbarn, so haben auch die Österreicher ihre Trinkgewohnheiten.° Zu Mittag trinkt der Österreicher gerne ein Glas Bier und zum Abendessen den „Spritzer" oder „G'spritztes", eine Mischung aus Wein und Mineralwasser oder Soda zu gleichen Teilen.

Die Österreicher lieben die Geselligkeit.° Ihre Mußestunden° verbringen sie gerne in ihrem Stammcafé° oder im „Beisl"°. Im Café wird ihnen der starke Kaffee je nach Wunsch serviert. Es gibt unter anderem den großen Braunen (Kaffee mit Milch), den kleinen Mocca (schwarzen Kaffee), den Einspänner (Kaffee mit Schlagobers°) und die Melange (Kaffee und Milch zu gleichen Teilen). Dazu ißt man Apfelstrudel, Buchteln° mit

white-collar workers
retired people
social security
encouraged
anläßlich . . . *on the occasion of their marriage*

subsidy

savory / cooking

dumplings
pork roast

type of noodles
boiled beef / roasted potatoes
a dish consisting of several types of meats, sausages, sauerkraut and dumplings
breaded veal cutlets
drinking customs

lieben . . . *love being with other people*
leisure hours
favorite cafe / neighborhood pub

whipped cream

sweet yeast dumplings

Vanillesauce, Kipferl° oder ein Stück Torte.
Besonders in Wien gibt es berühmte
Kaffeehäuser, die auf eine lange Tradition
zurückblicken. Die Wiener Kaffeehauskultur
erreichte ihren Höhepunkt um die letzte
Jahrhundertwende.° Damals waren die
Kaffeehäuser Treffpunkt der Wiener Künstler
und Intellektuellen.

    Ebenfalls mit Wien verbunden sind die
„Heurigen", die Weinlokale, in denen man
den jungen Wein der letzten Weinlese°
trinkt, den sogenannten „Heurigen". Die
gemütlichsten° Heurigen liegen in der
Umgebung° der Stadt, mitten in den
Weinbergen. Die Gäste amüsieren sich bei
„Tratsch°" und „Trunk°" oder lassen sich
von den Schrammelspielern* unterhalten.
Das sind vier in Trachten gekleidete Musiker—
zwei Geiger,° ein Gitarrist und ein
Akkordeonspieler—die Wiener Lieder

crescent rolls

turn of the century

vintage

coziest

outskirts

small talk / drink

violins

Beim Heurigen

*The term **Schrammelspielern** comes from two
nineteenth-century Viennese musicians, the brothers
Johann and Josef Schrammel.

darbieten. Diese Lieder erzählen von dem
Wein, der Liebe und der Vergänglichkeit.° transitoriness, mortality
Eines der bekanntesten Heurigenlieder beginnt
mit den Worten: „Es wird ein Wein sein, und
wir wer'n nimmer sein . . . ."

Das ausgeprägte° Bewußtsein ihrer strong
Vergänglichkeit scheint die Lebensfreude der
Wiener und Österreicher im allgemeinen
zu steigern.° Diese äußert sich auch während increase
des Faschings, der ähnlich wie in
Süddeutschland gefeiert wird. Auf den
Faschingsbällen und auf den anderen
traditionellen Bällen, zum Beispiel den Opern-
und Jagdbällen, wird viel getanzt. Der Walzer
ist der Nationaltanz der Österreicher; doch in
den ländlichen Gegenden wird die Polka
vorgezogen.° preferred

Auf dem Lande haben sich die alten
Bräuche der einzelnen Gegenden am
weitgehendsten erhalten. In Tirol und
Vorarlberg, zum Beispiel, wird der Winter mit
dem „Märzenfeuer" „hinausgetrieben". Ein
Baum wird mit Stroh und Zweigen° eingebunden twigs
und auf die Baumspitze wird eine Strohpuppe
gesetzt, die Schießpulver enthält. Brennt
der Baum, so schießt die Strohpuppe hoch
in die Luft. Der Wunsch, der hinter diesem
Brauch steckt, ist natürlich, daß der Winter
sich genau so schnell entfernen° möge wie go away
die Strohpuppe, und daß das Eis und der
Schnee so schnell schmelzen mögen wie
der Baum brennt. Ein ähnlicher Brauch ist der
„Perchtertanz", mit dem das Ende des
langen Winters gefeiert wird. Bunt kostümiert
und groteske Holzmasken tragend, machen
die Tänzer mit ihren Glocken, Trommeln° drums
und Ratschen° viel Lärm.° rattles / noise

In denselben Gegenden, in denen alte
Bräuche noch gepflegt werden, werden auch
noch Trachten zu festlichen Gelegenheiten° occasions
getragen. Die österreichischen Volkstrachten
der verschiedenen Täler und Gegenden sind
recht unterschiedlich in den Details. Viele
der Frauentrachten setzen sich aus langem
schwarzen Rock, seidener Schürze und setzen . . . are made up of
Mieder zusammen.° Dazu gehören ein helles a long black skirt, silk apron
and bodice

Tiroler Trachtenmusikkapelle

Halstuch° und ein schwarzer Seidenplüschhut.°
Unter den Trachten der Männer fallen
besonders die Tiroler durch ihre schwarzen
Lederhosen auf. Die Hosen und Hosenträger°
sind mit Weiß und Rot bestickt.° Die graue
oder braune Lodenjacke° hat gelegentlich°
grüne Aufschläge° mit grüner Einfassung.°
Auf dem Filzhut,° sei er dunkel oder
hell, steckt oft ein Federschmuck°
oder ein Gamsbart.° Die Männertrachten
in der Steiermark und in Kärnten sind
die graugrünen Jägeranzüge,° auch „Steirer
Gwandl" genannt. Sie sind fast zur
österreichischen Nationaltracht geworden.

Außer den Trachten tragen auch die
buntbemalten Bauernmöbel und die bunten
Freskenmalereien der Bauernhäuser zu dem
farbenfrohen Bild bei,° das sich einem in Tirol
und anderen Gegenden des ländlichen
Österreichs bietet.

scarf / hat made of plushy silk

suspenders
embroidered
jacket made of special woolen material / sometimes
lapels / trim
felt hat
feather decoration
tuft of goat hair

hunters' outfits

tragen . . . the brightly painted furniture and colorful paintings on the farmhouses add to the bright and cheerful image

Übungen

A. Stimmt das? Wenn eine Aussage falsch ist, geben Sie die richtige Antwort.

1. Die österreichische Küche ist nicht besonders gut.
2. Die Österreicher trinken viel Bier und Wein.

3. Ein „Spritzer" ist ein Fruchtsaftgetränk.
4. Der „Perchtenlauf" ist ein Wettbewerb.
5. Nur die Frauen tragen Trachten in Österreich.
6. „Tratsch" ist eine beliebte Wiener Speise.

B. Fragen

1. Wie unterstützt der Staat die Bürger?
2. Warum gibt es in Österreich so viele verschiedene Nationalgerichte?
3. Woraus können Sie ersehen, daß der Österreicher ein Kaffeeliebhaber ist?
4. Was ist ein „Beisl"?
5. Was sind die „Heurigen"?
6. Was verstehen Sie unter dem Ausdruck „Schrammeln"?
7. Was ist der Nationaltanz der Österreicher?
8. Wie feiert man das Ende des Winters in Österreich?

Österreichs kulturelle Tradition

Die volkstümliche Kultur wird in
Österreich überschattet° von der Kultur, die   *overshadowed*
von großen Meistern geschaffen wurde. Denn
auf den Gebieten der Architektur, Malerei,
Literatur, des Theaters und vor allem der
Musik haben die Österreicher Großes
hervorgebracht.°   Großes . . . *made great*
                                                       contributions, originated great
Wie Deutschland, so ist auch Österreich   *things*
reich an schönen Bauten aus allen Stilepochen.
Der romanische Dom von Gurk ist
beachtenswert wegen seiner wunderschönen
Freskenmalereien. Aus der gotischen
Bauperiode stammen der Wiener Stephansdom,
einer der schönsten Kirchen Europas,
und die Zisterzienser Klöster Heiligenkreuz
und Zwettl.
Auch in der Renaissance sind herrliche
Bauten entstanden, so zum Beispiel die
Erzbischöfliche Residenz in Salzburg.
Der Barock hat besonders schöne Spuren in
Wien hinterlassen.° Zwei der größten   Spuren . . . *left its mark*
Barockbaumeister, Fischer von Erlach   *on Vienna*
(1656–1723) und Lukas von Hildebrandt
(1668–1745), haben in Wien die Karlskirche,
die Nationalbibliothek, das Schloß Belvedere

und die Peterskirche gebaut. Das Schloß
Mirabell in Salzburg gehört ebenfalls in diese
Bauperiode. Um die Mitte des 19. Jahrhunderts
entstanden die imposanten Bauten an der
Wiener Ringstraße, aus denen besonders
die Wiener Staatsoper, das Burgtheater, das
Kunsthistorische und Naturhistorische
Museum herausragen.° — *stand out*

Um die österreichische Malerei machte
sich Gustav Klimt verdient,° indem er um die — *machte sich . . . verdient deserves credit*
Jahrhundertwende zusammen mit einigen
anderen Malern die „Secession" gründete,
durch die sie die offizielle Kunst reformieren
wollten. Im 20. Jahrhunderts sind der Zeichner
Alfred Kubin und der expressionistische Maler
Oskar Kokoschka weit über die Grenzen
Österreichs hinaus bekannt geworden.

In den letzten zweihundert Jahren hat
Österreich eine Reihe von großen
Schriftstellern und Dichtern hervorgebracht,
deren Werke zu den größten der
deutschsprachigen Literatur gehören. Die
Dramen von Franz Grillparzer (1791–1872)
umfassen Tragödien, Komödien und ein
historisches Schauspiel. Ferdinand Raimund
(1780–1836) und Johann Nestroy (1801–62)
schrieben Volksstücke,° die bisher nichts — *folk plays*
von ihrer Aktualität eingebüßt haben.° Der — *die . . . which so far have not lost any of their timeliness*
größte österreichische Schriftsteller des
letzten Jahrhunderts war Adalbert Stifter,
dem die deutsche Literatur wertvolle° — *valuable*
Erzählungen und einen großen Bildungsroman
zu verdanken hat.° Der große Dichter Hugo — *zu . . . is indebted*
von Hofmannsthal (1874–1929) hat der
deutschsprachigen Welt erlesene° Prosa und — *exquisite*
wunderschöne lyrische Dramen und Gedichte
geschenkt. Die Erzählungen und dramatischen
Stücke von Arthur Schnitzler (1862–1931)
geben einen Einblick in die Wiener
Atmosphäre. Sowohl Schnitzler als auch
Stefan Zweig wurden in den psychologischen
Portraits ihrer Gestalten von ihrem großen
Wiener Zeitgenossen,° Sigmund Freud, — *contemporary*
beeinflußt. Zu den österreichischen
literarischen Expressionisten zählen der
Dichter Georg Trakl und der Schriftsteller

und Dramatist Franz Werfel. In der
gegenwärtigen Literaturszene machen Peter
Handke und Thomas Bernhard am meisten
von sich reden.°

machen . . . am meisten von sich
reden *attract the most
attention*

Ein wichtiger Bestandteil des
österreichischen kulturellen Lebens ist das
Theater. Das Wiener Burgtheater ist eines
der führenden Theater im deutschen
Sprachraum. Einer seiner großen
Theaterdirektoren war Max Reinhardt, der
1929 das Reinhardt Seminar, eine der
bekanntesten Schauspielschulen, gründete.
Heute hat Wien zwei staatliche Theater,
vier große private Theater und ungefähr zwölf
kleinere Bühnen, die vor allem experimentelle
Inszenierungen° bringen.

productions

Von noch größerer Bedeutung als das
Theater ist die Musik für Österreichs
Kulturleben. Unter Kaiser Joseph II. wurde in
Wien die erste deutsche Oper gegründet.
Hier wurden Opern von Mozart, Beethovens
„Fidelio" und Wagner-Opern aufgeführt.
Zu den Leitern der Wiener Staatsoper
gehörten die Komponisten Gustav Mahler
und Richard Strauss. Auch heute noch zählt
Wiens Oper zu den besten Europas.

Auch die Wiener Symphonie hat einen
ausgezeichneten Ruf. Wiens großes
musikalisches Erbe° scheint die Wiener
Musiker auch heute noch zu inspirieren.
Lebten doch° gegen Ende des 18. Jahrhunderts
vier der größten Komponisten der Epoche
in Wien: Josef Haydn, Wolfgang Amadeus
Mozart, Ludwig von Beethoven und Franz
Schubert. Einzig Schubert war gebürtiger
Wiener.° Die moderne atonale Zwölftonmusik
wurde von den österreichischen Komponisten
Arnold Schönberg, Alban Berg und Anton
Webern begründet. Heute zählen die
Komponisten Gottfried von Einem und
Friedrich Cerha zur Weltelite.

heritage

after all

Einzig . . . *Schubert was the
only one born in Vienna.*

Eine besondere Bedeutung hat in
Österreich die Operette. Eingeleitet° wurde
die Operettentradition von Franz von Suppé
in der zweiten Hälfte des vergangenen
Jahrhunderts; fortgesetzt° wurde sie von
Richard Strauss, der mit seiner „Fledermaus"

Initiated

continued

Salzburger Festspiele

Weltruhm erlangte, und von Franz Lehár,
der in seine Operettenmusik musikalische
Elemente aus Böhmen, Ungarn und
Deutschland einbezog.° Der letzte große
Operettenkönig war Robert Stolz (gestorben
1975), dessen Musik und Lieder so bekannt
sind, daß sie heute Evergreens sind.°

    Kaum ein anderes Land pflegt° sein
kulturelles Erbe in dem Maße wie Österreich
es tut. Dies geschieht hauptsächlich im
Rahmen° der Festspiele, die an verschiedenen
Orten zur Tradition geworden sind. Die
berühmtesten sind die Salzburger Festspiele.
Sie finden jeden Sommer statt. Gegründet
wurden sie von Max Reinhardt, Richard
Strauss und Hugo von Hofmannsthal. Die
Aufführung von Hofmannsthals „Jedermann"
auf der Freilichtbühne° vor dem Salzburger
Dom bildet von jeher einen der Höhepunkte°
der Festwochen. Bekannte Schauspieler wie
Curd Jürgens, Maximilian Schell und Senta
Berger spielen dabei mit. Neben den
Theateraufführungen gibt es Konzerte und

included

*Evergreens . . . continue to be
hits*
cultivates

area

amphitheater

*bildet . . . has always been one
of the highlights*

Opernaufführungen. Auf dem Spielplan° *program*
stehen hauptsächlich Werke von Mozart,
Strauss und Verdi. Seit 1967 finden in
Salzburg auch zu Ostern unter der Leitung° *direction*
von Herbert von Karajan musikalische
Festspiele statt.

Auch Wien hat seine Festspiele. Seit
1951 finden hier im Mai und Juni sowohl
Theater- als auch Opernaufführungen
statt. Im Sommer wird der „Musikalische
Sommer" veranstaltet, bei dem auch
zeitgenössische Kompositionen gespielt
werden. Die Viennale ist ein internationales
Filmfestival, das immer mehr Besucher
anzieht.

Weniger bekannt sind die Festspiele in
anderen Bundesländern Österreichs. Dennoch
ziehen sie viele Touristen an, deren Urlaub
durch die Darbietungen bereichert° wird. *enriched*

Übungen

A. **Stimmt das? Wenn eine Aussage falsch ist, geben Sie die richtige Antwort.**

1. In Österreich lebten viele Dichter.
2. Österreich hat sehr wenige Theater.
3. Viele berühmte Komponisten lebten in Österreich.
4. Die Operette hat eine besondere Bedeutung in Österreich.
5. Die Aufführung von „Jedermann" ist einer der Höhepunkte der Salzburger
    Festspiele.
6. Wien hat keine Festspiele.

B. **Fragen**

1. Welche Kunstrichtungen sind in Österreich vertreten?
2. Wer waren einige bedeutende Dichter des 19. und 20. Jahrhunderts?
3. Warum nennt man Wien die Stadt des Theaters?
4. Welche berühmten Komponisten lebten in Österreich?
5. Wie pflegen die Österreicher ihre kulturelle Tradition?
6. Was sind die Salzburger Festspiele?

Diskussions- und Aufsatzthemen

1. Beschreiben Sie das tägliche Leben eines Österreichers.
2. Was verstehen Sie unter dem Ausdruck „der Österreicher genießt das
    Leben"?
3. Warum nennt man Österreich ein Land der Kunst?

Grammatisches: The Passive Voice

The passive voice is formed with the present tense of the auxiliary **werden**, *to become*, together with the past participle of the main verb, which appears at the end of the clause in normal word order. If there is an agent, it is expressed with **von**.

Dieses Buch *wurde von* Schnitzler *geschrieben*.
This book was written by Schnitzler.

In the perfect tenses of the passive, the past participle of **werden** appears as **worden**.

Dieses Buch *ist* von Schnitzler *geschrieben worden*.
This book has been written by Schnitzler.

The force through which something is done (often by an implied agent) is expressed with **durch**.

Die Stadt wurde *durch* Bomben zerstört.
The city was destroyed by bombs.

The true passive voice, with **werden**, must be distinguished from the use of **sein** together with the past participle, which expresses the result of an action. Compare:

Die Tür wurde um neun Uhr geschlossen. (true passive)
The door was closed at nine o'clock.

Die Tür war den ganzen Tag geschlossen. (**sein** + past participle)
The door was closed all day.

Instead of the true passive, Germans often use **man** (one, they, you, people) or the reflexive pronoun:

Man spricht Österreichisch hier. (Österreichisch wird hier gesprochen.)

Diese Arbeit macht *sich* leicht. (Diese Arbeit wird leicht gemacht.)

Übungen

A. *Change the following sentences to the passive voice; use the present or past tense as appropriate.*

1. Die Österreicher trinken viel Wein und Bier.
2. Strauss schrieb die Operette „Die Fledermaus".
3. Viele Ausländer besuchen die Salzburger Festspiele.
4. Die Habsburger regierten viele Jahre Österreich.
5. Viele Österreicher machen zweimal im Jahr Urlaub.

6. Am Abend besuchen viele ein Kaffeehaus.
7. Auf dem Land tragen die Leute bunte Trachten.
8. Die Türken brachten den Kaffee nach Österreich.

B. *Rearrange the words to form sentences in the past tense of the passive voice.*

1. dieses Stück / schrieben / werden / Schiller / von
2. beeinflussen / von / Freud / die Literatur / werden / von
3. Wien / werden / bekannt / die Oper / durch
4. bauen / viele alte Gebäude / Architekten / werden / berühmt / von
5. Süße Speisen / die Österreicher / werden / essen / gern / von

C. *Rewrite each sentence in the perfect tense of the passive voice.*

1. Österreich wurde durch seine zentrale Lage wichtig für den Handel.
2. Wien wurde durch seine alten historischen Gebäude bekannt.
3. Der Heurige wurde zum Treffpunkt der einheimischen und Fremden.
4. Diese Oper wurde von Mozart geschrieben.
5. In Österreich wurde viel Dialekt gesprochen.

D. *Rewrite each sentence in the active voice. Use **man** if there is no expressed agent.*

1. Das Wiener Schnitzel wurde von vielen Gästen bestellt.
2. Viele Österreicher wurden vom Staat unterstützt.
3. Die Hauptrolle in „Jedermann" wurde von Curd Jürgens gespielt.
4. Beim Heurigen wurde viel Wein getrunken.
5. Zur Hochzeit wurde eine Tracht getragen.

E. *Complete each sentence with the correct auxiliary verb in parentheses and translate to English.*

1. Mozarts Musik _____ in Österreich oft gespielt. (ist, wird)

2. Alle Torten _____ schon gegessen worden. (sind, wurden)

3. Das Museum _____ den ganzen Tag geöffnet. (war, wurde)

4. Letztes Jahr _____ Österreich von vielen Touristen besucht.

   (wurde, ist)

5. Der Stephansdom in Wien _____ sehr oft fotographiert. (wird, ist)

14
Die Schweiz

Wortschatz

der Betrieb (-e) business; industry
die Gemeinde (-n) community
die Herstellung (-en) production
das Nahrungsmittel (-) food

die Rohstoffe *m. pl.* raw materials
die Unabhängigkeit
 (-en) independence

dar · stellen to represent
her · stellen to produce

verdanken to owe, be indebted

deutschsprachig German-speaking
unabhängig (von) independent (of)

wohlhabend wealthy

A. *Complete the sentences with words from the vocabulary list.*

1. Wieviel Geld verbrauchen Sie jede Woche für _____?

2. Die Schweiz ist nicht nur ein _____ Land; es wird dort auch italienisch und französisch gesprochen.

3. _____ ist ein Synonym für *reich*.

4. Ein Kunstwerk _____ mehr als einen Gegenstand _____ (*object*).

5. Darf meine politische Meinung von meiner Lebensphilosophie _____ sein?

6. _____ die Schweizer außer Käse und Schokolade noch anderes _____?

7. Die _____ von natürlichen Nahrungsmitteln müßte für die Menschen besser sein.

8. Die Schweizer sind für ihre politische _____ bekannt.

9. Obwohl die Schweiz wenige _____ hat, ist es ein Industrieland, mit vielen _____.

10. Ein Synonym für *Gesellschaft* ist _____.

11. Ich _____ meinem Freund die Arbeit.

B. *Find the word that does not belong.*

1. Stadt / Fluß / Gemeinde / Dorf
2. Material / Erz (*ore*) / Rohstoffe / Berg
3. Unabhängigkeit / Freiheit / Feind / Befreiung
4. Produktion / Herstellung / Fabrikation / Zerstörung
5. Nahrungsmittel / Schokolade / Tracht / Nudeln

Die geschichtliche Entwicklung der Schweiz

Das Gebiet der heutigen Schweiz bildete
ursprünglich einen Teil der römischen
Provinzen. Zur Zeit der Völkerwanderungen°　　　*migration of peoples*
drangen die Burgunder und Alemannen in
diese Gegenden ein.° Karl der Große gliederte　　　*drangen [. . .] ein invaded*
das Gebiet dem fränkischen Reich ein.° In　　　*gliederte [. . .] ein incorporated*
den darauffolgenden Jahrhunderten wurde
die Geschichte der Schweiz durch die
geschichtlichen Entwicklungen des Heiligen
Römischen Reiches bestimmt.

Den ersten Schritt in dem Bemühen,°　　　*attempt*
sich von den Feudalherren unabhängig zu
machen, unternahm die Gemeinde° Uri 1231;　　　*community*
es blieb aber an die Oberhoheit° des Kaisers　　　*sovereignty*
gebunden. Die Gemeinde Schwyz revoltierte
1240 gegen die Barone und stellte sich
ebenfalls unter den Schutz° des Reiches.　　　*protection*

Am 1. August 1291 schlossen sich
die Gemeinden Uri, Schwyz und Unterwalden
zu einer Friedensallianz zusammen.° Dieser　　　*schlossen . . . formed an alliance*
Bund gilt als die Geburtsstunde der
Schweizerischen Eidgenossenschaft°　　　*confederation*
(Confederatio Helvetia). Der erste August
wird heute noch als nationaler Feiertag gefeiert.
Die Sagen,° die diese Ereignisse verherrlichen,°　　　*legends / glorify*
erzählen, wie sich Vertreter° der drei　　　*representatives*
Urkantone° auf dem Feld von Rütli gegen　　　*original cantons*
die Despotie verschworen,° die sie in dem　　　*conspired*
Habsburger Landvogt° Geßler verkörpert°　　　*provincial governor / embodied*
sahen. Geßler soll der Sage nach Wilhelm Tell
gezwungen haben,° einen Apfel auf dem　　　*soll . . . gezwungen haben is said to have forced*
Haupt° seines Sohnes mit dem Pfeil° und　　　*head / arrow*

Bogen zu treffen. Tell soll sich dafür gerecht
haben,° indem er Geßler später erschoß.

Der Österreichische Herzog Leopold
schickte 1315 eine Streitmacht° gegen den
Kanton Schwyz; darauf eilten Uri und
Unterwalden ihrem Bündnispartner zu
Hilfe und schlugen° Leopolds Ritterheer°
in der berühmten Schlacht° am Morgarten.
So entstand ein Bündnis freier Bürger, die
nur dem Kaiser unterstanden.°

Im 14. Jahrhundert schlossen sich die
Städte Luzern, Zürich, Bern, Glarus und Zug
dem Bund der Urkantone an.° In der Schlacht
von Sempach (1386) wurden die Habsburger
geschlagen. Die Schweiz blieb vom
Dreißigjährigen Krieg verschont,° und im
Westfälischen Frieden von 1648 erreichte
sie die Unabhängigkeit vom Heiligen
Römischen Reich Deutscher Nationen.

Der Wiener Kongreß erkannte 1815 die
Schweizer Neutralität an. Die
Bundesverfassung wurde 1848 verabschiedet°
und 1874 revidiert.° Der heutige Bundesstaat
mit seinen über sechs Millionen Einwohnern
setzt sich aus 26 Kantonen zusammen.°
Das Parlament besteht aus zwei Kammern,°
dem Ständerat° und dem Nationalrat. Der
Bundesrat wird vom Nationalrat gewählt
und ist die ausführende Gewalt.°

Die Schweiz hat auch in den zwei
Weltkriegen ihre Neutralität bewahrt.° In
Krisen- und Kriegszeiten hat sie Verfolgten
und Obdachlosen° Asyl gewährt.° Dank
ihrer Neutralität hat sie stets eine
Vermittlerrolle° zwischen verfeindeten°
Nationen übernommen.° Demzufolge° sind
viele internationale Organisationen und
Institute in der Schweiz angesiedelt.°

soll . . . is said to have gotten revenge

army

defeated / army of knights
battle

were subject to

schlossen [. . .] an joined

blieb . . . was spared

passed
revised

setzt . . . is made up of 26 cantons
chambers
body representing the cantons

ausführende . . . executive power

maintained

homeless / given

mediator / hostile
taken on / As a result

located

Übungen

A. Stimmt das? Wenn eine Aussage falsch ist, geben Sie die richtige Antwort.

1. Die Schweiz war früher eine römische Provinz.
2. Die Schweiz war nie von Deutschland abhängig.
3. Wilhelm Tell ist ein Sagenheld aus der Zeit der Freiheitskämpfe.

4. Die Schweiz wurde im Dreißigjährigen Krieg vernichtet.
5. Die Schweiz besteht aus 21 Kantonen.

B. **Fragen**

1. Wodurch wurde die politische Entwicklung der Schweiz lange Zeit beeinflußt?
2. Was ist die Schweizer Eidgenossenschaft und wann wurde sie gegründet?
3. Wann und wodurch wurde die Schweiz unabhängig vom Deutschen Reich?
4. Was bildet die Grundlage des Schweizer Bundesstaates?
5. Warum sind heute viele internationale Organisationen in der Schweiz angesiedelt?

Land und Leute

In der Mitte Europas gelegen, grenzt die Schweiz an Österreich, das Fürstentum° Liechtenstein, Italien, Frankreich und die Bundesrepublik Deutschland. Das Land gliedert sich° in drei Gebiete. Im Süden liegen die Alpen, aus denen die über 4 000 Meter hohe Dufourspitze als höchster Berg der Schweiz herausragt.° Zwischen den Alpen und den Bergketten° des Juras im Westen liegt das hügelige Mittelland; hier befinden sich die meisten Städte und Dörfer und der Großteil der industriellen und landwirtschaftlichen Betriebe.

In den mächtigen Gletschern° der Alpen entspringen zahlreiche Flüsse, unter anderem der Rhein, der Inn und die Rhône. Diese Flüsse werden für die Stromerzeugung° genutzt. Der Rhein spielt für die Schweizer Schiffahrt eine große Rolle. Rund ein Drittel des gesamten Schweizer Außenhandelsverkehrs wird auf diesem Wasserweg bewältigt.°

In Mittelland liegen zahlreiche Seen. Die schönsten sind der Bodensee, der Vierwaldstätter-, Genfer-, Zuger-, Bieler- und Neuenburger See, der Lago Maggiore und der Zürichsee.

principality

gliedert . . . is divided

stands out
mountain chains

glaciers

generating electricity

Außenhandelsverkehrs . . . exported goods are transported on this waterway.

Berner Oberland

    Das Berner Oberland, eines der
meistbesuchten Alpengebiete der Schweiz,
hat den längsten Gletscher der Alpen.
Einen Teil dieses Gletschers bildet das
Jungfrauenjoch (3 454 Meter), wo man
auch noch im Sommer skilaufen kann.
    Die Bundeshauptstadt der Schweiz
ist Bern. In keiner anderen Stadt der Schweiz
hat sich die Vergangenheit so lebendig
erhalten wie hier. Die dreihundert Jahre alte
Innenstadt mit ihren charakteristischen
Vordächern° und Laubengängen° hat sich
kaum verändert. Im neueren Teil der Stadt,
am anderen Ufer der Aare, die in einer
Schleife° durch die Stadt fließt, liegen
Textilfabriken, Eisenhütten° und andere
Betriebe.
    Im Norden, an der Grenze zur
Bundesrepublik, liegt Basel, die zweitgrößte
Stadt der Schweiz. Da der Rhein von hier

canopies / arcades

S-bend, curve
ironworks

aus schiffbar ist, ist Basel schon immer ein
wichtiger Verkehrs und Handelsplatz gewesen.
Weltberühmt ist das Kunstmuseum in Basel.

Südöstlich von Basel, im Kanton Schwyz,
liegt der kleine Pilgerort° Einsiedel mit   pilgrim's place
dem Benediktinerkloster, das im 16.
Jahrhundert das Zentrum der
Gegenreformation war. Jedes Jahr wird
das Kloster von vielen Pilgern besucht. Die
Klosterbibliothek beherbergt° eine reiche   houses
Sammlung seltener° musikalischer   rare
Handschriften.° Im landwirtschaftlichen   manuscripts

Luzern: der Wasserturm und die Kapellbrücke aus dem 14. Jahrhundert

Teil des Klosters werden seit fast 1 000 Jahren Pferde gezüchtet,° und zwar Mehrzweckpferde,° die sowohl zum Reiten als auch zum Ziehen° verwendet° werden können.

bred
all-purpose
drayage / used

Nicht weit von Einsiedel, inmitten der Schweiz, liegt Luzern am Vierwaldstätter See. Die Stadt profitierte von ihrer Lage in der Nähe des St. Gotthardt Paß, über den seit dem 13. Jahrhundert die Handelsstraße von Norden nach Italien führte. In der Altstadt mit ihrem Alten Rathaus, den schönen Kirchen und Plätzen und den bunten Fresken an den Häusern wird man an Luzerns reiche Vergangenheit erinnert. Besonders reizvoll sind die zwei überdachten° Brücken. Die Kapellbrücke, die bereits im 14. Jahrhundert gebaut wurde, ist zum Wahrzeichen° der Stadt geworden. Die auf Holz gemalten Bilder, die zwischen den Dachbalken° angebracht° sind, stellen Szenen aus der Geschichte der Stadt dar. Auch heute noch ist Luzern eine wohlhabende Stadt, die viele Besucher anzieht.

covered

symbol

beams of the roof
placed

Dicht an der österreichischen Grenze liegt die Handelsmetropole St. Gallen, wo hochwertige Textilien und Spitzen° hergestellt werden. Der heilige Gallus gründete hier im 8. Jahrhundert ein Kloster. Vom 9.–11. Jahrhundert war das Benidiktinerkloster der Mittelpunkt deutscher Literatur und Kunst. Die berühmte Stiftsbibliothek enthält etwa 2 000 Manuskripte alter Handschriften und 1 600 Frühdrucke. Einige der älteren Manuskripte stammen aus der Zeit vor dem Jahr 800. Viele Werke entstanden im Kloster selbst.

laces

Mit beinahe einer halben Million Einwohner ist Zürich die größte und wirtschaftlich bedeutendste Stadt der Schweiz. Zürich ist besonders schön zwischen dem Ütliberg und dem Zürichberg gelegen, und zwar an der Stelle, wo die Limmat aus dem Zürichsee strömt. Mit ihrer Universität, der Technischen Hochschule, Musikhochschule, dem Konservatorium, den

vielen Fachschulen, Instituten und Museen
bildet Zürich das geistige Zentrum der
Schweiz.

Im südöstlichen Teil der Schweiz
wurde 1909 der Schweizerische Nationalpark,
ein Naturschutzgebiet,° geschaffen. Viele   nature preserve
Naturforscher kommen hierher, um das
ungestörte Leben der Tier- und Pflanzenwelt
zu beobachten. Über 30 000 verschiedene
Insekten, 800 Arten von Schmetterlingen
und 2 000 Pilzarten° gibt es hier. An vielen   types of fungus, mushrooms
Stellen ist der Wald fast undurchdringlich°   impenetrable
geworden.

Die Verschiedenartigkeit° des Landes und   diversity
der Leute zeigt sich auch in der
Viersprachigkeit der Schweizer: zwei
Drittel der Schweizer sprechen Deutsch,
ein Fünftel Französisch, ein Zehntel
Italienisch und ein Prozent Rhaeto-Romanisch.
In den deutschsprachigen Gebieten werden
neben dem Hochdeutschen noch die
schwyzerdütschen° Mundarten gesprochen.   Swiss German

Übungen

A. **Stimmt das? Wenn eine Aussage falsch ist, geben Sie die richtige Antwort.**

1. Die Schweiz besteht nur aus Flachland.
2. Basel ist die Hauptstadt der Schweiz.
3. Das Kloster Einsiedel hat eine der größten Bibliotheken.
4. Der Vierwaldstätter See ist nur ein kleiner Bergsee.
5. Luzern ist eine große Industriestadt.
6. Zürich ist das geistige Zentrum der Schweiz.
7. Die Schweiz hat 15 Millionen Einwohner.
8. In der Schweiz wird nur Schwyzerdütsch gesprochen.

B. **Fragen**

1. In welche drei Gebiete ist die Schweiz aufgeteilt?
2. Welche Rolle spielt der Rhein für die Schweiz?
3. Wodurch ist Bern bekannt?
4. Wer war Wilhelm Tell?
5. Was gibt es in St. Gallen zu sehen?
6. Worin liegt die Bedeutung der Stadt Zürich?
7. Warum wurde der Schweizer Nationalpark geschaffen?
8. Welche Sprachen spricht man in der Schweiz?
9. Was verstehen Sie unter „Schwyzerdütsch"?

Sitten und Gebräuche

Wie viele andere traditionsreiche Länder,
so hat auch die Schweiz ihre Sitten und
Gebräuche, in denen ihr Kulturgut° verankert°   *cultural heritage / rooted*
ist. Der Schweizer ist besonders stolz auf
seine Feste, und in kleineren Orten sind
Fremde bei den Festen oft nicht willkommen.
Jedes Gebiet, ja manchmal sogar jeder Ort,
hat sein besonderes Brauchtum.

Im Appenzeller Gebiet ziehen am
Neujahrstag die „Sylvesterkläuse" bettelnd°   *begging*
und tanzend von Haus zu Haus. Das sind
entweder reich geschmückte oder dämonisch
aussehende Männer; die Sylvesterkläuse
wollten einst° den Göttern der Fruchtbarkeit   *in times long past*
gefallen und das Böse abschrecken.°   *frighten off*

Der Winter wird am ersten
Fastnachtsonntag verabschiedet.° Schon   *bid farewell*
Wochen vorher wird Holz gesammelt, auf
einer Anhöhe° aufgeschichtet°, und an dem   *hill / stacked up*
besagten° Sonntag angezündet.°   *said, agreed upon / lit up*

Auch das Fronleichnamsfest wird in
den katholischen Gegenden—etwa die
Hälfte der Schweizer sind katholisch—mit
viel Prunk° begangen. Wie in Süddeutschland,   *splendor*
so gibt es auch in der Schweiz große
Fronleichnamsprozessionen, die durch die
Orte ziehen.

Für die Einwohner der Stadt Basel
sind die Karnevalstage die drei wichtigsten
Tage des Jahres. Wie in den deutschen
Hochburgen° des Karnevals, so sind die   *strongholds*
Menschen auch hier außer Rand und Band°   *außer . . . beside themselves*
und ziehen maskiert und in allen möglichen
Kostümen fröhlich durch die Stadt.

In den ländlichen Gegenden haben sich
die Sennerbräuche° erhalten. Wenn die   *customs of the Alpine herdsmen*
Kühe im Frühjahr auf die Bergweiden
und im Herbst wieder in das Tal gebracht
werden, findet ein Fest statt. Die Senner
und Sennerinnen tragen ihre Trachten und
den Leitkühen° werden große Glocken um   *cows at the head of the herd*
den Hals gehängt.

Basel: Karneval

Besonders viele Bräuche sind mit der Weihnachtszeit verbunden. In Rheinfelden pilgern° am Heiligen Abend die zwölf „Sebastiani Brüder°", in schwarze Mäntel gehüllt° und den Kopf mit einem Zylinder° bedeckt, zu den sieben Brunnen° der Stadt, um dort nach alter Tradition Weihnachts- und Neujahrslieder zu singen. Jedesmal wenn im Text das Wort „Christus" vorkommt,° wird der Zylinder gelüftet.° Dieser Brauch entstand im 16. Jahrhundert in Zusammenhang mit der Sebastian-Brüderschaft.°

Wie in Süddeutschland, so wird auch in Luzern und in anderen Schweizer Orten der tausendjährige Brauch des Sternsingens gepflegt. Die Sternsinger, als die Heiligen Drei Könige verkleidet,° ziehen singend durch die Straßen und führen einen von innen erleuchteten und einer Kurbel drehbaren Stern mit sich.°

make a pilgrimage
monks
wrapped / top hat
wells

occurs
raised

brotherhood

dressed up

führen . . . carry a star with them that is lit from the inside and that can be turned by a crank

Ein romantischer Brauch in den Bergen
ist das Jodeln. Der Jodel ist zugleich ein
Lockruf,° mit dem der Berghirte sich mit   *call*
seinen Tieren verständigt,° und ein Ausruf°   *communicates / exclamation*
der Freude, den er einem entfernten Nachbarn
im Tal° zuruft. Diejenigen Touristen, die das *valley*
Glück haben, auf einer Bergwanderung einen
Senn jodeln zu hören, erinnern sich noch
lange an die halb frohe, halb melancholische
Wirkung des Jodels.

Übungen

A. **Stimmt das? Wenn eine Aussage falsch ist, geben Sie die richtige Antwort.**

1. Die Schweiz ist ein traditionsreiches Land.
2. Das Fronleichnamsfest wird nicht in der Schweiz gefeiert.
3. Weihnachten sind die wichtigsten Tage für die Einwohner Basels.
4. Die Sternsinger sind eine Rock-Band.
5. Der Jodel ist ein bekanntes Lied.

B. **Fragen**

1. Welche Bedeutung haben die reichgeschmückten und die dämonenhaften Kostüme der Sylvesterkläuse am Neujahrstag?
2. Wie wird der Winter verabschiedet?
3. Was sind die Sennerbräuche?
4. Was machen jedes Jahr die „Sebastiani Brüder"?

Wirtschaft

Trotz einer begrenzten Bodenfläche und
fehlender Rohstoffe° ist die Schweiz ein   *begrenzten . . . limited area and*
Industrieland. Mit Hilfe eines großen   *lack of raw materials*
technischen Wissens, unternehmerischer°   *entrepreneurial*
Fähigkeiten° und harter Arbeit haben die   *know-how*
Schweizer ansehnliche° wirtschaftliche   *considerable*
Erfolge erzielt.°   *achieved*
Eine große Rolle spielt die Landwirtschaft.
Den größten Ertrag° an der Landwirtschaft   *yield*
hat die Milchwirtschaft° mit ihrer bedeutenden *dairy business*
Käseerzeugung.° Außer dem berühmten   *cheese production*
Schweizerkäse gibt es etwa 100 verschiedene
Käsesorten.

Die Schweizer Industrie ist bekannt für die Herstellung von Qualitätsprodukten, von den Schwermaschinen bis zu den feinsten Präzisionsinstrumenten. Die schweizerische Uhrenindustrie nimmt auf dem Weltmarkt nach wie vor eine führende Stellung ein.° Auch die Chemie- und Farbenindustrie ist wichtig. Die Nahrungsmittelindustrie verdankt ihren Ruf° besonders der Schokolade und den Milch-, Kaffee- und Suppenkonserven.°

    Ein wesentlicher Faktor der schweizerischen Wirtschaft ist der Fremdenverkehr. Bereits im 18. Jahrhundert begann die Entwicklung der Schweiz zum Reiseland. Die zentrale Lage zwischen ihren romanischen° und germanischen Nachbarn und die Tatsache, daß sich hier wichtige Alpenübergänge° befinden, ziehen schon lange zahlreiche Reisende ins Land.

nimmt . . . continues to occupy a leading position in the world market

reputation
Milch . . . canned milk, coffee, and soups

pertaining to countries where Romance languages are spoken
passageways through the Alps

Junge Touristen im Bahnhof

Die vorbildlichen° Hoteleinrichtungen und
das dichte, ausgezeichnet funktionierende
Eisenbahnnetz ermöglichen es den Touristen,
die verschiedenartige° landschaftliche
Schönheit und den Reiz der Städte zu
genießen. Zahlreiche Berg- und Seilbahnen
machen auch das Hochalpengebiet ganzjährig
zugänglich.°

exemplary

diverse

accessible.

Übungen

A. Stimmt das? Wenn eine Aussage falsch ist, geben Sie die richtige Antwort.

1. Die Schweiz ist reich an Rohstoffen.
2. Die Landwirtschaft ist die einzige Industrie der Schweiz.
3. Schweizer Uhren sind in der ganzen Welt bekannt.

B. Fragen

1. Wie hat die Schweiz wirtschaftliche Erfolge erzielt?
2. Welche Industrien gibt es in der Schweiz?
3. Welche Rolle spielt der Fremdenverkehr?

Das kulturelle Leben der Schweiz

Die historischen und sprachlichen
Voraussetzungen° haben in der Schweiz
zu einem sehr vielfältigen° kulturellen
Leben geführt. Die unmittelbare°
Verbundenheit mit dem angrenzenden
deutschen, französischen und italienischen
Kulturleben hatte einen großen Einfluß auf
die schweizer Kunst.

bases, factors
diverse
direct, immediate

Zeugen der romanischen Architektur
sind die großen Kathedralen in Genf, Basel,
Lausanne und Chur und die vielen Burgen und
Festungen.° Gothische Kathedralen befinden
sich in Zürich, Zug und Schaffhausen. Nur
ganz wenige Bauten wurden im Stil der
Renaissance und des Barrocks errichtet. Das
erklärt sich teilweise aus dem calvinistischen

fortresses

Protestantismus des 16. Jahrhunderts, der
auch in der Malerei die Renaissance fast
spurlos an der Schweiz vorübergehen ließ.° fast . . . *passed Switzerland by without a trace*

In neuerer Zeit hat die Schweiz einige
international anerkannte Künstler
hervorgebracht, von denen Alberto Giacometti
und Paul Klee die berühmtesten sind. In
mehreren großen Städten und auch in
einigen Provinzstädten befinden sich
hervorragende Kunstmuseen.

Auf dem Gebiet der Literatur sind
Jean-Jacques Rousseau und der Erzähler
Gottfried Keller bekannt. Unter dem geistigen
Einfluß der Exil-Autoren (Ball, Hülsenbeck,
Arp, Schwitters und anderen) wurde 1916 in
Zürich die Literatur- und Kunstrichtung
des Dada gegründet, der den Expressionismus,
den Kubismus und die bürgerliche Kunst
und Literatur verhöhnte.° *scoffed at*

Welterfolge° haben die beiden Autoren *worldwide success*
Max Frisch und Friedrich Dürrenmatt. Das
Hauptthema von Frisch' dramatischen und
epischen Werken ist die Entfremdung° des *alienation*
modernen Menschen. Dürrenmatt behandelt in
seinen satirisch-grotesken Komödien
moralische Probleme der modernen Welt.

Die jüngste Schweizer Literatur legt
wieder stärkeren Nachdruck° auf die *emphasis*
Mundartdichtung° und auf Kurzgeschichten *literature written in dialect*
und politisierenden Bänkelsang.° *ballads*

Übungen

A. **Stimmt das? Wenn eine Aussage falsch ist, geben Sie die richtige Antwort.**

1. In der Schweiz hat sich ein unabhängiges Kulturleben entwickelt.
2. In der Schweiz gibt es herrliche Bauten aus den Epochen der Renaissance und des Barrocks.
3. Heute befaßt sich die Schweizer Literatur nicht mehr mit Mundartdichtung.

B. **Fragen**

1. Wodurch ist Paul Klee bekannt?
2. Welche avantgardistische Literatur- und Kunstrichtung wurde 1916 in Zürich gegründet?
3. Wer sind Max Frisch und Friedrich Dürrenmatt?

Diskussions- und Aufsatzthemen

1. Erzählen Sie über die geschichtliche Entwicklung der Schweiz.
2. Versuchen Sie festzustellen, welche wichtigen internationalen Organisationen sich in der Schweiz befinden.
3. Welche wichtige Rolle in der internationalen Politik kann, ihrer Meinung nach, die Schweiz übernehmen? Warum?

Grammatisches: Conjunctions, Numbers, Telling Time

Conjunctions

Coordinating conjunctions join sentences or parts of sentences and have no effect on word order. The most common are italicized in these examples:

Deutschland hat einige Rohstoffe, *aber* die Schweiz hat keine.

Wir fahren nach Basel, *oder* wir bleiben zu Hause.

Hans fährt in die Schweiz *und* kauft sich eine Uhr.

Viele essen keine Schokolade, *sondern* trinken lieber Milch.

Some coordinating conjunctions ("correlatives") consist of two parts:

Entweder ich fahre mit dir *oder* mein Bruder fährt mit dir.

Nicht nur du *sondern* auch Erich spricht gut Französisch.

Weder die Schweiz *noch* Österreich ist sehr groß.

Subordinating conjunctions join subordinate clauses (clauses that cannot stand alone) to the main clauses. In subordinate clauses the finite verb appears at the end of the clause. Here are examples of the most common subordinating conjunctions:

Als ich letztes Jahr in den Schweizer Bergen war, wanderte ich viel.

Bevor ich eine Schweizer Uhr hatte, hatte ich eine amerikanische.

Wir warten auf dich, *bis* der Zug aus Genf kommt.

Man soll viel Milch trinken, *damit* man gesund bleibt

Der Tourist meint, *daß* die Schweizer Berge nicht sehr hoch sind.

Jedesmal, wenn ich in den Bergen war, wanderte ich viel.

Nachdem Fritz nach Bern gereist war, besuchte er Freunde in Luzern.

Toni wollte wissen, *ob* die Schweizer Schokolade gut ist.

Die Schweiz hat viele Fabriken, *obgleich* sie keine Rohstoffe hat.

Ich fahre nicht in die Schweiz, *weil* alles dort zu teuer ist.

Question words (interrogatives) may be used as subordinating conjunctions in indirect questions:

Wissen Sie, *wieviele* Einwohner die Schweiz hat?

Hans fragte, *warum* die Schweizer nicht Hochdeutsch sprechen.

If a subordinate clause precedes a main clause, the main clause has inverted word order:

Weil es viele Berge gibt, *leben viele* Leute sehr abgeschlossen.

Numbers

Cardinal Numbers

0 null	11 elf	30 dreißig
1 eins	12 zwölf	40 vierzig
2 zwei	13 dreizehn	50 fünfzig
3 drei	14 vierzehn	60 sechzig
4 vier	15 fünfzehn	70 siebzig
5 fünf	16 sechzehn	80 achtzig
6 sechs	17 siebzehn	90 neunzig
7 sieben	18 achtzehn	100 hundert
8 acht	19 neunzehn	101 hunderteins
9 neun	20 zwanzig	200 zweihundert
10 zehn	21 einundzwanzig	1000 tausend

100 000 hunderttausend
1 000 000 eine Million
2 000 000 zwei Millionen
1 000 000 000 eine Milliarde (*billion*)

Numerals from one to a million are written as one word, including the conjunction **und**:

Die Schweiz hat über *sechsmillionenundzweihunderttausend* Einwohner.

Ordinal Numbers

Ordinal numbers in German are formed by adding the suffix **-t** to cardinal numbers up to twenty; from twenty on the suffix **-st** is added. To these suffixes are added the appropriate adjective ending:

Rose-Marie fährt am *vierten* Mai ab.

Meine Arbeit in Basel beginnt am *achtundzwanzigsten* September.

The following ordinal numbers are irregular: **erst-** (*first*), **dritt-**(*third*), **siebt-** (*seventh*), and **acht-** (*eighth*).

Fractions are formed from ordinal numbers through the addition of **-el**. They are neuter and do not change form in the plural:

Kauf ein *Viertel* Pfund Käse!

The fraction *one-half* is **eine Hälfte**. *Half a* is expressed by the adjective **halb**:

Willst du einen Apfel essen? —Bitte, geben Sie mir nur *eine Hälfte* davon.
Ich esse einen *halben* Apfel.

Telling Time

Time in conversational German is told on a twelve-hour basis using the prepositions **nach** (*after*) and **vor** (*before*):

Es ist fünf nach zehn (10:05).

Es ist zehn vor zwölf (11:50).

Note the following useful expressions:

Es ist 9 Uhr morgens (abends).
It is 9:00 A.M. (P.M.).

Es ist halb zehn.
It is 9:30.

Time in official documents (for example, train schedules) is told on a twenty-four hour basis as in the U.S. armed services. In this system 1:00 P.M. is the thirteenth hour, and so on until midnight, the twenty-fourth hour:

Es ist 9 Uhr.   = Es ist 9 Uhr morgens.
Es ist 21 Uhr. = Es ist 9 Uhr abends.

Übungen

A. *Complete each sentence with the appropriate conjunction in parentheses.*

1. _____ ich in der Schweiz war, habe ich viele Berge gesehen.
   (wenn, und, als)

2. Meine Tante lebt nicht in der Schweiz, _____ in Deutschland. (bis, aber, sondern)

3. _____ die Schweiz mehr Rohstoffe hätte, wäre vieles nicht so teuer. (wenn, aber, ob)

4. In der Schweiz gibt es viele gut Straßen, _____ es viele Berge gibt. (weil, denn, obgleich)

5. _____ Deutschland _____ Österreich konnte die Unabhängigkeit der Schweiz verhindern. (weder . . . noch, entweder . . . oder, nicht nur . . . sondern)

6. Hans will wissen, _____ die Schweizer auch Hochdeutsch

   verstehen. (wenn, ob, obgleich)

7. Die meisten Schweizer sprechen drei Sprachen, _____ es

   verschiedene Ethnikgruppen gibt. (weil, als, daß)

8. Die Schweiz ist sehr klein, _____ sie ist sehr reich. (sondern, aber,

   oder)

B. *Complete each sentence with the appropriate question word.*

   1. Weißt du, _____ die Schweizer Schokolade kostet?

   2. Hans fragte, _____ wir nächstes Jahr fahren.

   3. Können Sie mir sagen, _____ groß die Schweiz ist?

   4. Wissen Sie, _____ es so viele Dialekte in der Schweiz gibt?

   5. Weißt du, _____ ich zum Vierwaldstätter See komme?

C. *Join the sentences with the conjunction in parentheses.*

   1. Ich fahre in die Schweiz. Ich informiere mich über das Land. (bevor)
   2. Wir schwimmen im See. Wir sind auf Urlaub. (während)
   3. Die Senner jodeln. Sie hüten das Vieh. (wenn)
   4. Ich spreche nicht Schwyzerdütsch. Ich habe da 20 Jahre gelebt. (obgleich)
   5. Ich habe mich gut erholt. Ich war am Züricher See. (als)

D. *Join the sentences with an appropriate conjunction.*

   1. Bern ist die Hauptstadt der Schweiz. Sie ist auch die Hauptstadt des
      Kantons.
   2. Es gibt keine Schwerindustrie. Es gibt viele kleine Fabriken.
   3. Man feiert viele Feste. Die Traditionen haben sich erhalten.
   4. Die Schweiz produziert viel Käse. Es gibt da viel Milch.
   5. Wir waren nicht in Luzern. Wir sind in Zürich geblieben.

E. *Write out the following expressions of time.*

   1. 2:30
   2. 15:00
   3. 24:00
   4. 18:43
   5. 9:15

Appendix A

Principal Parts of Strong and Irregular Verbs

The following chart shows the principal parts of strong and irregular verbs. Most verbs with prefixes are not listed; for example, the principal parts of the verbs **anfangen** and **beschreiben** are given under the verbs **fangen** and **schreiben**. The past participles of verbs that form their perfect tenses with the auxiliary **sein** are preceded by **ist**. Irregular third-person singular forms of the present indicative are also listed.

Infinitive	Past Stem	Past Participle	Third-Person Singular
backen *to bake*	buk	gebacken	bäckt
befehlen *to command*	befahl	befohlen	befiehlt
beginnen *to begin*	begann	begonnen	
beißen *to bite*	biß	gebissen	
betrügen *to deceive*	betrog	betrogen	
biegen *to bend*	bog	gebogen	
bieten *to offer*	bot	geboten	
binden *to bind*	band	gebunden	
bitten *to ask*	bat	gebeten	
blasen *to blow*	blies	geblasen	bläst
bleiben *to remain*	blieb	geblieben	
braten *to roast*	briet	gebraten	brät
brechen *to break*	brach	gebrochen	bricht
brennen *to burn*	brannte	gebrannt	
bringen *to bring*	brachte	gebracht	
denken *to think*	dachte	gedacht	
dringen *to press*	drang	gedrungen	
dürfen *to be allowed*	durfte	gedurft	darf
empfehlen *to recommend*	empfahl	empfohlen	empfiehlt
erschrecken* *to be frightened*	erschrak	ist erschrocken	erschrickt
essen *to eat*	aß	gegessen	ißt
fahren *to drive, ride, go*	fuhr	ist gefahren	fährt
fallen *to fall*	fiel	ist gefallen	fällt
fangen *to catch*	fing	gefangen	fängt
finden *to find*	fand	gefunden	
fliegen *to fly*	flog	ist geflogen	
fliehen *to flee*	floh	ist geflohen	

---

*The transitive verb **erschrecken,** *to frighten,* is weak.

Infinitive	Past Stem	Past Participle	Third-Person Singular
fließen *to flow*	floß	ist geflossen	
fressen *to eat* (of animals)	fraß	gefressen	frißt
frieren *to freeze*	fror	gefroren	
geben *to give*	gab	gegeben	gibt
gehen *to go*	ging	ist gegangen	
gelingen *to succeed*	gelang	ist gelungen	
gelten *to be worth*	galt	gegolten	gilt
genießen *to enjoy*	genoß	genossen	
geschehen *to happen*	geschah	ist geschehen	geschieht
gewinnen *to win, gain*	gewann	gewonnen	
gießen *to pour*	goß	gegossen	
graben *to dig*	grub	gegraben	gräbt
greifen *to seize*	griff	gegriffen	
haben *to have*	hatte	gehabt	hat
halten *to hold*	hielt	gehalten	hält
hangen *to hang* (intr.)	hing	gehangen	hängt
heben *to lift*	hob	gehoben	
heißen *to be named; order*	hieß	geheißen	
helfen *to help*	half	geholfen	hilft
kennen *to know*	kannte	gekannt	
klingen *to sound*	klang	geklungen	
kommen *to come*	kam	ist gekommen	
können *to be able*	konnte	gekonnt	kann
laden *to invite* (usually **einladen**)	lud (*or* ladete)	geladen	ladet (*or* lädt)
lassen *to let*	ließ	gelassen	läßt
laufen *to run*	lief	ist gelaufen	läuft
leiden *to suffer*	litt	gelitten	
leihen *to lend*	lieh	geliehen	
lesen *to read*	las	gelesen	liest
liegen *to lie*	lag	gelegen	
lügen *to (tell a) lie*	log	gelogen	
meiden *to avoid*	mied	gemieden	
messen *to measure*	maß	gemessen	mißt
mögen *to like; may*	mochte	gemocht	mag
müssen *to have to, must*	mußte	gemußt	muß
nehmen *to take*	nahm	genommen	nimmt
nennen *to name*	nannte	genannt	
pfeifen *to whistle*	pfiff	gepfiffen	
quellen *to gush forth*	quoll	ist gequollen	quillt
raten *to advise; guess*	riet	geraten	rät
reiben *to rub*	rieb	gerieben	
reißen *to tear*	riß	gerissen	
reiten *to ride*	ritt	ist geritten	

Infinitive	Past Stem	Past Participle	Third-Person Singular
rennen *to run*	rannte	ist gerannt	
riechen *to smell*	roch	gerochen	
rufen *to call*	rief	gerufen	
saufen *to drink* (of animals)	soff	gesoffen	säuft
schaffen* *to create*	schuf	geschaffen	
scheiden *to part*	schied	ist geschieden	
scheinen *to seem; shine*	schien	geschienen	
schieben *to shove*	schob	geschoben	
schießen *to shoot*	schoß	geschossen	
schlafen *to sleep*	schlief	geschlafen	schläft
schlagen *to strike*	schlug	geschlagen	schlägt
schließen *to shut*	schloß	geschlossen	
schmelzen *to melt*	schmolz	ist geschmolzen	schmilzt
schneiden *to cut*	schnitt	geschnitten	
schreiben *to write*	schrieb	geschrieben	
schreien *to cry*	schrie	geschrie(e)n	
schreiten *to stride*	schritt	ist geschritten	
schweigen *to be silent*	schwieg	geschwiegen	
schwimmen *to swim*	schwamm	ist geschwommen	
schwinden *to vanish* (usually **verschwinden**)	schwand	ist geschwunden	
schwingen *to swing*	schwang	geschwungen	
sehen *to see*	sah	gesehen	sieht
sein *to be*	war	ist gewesen	ist
senden *to send*	sandte (*or* sendete)	gesandt (*or* gesendet)	
singen *to sing*	sang	gesungen	
sinken *to sink* (intr.)	sank	ist gesunken	
sitzen *to sit*	saß	gesessen	
sollen *to be supposed to; shall* (denoting obligation)	sollte	gesollt	soll
sprechen *to speak*	sprach	gesprochen	spricht
springen *to jump*	sprang	ist gesprungen	
stechen *to prick*	stach	gestochen	sticht
stehen *to stand*	stand	gestanden	
stehlen *to steal*	stahl	gestohlen	stiehlt
steigen *to climb*	stieg	ist gestiegen	
sterben *to die*	starb	ist gestorben	stirbt
stoßen *to push*	stieß	gestoßen	stößt
streichen *to stroke*	strich	gestrichen	
streiten *to contend*	stritt	gestritten	

*****Schaffen** meaning *to work* is weak.

Infinitive	Past Stem	Past Participle	Third-Person Singular
tragen *to carry*	trug	getragen	trägt
treffen *to meet; hit*	traf	getroffen	trifft
treiben *to drive*	trieb	getrieben	
treten *to step*	trat	ist getreten	tritt
trinken *to drink*	trank	getrunken	
tun *to do*	tat	getan	tut
verderben* *to ruin, spoil*	verdarb	verdorben	verdirbt
vergessen *to forget*	vergaß	vergessen	vergißt
verlieren *to lose*	verlor	verloren	
verzeihen *to pardon*	verzieh	verziehen	
wachsen *to grow*	wuchs	ist gewachsen	wächst
waschen *to wash*	wusch	gewaschen	wäscht
wenden *to turn*	wandte (*or* wendete)	gewandt (*or* gewendet)	
werben *to woo*	warb	geworben	wirbt
werden *to become*	wurde (*or* ward)	ist geworden	wird
werfen *to throw*	warf	geworfen	wirft
wiegen *to weigh*	wog	gewogen	
winden *to wind*	wand	gewunden	
wissen *to know*	wußte	gewußt	weiß
wollen *to wish*	wollte	gewollt	will
ziehen† *to pull*	zog	gezogen	
zwingen *to force*	zwang	gezwungen	

*As an intransitive verb, **verderben** is conjugated with the auxiliary **sein**.
†As an intransitive verb, **ziehen** (*to move*) is conjugated with **sein**.

Appendix B

Suggested Films

Following are recommended films available free of charge from the Consulates of the Federal Republic of Germany in the United States:

1 *Norddeutschland*

Hallig (German/English, 20 min.)
60 x 100: Emsland (English, 32 min.)
Von Meer zu Meer (English, 14 min.)
Weser Renaissance (English, 14 min.)
Lübeck: Bilder einer Stadt (English/German, 27 min.)
Farbenfrohe Stadt (English, 13 min.)

2 *Zwischen Nord und Süd*

Menschen an der Saar (German, 23 min.)
Lebensbild einer Landschaft (English, 15 min.)
Rhein-Main-Gebiet (English, 15 min.)
The Romantic Germany (English/German, 34 min.)
In the Land of the Brothers Grimm (English, 11 min.)
Verbindende Grenzen (English, 23 min.)
Neuer Stein auf altem Grund: Kassel (English/German, 17 min.)
Trier: Zeiten und Zeugnisse (English/German, 11 min.)
Die Mosel: Ein Sieg für Europa (English, 18 min.)

3 *Süddeutschland*

Romantic Road to the Middle Ages (German, 19 min.)
Der Bodensee (German/English, 19 min.)
Liebliches Taubertal (English, 24 min.)
Der Schwarzwald (English, 16 min.)
The Munich Season (English, 26 min.)
Village of Violins: Mittenwald (German/English, 10 min.)

Wies'n Melodie: Oktoberfest (15 min.)

München Juchhu (10 min.)

Bavaria: Impressions of Germany's South (English, 29 min.)

4 Berlin

Berlinoskop (German/English, 8 min.)

Berlin, Berlin, Berlin (20 min.)

Berliner (English/German, 26 min.)

Berlin: A Metropolis in Action (English, 14 min.)

Berlin 1945–1964 (German, 21 min.)

Airlift Berlin (German, 12 min.)

Berlin: 1945–1970 (English/German, 30 min.)

Berlin: A City's Destiny (English, 21 min.)

Americans in Berlin (English, 28 min.)

5 Die Deutsche Demokratische Republik

Weg ohne Ziel (German, 11 min.)

German Dialog (English, 17 min.)

City of Crisis (German, 11 min.)

Berlin, a City's Destiny (English, 21 min.)

6 Das Dritte Reich

Der Weg zum sozialen Rechtsstaat

Schleicher: General der letzten Stunden

Deutschstunde (German, 222 min.)

Des Teufels General (English, 115 min.)

July 20, 1944 (German/English, 98 min.)

7 Die Bundesrepublik Deutschland

Mitten durch Deutschland (English, 12 min.)

Geteiltes Deutschland (English/German, 30 min.)

Symbol und Geschichte (English/German, 14 min.)

Alltag einer Partnerschaft-Mitbestimmung (English, 15 min.)

New Challenger (English, 29 min.)

A Country in Transition (English, 43 min.)

From Weimar to Bonn (English, 30 min.)

8 Typisch Deutsch?

A Day in Germany (English, 28 min.)
Women in Germany (English, 130 min.)
Encounter: Impressions of Germany (German/English, 30 min.)
Mitten unter Deutschen (English, 32 min.)
Larifaris Father (English, 32 min.)
Ich bin ihr Nachbar (English, 13 min.)

9 Wie leben die Deutsche ı?

Portrait of a Worker (English, 22 min.)
The Third Age (English, 15 min.)
Home Is More Than Just Four Walls (English, 15 min.)
Tomorrow's Town (German/English, 28 min.)
A Country in Transition (English, 43 min.)
A Woman Social Worker (English, 30 min.)

10 Feste, Sitten und Gebräuche

Vor Ostern in der Wies (English, 60 min.)
Landshut: The Wedding of a Duke (English, 28 min.)
Deutsche Weihnachten (English/German, 15 min.)
Harvest Customs in Germany (German, 13 min.)
Hunting Tradition in Germany (German, 15 min.)
Carnival in Cologne (English, 7 min.)
Bauernhochzeit im Odenwald (German, 15 min.)
Gaissach's Ancient Customs (English/German, 32 min.)

11 Die Jugend

Lernen: heute und morgen (English, 80 min.)
Alexander von Humboldt (English/German, 120 min.)
Partner im Betrieb (English/German, 12 min.)
Apprentice Training in the Federal Republic of Germany (English, 14 min.)
A Living School (English, 13 min.)
Universität ohne Grenzen (English, 32 min.)
Student in Hamburg (English, 15 min.)
Hochschule: Herd der Unruhe (German, 31 min.)

12   *Freizeit und Sport*

Was machen Sie abends? (English, 26 min.)

The New World of Television (English, 45 min.)

Reiter, Pferde und Erfolge (German, 12 min.)

Noch 49 Stunden (German/English, 11 min.)

100 Jahre Fußball: Tore, Tränen und Triumpfe (English, 30 min.)

Bergsteiger am Mont Blanc (English, 12 min.)

German-English Vocabulary

This vocabulary contains all words included in the text except exact cognates and numbers; contextual meanings are given. Separable prefixes are indicated by a · between the prefix and the verb (**ein · steigen**). Irregular verbs are indicated with an asterisk (*); principal parts of these verbs are listed in Appendix A. Plural forms of nouns are given in parentheses where appropriate.

A

ab off, down; away
ab · bauen to break down; to reduce
der **Abend (-e)** evening; **der Heilige Abend** Christmas Eve
das **Abendessen (-)** evening meal, supper
das **Abendland** Occident
abends in the evening
die **Abendschule (-n)** night school
der **Abendsonnenschein** light of the setting sun
das **Abenteuer (-)** adventure
aber but, however
ab · bilden to portray; to show
ab · geben* to give up; to hand in
der **Abgeordnete (-n), die Abgeordnete (-n)** representative
die **Abgeschiedenheit** seclusion; retirement
ab · halten* to celebrate; to keep; to take place
ab · helfen* to correct; to supply
ab · holen to collect
das **Abitur** final examination that entitles one to go from a Gymnasium to a university
ab · kapseln to isolate
das **Abkommen (-)** pact, treaty
ab · kratzen to scrape off; to remove
ab · legen* to lay aside
ab · lehnen to reject; to disclaim
ab · leisten to serve; to complete
ab · lenken to divert
ab · liefern to deliver
ab · lösen to detach; to take the place of

die **Abneigung (-en)** dislike, antipathy
die **Abordnung (-en)** delegation
ab · reißen* to tear off; to cease
ab · riegeln to block off
ab · schließen* to finish; to come to an agreement on
der **Abschluß (-̈sse)** completion
ab · schrecken to frighten off
abschreckend forbidding
abseits apart
die **Absicht (-en)** intention
ab · sinken to decline
absolvieren to pass; to finish
sich **ab · spielen** to take place
die **Abstammung** descent
ab · stellen to put down
ab · sterben* to die away, wither; to become numb
die **Abstraktion (-en)** abstraction
die **Abteilung (-en)** division, department
ab · treten* to transfer; to cede
abwechslungsreich varied
die **Achse (-n)** axis
achten to respect
der **Ackerbau** agriculture
der **Adlerhorst (-e)** aerie
das **Adlernest (-er)** eagle's nest
die **Adresse (-n)** address
der **Adventskranz (-̈e)** Advent wreath
das **Afrikakorps** Africa corps
das **Agrarprodukt** farm product
ägyptisch Egyptian
ähneln to resemble
ahnen to foresee
ähnlich similar (to)
die **Ahnung (-en)** hunch, suspicion
der **Akademiker (-), die Akademikerin (-nen)** academic; professional
der **Akkord (-e)** accord; **im Akkord** by the piece

der	**Akkordeonspieler (-), die Akkordeonspielerin (-nen)** accordion player		**altmodisch** old-fashioned
			altsprachlich classical
		die	**Altstadt (ᐨe)** old town, city; (often) town center
die	**Aktentasche (-n)** briefcase		
die	**Aktion (-en)** action	das	**Amphitheater (-)** lecture hall; amphitheater
	aktiv active		
der	**Aktivist (-en), die Aktivistin (-nen)** activist	das	**Amt (ᐨer)** office; bureau; court
			amtlich official
die	**Aktualität (-en)** currentness	das	**Amtsdeutsch** German as used by officials
	aktuell current		
	alarmieren to alarm; to alert		**amüsieren** to entertain; **sich amüsieren** to amuse oneself; to enjoy
	alkoholabhängig dependent on alcohol		
der	**Alkoholgenuß** consumption of alcohol		**an** at; on; to; of; about; **am liebsten** favorite; **am wichtigsten** most important
der	**Alkoholiker (-), die Alkoholikerin (-nen)** alcoholic		**an · bauen** to cultivate
		die	**Analyse (-n)** analysis
	all (*pron.*) all; everyone; (*adj.*) all; **alle Menschen** everyone; **alle drei Jahre** every three years		**an · bieten*** to offer
		der	**Anblick (-e)** sight; view
			an · bringen* to attach; to bring home
die	**Allee (-n)** avenue		
	allein alone	der	**Anbruch (ᐨe)** beginning
	allenfalls if need be; perhaps; at the most	das	**Andenken (-)** memory; souvenir
			ander other; different; **andere** someone else; another; **jeder andere** everyone else; **nichts anderes** nothing else; **unter anderem** among other things
	aller: aller Art of every kind; **aus aller Welt** from throughout the world		
	alles everything; all		**andererseits** on the other hand
	allgemein general; common		**ändern** to change
die	**Allgemeinbildung** general education		**anders** otherwise; differently
			an · deuten to imply, to hint at
die	**Alliierten** (*pl.*) Allies	der	**Andrang** rush; concourse
	alljährlich annually		**anerkannt** recognized; admitted
der	**Alltag (-e)** everyday life		**an · erkennen*** to acknowledge
die	**Alpen** (*pl.*) the Alps		**an · führen*** to lead
der	**Alpenübergang** passage through the Alps	der	**Anfang (ᐨe)** beginning
			anfänglich initial; original
das	**Alpenvorland** foothills of the Alps		**anfangs** at first; in the beginning
	als as; when; than; **als Junge** as a boy; **als ob** as if	die	**Anforderung (-en)** demand
			angeblich ostensibly; reportedly
	also so; consequently; therefore	das	**Angebot (-e)** offer
	alt old		**angenehm** pleasant, agreeable
der	**Altbau (-ten)** older house		**angesehen** respected
die	**Altbauwohnung (-en)** apartment in an older house		**angesichts** considering; seeing that
	altdeutsch Old German	der	**Angesprochene** person addressed
das	**Alte** old things; old times		
der	**Altenjahrgang (ᐨe)** older people born in a certain year	der	**Angestellte (-n), die Angestellte (-n)** employee; white-collar worker
das	**Altenwohnheim (-e)** old people's home		
		der	**Angler (-), die Anglerin (-nen)** fisherman, fisherwoman
das	**Alter (-)** age		
	älter older; **die ältere Frau** elderly woman; **in älterer Zeit** in olden times		**an · greifen*** to assault

	angrenzend contiguous, adjacent	der	**Anwohner (-), die Anwohnerin**
der	**Angriff (-e)** attack		**(-nen)** neighbor
	an · hängen to attach; to add to	die	**Anzahl (-en)** number
der	**Anhänger (-), die Anhängerin**		**an · ziehen*** to pull; to attract;
	(-nen) follower; partisan		**sich anziehen** to get dressed
die	**Anhängerschaft** following	die	**Anziehungskraft (⁻e)** attraction;
	anheimelnd homelike; cozy		pull
der	**Anhieb** first attempt; **auf Anhieb**		**an · zünden** to light
	right away	der	**Apfel (⁻)** apple
die	**Anhöhe (-n)** hill; rise	der	**Apfelstrudel (-)** apple strudel
	an · hören to listen to; to hear	der	**Apfelwein (-e)** cider
	an · kleiden to dress	die	**Arbeit (-en)** work; job;
die	**Ankunft (⁻e)** arrival		employment
der	**Anlaß (⁻sse)** starting point		**arbeiten** to work
	anläßlich at; on the occasion of	der	**Arbeiter (-), die Arbeiterin (-nen)**
	an · legen to plan; to dock		worker; laborer
das	**Anlegeplätzchen** little landing	der	**Arbeiterstaat (-en)** worker's state
	place	der	**Arbeitgeber (-), die Arbeitgeberin**
	an · merken to notice		**(-nen)** employer
	annähernd approximately; **nicht**	der	**Arbeitnehmer (-), die**
	annähernd not nearly		**Arbeitnehmerin (-nen)**
die	**Annahme (-n)** belief; supposition		employee
	an · nehmen* to accept; to		**arbeitsfähig** employable
	undertake; to assume		**arbeitsfrei** work-free
	annektieren to annex	die	**Arbeitskraft (⁻e)** capacity for
die	**Annullierung (-en)** annulment		work; (*pl.*) manpower
	an · passen to adapt or adjust to	die	**Arbeitslehre** work concepts
	an · pflanzen to plant		(subject in school)
	an · reden to greet		**arbeitslos** unemployed
	an · regen to encourage, inspire	die	**Arbeitslosigkeit** unemployment
die	**Anschauung (-en)** idea; view	die	**Arbeitsnorm (-en)** working
	anschließend next; following		standard
der	**Anschluß (⁻sse)** joining,	der	**Arbeitsplatz (⁻e)** place of work;
	annexation		job
	an · sehen* to look at, examine	die	**Arbeitsstelle (-n)** job, position
	ansehnlich considerable; sizeable	die	**Arbeitszeit (-en)** working hours
	an · siedeln to establish, settle	der	**Architekt (en-*masc.*), die**
die	**Ansicht (-en)** view; opinion		**Architektin (-nen)** architect
der	**Ansporn (-e)** incentive; stimulus		**architektonisch** architectural
der	**Anspruch (⁻e) (auf)** claim (to)	die	**Architektur (-en)** architecture
	anspruchslos modest, simple	der	**Arier (-), Arierin (-nen)** Aryan
	(an)statt instead of		**arm** poor
	ansteigend increasing, rising	die	**Armee (-n)** army
	an · stellen to hire, engage	die	**Art (-en)** kind; sort; manner
	an · streben to strive for;	der	**Artikel (-)** article
	to aspire to	der	**Arzt (⁻e), die Ärztin (-nen)** doctor
	anstrengend hard, strenuous	das	**Ärztehaus (⁻er)** building with
die	**Anstrengung (-en)** stress,		doctors' offices
	exertion	der	**Aschermittwoch** Ash Wednesday
der	**Ansturm (⁻e)** assault	(das)	**Asien** Asia
	antifaschistisch antifascist	das	**Asyl** asylum; refuge
der	**Antiqitätenladen (⁻)** antique shop		**asymmetrisch** asymmetrical
die	**Antwort (-en)** answer	der	**Äthiopier (-), die Äthiopierin**
	antworten to answer		**(-nen)** Ethiopian
	an · wachsen to increase, grow	der	**Atlantik** Atlantic Ocean

die **Atmosphäre (-n)** atmosphere

die **Atomenergie** nuclear energy

die **Atommüll-Deponie (-n)** nuclear waste deposit

der **Atomphysiker (-), die Atomphysikerin (-nen)** nuclear physicist

die **Atomwaffe (-n)** nuclear weapons

das **Attentat (-e)** assassination attempt

die **Attraktion (-en)** attraction

auch also; too; **nicht nur . . . sondern auch** not only . . . but also

auf on; to; in; at; of; by; for

der **Aufbau** construction; initial stages

auf · bauen to build; to set up

auf · bringen* to raise (money)

der **Aufenthalt (-e)** stay, visit

auf · fallen* to attract attention

auf · fressen* to eat up

auf · führen to perform; to show

die **Aufführung (-en)** performance

die **Aufgabe (-n)** task, assignment

auf · geben* to give up

auf · halten* to stop; **sich aufhalten** to stay

auf · hören to stop

die **Aufklärung (-en)** explanation; enlightenment

auf · kommen* to recover; to be liable for

auf · lehnen to oppose; to rebel

auf · lockern to loosen; to relax

auf · lösen to break up; to dissolve

auf · machen to open; to unlock

die **Aufnahme (-n)** photograph

die **Aufnahmeprüfung (-en)** entrance examination

auf · nehmen* to pick up; to grasp

aufrecht · erhalten* to maintain

aufrichtig honestly

auf · rufen* to call up, summon

die **Aufrüstung (-en)** armament, weapons increase

der **Aufsatz (-̈e)** paper; essay

das **Aufsatzthema (-en)** topic

auf · schichten to pile up, stack

der **Aufschlag (-̈e)** lapel; cuff

der **Aufschnitt** cut; coldcuts

die **Aufschrift (-en)** legend; inscription

der **Aufschwung (-̈e)** recovery; improvement

der **Aufstand (-̈e)** revolt, rebellion

auf · stellen to set up; to organize

der **Aufstieg (-e)** ascent, climb

auf · teilen to divide up

die **Aufteilung (-en)** division

auf · werfen* to throw open

auf · zeichnen to note; to register

auf · zwingen* to force upon

das **Auge (-n)** eye

der **Augenblick (-e)** instant; moment

der **August** August

aus out (of); from

die **Ausarbeitung (-en)** preparation

der **Ausbau** completion

aus · bauen to complete; to extend

aus · bilden to educate; to cultivate

der **Ausbilder (-), die Ausbilderin (-nen)** instructor

die **Ausbildung (-en)** education; training

aus · brechen* to break out

der **Ausbruch (-̈e)** outbreak

die **Ausdauer** perseverance

der **Ausdruck (-̈e)** expression; phrase

aus · drücken to voice; **sich ausdrücken** to express oneself

das **Ausdrucksmittel (-)** means of expression

auseinander apart, separate

auseinander · gehen* to come apart; to be divided

die **Auseinandersetzung (-en)** settlement; discussion

aus · fallen* to turn out

der **Ausflug (-̈e)** trip; excursion

aus · führen to carry out; to export

ausführlich detailed; comprehensive

die **Ausgabe (-n)** edition; expense

aus · geben* to spend; to issue; to distribute

ausgebildet trained; skilled

ausgeblasen blown out

ausgelassen boisterous; in high spirits

die **Ausgelassenheit** exuberance; high spirits

ausgeprägt distinct

ausgesprochen decided; positive

ausgezeichnet outstanding; excellent

das **Aushängeschild (-er)** front; cover; signboard

das	**Ausland** foreign country	die	**Ausweisung (-en)** extradition
der	**Ausländer (-), die Ausländerin**		**authentisch** authentic, genuine
	(-nen) foreigner	die	**Autobahn (-en)** freeway, highway
der	**Ausleihrekord** loan record	der	**Autobesitzer (-), die**
	aus · lösen to release, unleash		**Autobesitzerin (-nen)** car
das	**Ausmaß (-e)** measurement		owner
	aus · malen to paint; to depict;	die	**Automatisierung (-en)** automation
	sich etwas ausmalen to		**autonom** autonomous
	imagine something in detail	der	**Autor (-en), die Autorin (-nen)**
die	**Ausnahme (-n)** exception		author, writer
	ausreichend sufficient		**autoritär** authoritarian
die	**Ausrichtung (-en)** alignment;	die	**Autorität (-en)** authority
	orientation	der	**Autosalon (-s)** car fair, show
der	**Ausruf (-e)** exclamation; cry	die	**Autostraße (-n)** highway
	aus · rufen* to proclaim; to		
	exclaim		
	aus · ruhen to rest		**B**
die	**Aussage (-n)** statement		
	ausschließlich solely	der	**Backenbart (¨e)** sideburns
das	**Aussehen** appearance	die	**Bäckerei (-en)** bakery
	aus · sehen* to appear	der	**Backstein (-e)** brick
der	**Außenhandelsverkehr** foreign	die	**Backware (-n)** bakery goods
	trade	das	**Bad (¨er)** bath
der	**Außenminister (-)** Secretary of	das	**Baden** swimming
	State	der	**Bahnhof (¨e)** train station
die	**Außenpolitik** foreign policy		**bald** soon
	außer besides, aside from	die	**Balkanländer** Balkan countries
	außerdem moreover, besides	der	**Balkon (-e)** balcony
die	**Außere Mongolei** Outer Mongolia	der	**Ball (¨e)** dance; ball
	außergewöhnlich extraordinary	das	**Band** band, bracelet; **außer Rand**
	außerhalb beyond; out of		**und Band** out of hand,
	äußern to voice; **sich äußern** to		unmanageable
	express oneself	die	**Band** band, musical group
	äußerst extremely; most	der	**Bart (¨e)** beard
die	**Aussicht (-en)** view; prospect		**basieren** to base
	aussichtslos hopeless		**basteln** to putter; to work at as a
	aus · sprechen* to pronounce; to		hobby
	speak	der	**Bau (-ten)** construction
	aus · statten to equip, supply	der	**Bauarbeiter (-), die Bauarbeiterin**
die	**Ausstattung (-en)** equipment,		**(-nen)** construction worker
	provisions	der	**Bauch (¨e)** belly
die	**Ausstellung (-en)** show,	das	**Baudenkmal (¨er)** monument
	exhibition		**bauen** to build, construct
	aus · sterben* to die out; to	der	**Bauer (-n), die Bäuerin (-nen)**
	become deserted		farmer; peasant
	aus · strahlen to beam; to	das	**Bauernhaus (¨er)** farmhouse
	transmit	der	**Bauernhof (¨e)** farm
	aus · tauschen to exchange	der	**Bauernschmaus (¨e)** meal; feast
	aus · teilen to distribute, hand out	der	**Bauernverband (¨e)** farmers'
	aus · tragen* to hold; to settle		union
(das)	**Australien** Australia		**baufällig** dilapidated
	ausverkauft sold out	der	**Bauherr (-en)** building owner
die	**Auswahl (-en)** choice	das	**Bauland (¨er)** building land
	auswärtig out-of-town	der	**Baum (¨e)** tree

baumeln to dangle

die **Baumspitze (-n)** treetop

der **Baumstamm ("e)** tree trunk

das **Bauwerk (-e)** building, edifice

der **Bayer (-n), die Bayerin (-nen)** Bavarian

bayerisch Bavarian

beachten to notice

beachtenswert noteworthy

der **Beamte (-n), die Beamtin (-nen)** official; civil servant

beantworten to answer

bechern to drink

der **Bedarf** need

bedecken to cover

bedenken* to think over

bedeuten to mean

bedeutend important; major

bedeutsam significant

die **Bedeutung (-en)** meaning; importance

bedienen to serve; to wait on

die **Bedingung (-en)** condition, stipulation

bedingungslos unconditional

bedrohen to threaten

das **Bedürfnis (-se)** need; requirement

beeilen quicken; **sich beeilen** to hurry

beeindrucken to make an impression upon

beeinflußen to influence

beenden to end; to complete

befassen to touch; **sich befassen** to deal with

der **Befehl (-e)** command

befehlen* to command

befestigen to attach

befinden* to find; **sich befinden** to be found

der **Befragte (-n)** interviewee

die **Befragung (-en)** interview; examination

befreien to free, liberate

die **Befreiung (-en)** liberation

befreundet allied, friends with

die **Begabung (-en)** aptitude

begehren to desire, wish for

begeistert enthusiastic

begeistern to inspire; **sich begeistern für** to be enthusiastic about

die **Begeisterung** enthusiasm; passion

begießen* to sprinkle; to pour over

der **Beginn (-e)** beginning, start

beginnen* to begin

begraben* to bury

begrenzen to restrict, limit

begrüßen to greet

der **Begründer (-), die Begründerin (-nen)** founder; originator

begründen to establish; to set up; to justify

die **Begründung (-en)** argument; proof

behaglich comfortable; cozy

behalten* to keep, retain

behandeln to treat

behaupten to maintain

die **Behauptung (-en)** assertion

beheizen to heat

beherbergen to take in; to accommodate

die **Behörde (-n)** administrative authority

bei next to; at; with; while; **bei mir** at my house

beide both; **die beiden** the two

beieinander next to each other; together

die **Beihilfe (-n)** aid, subsidy

beinahe almost

das **Beinstück (-e)** piece of a leg

beiseite aside

das **Beispiel (-e)** example; **zum Beispiel (z.B.)** for example

beispiellos matchless; unheard of

beispielsweise for instance

bei · tragen* to contribute to

bei · wohnen to attend; to witness

die **Bejahung (-en)** affirmation

bekannt (well) known; noted

bekennen* to confess; to acknowledge

beklagen to deplore; **sich beklagen** to complain about

bekleiden to dress

bekommen* to receive; to obtain

bekränzen to wreathe

bekunden to manifest; to testify

belächeln to smile at

belegen to cover; **belegte Brote** sandwiches

die **Beleuchtung (-en)** illumination

(das) **Belgien** Belgium

beliebt popular; liked

bellen to bark
belohnen to reward
die **Belohnung (-en)** reward, recompense
bemalen to decorate
bemerkbar noticeable
bemühen to trouble; **sich bemühen** to strive; to exert oneself
die **Bemühung (-en)** trouble, attempt
benennen* to name (after); to designate
das **Benediktinerkloster (-)** Benedictine monastery
benutzen to use
das **Benzin** gasoline
beobachten to observe; to survey
die **Beobachtung (-en)** observation
bequem comfortable
berechnen to calculate
berechtigen to entitle; to qualify
der **Bereich (-e)** reach; domain
bereichern to enrich
bereit ready
bereiten to prepare
bereits already; previously
der **Berg (-e)** mountain
der **Bergbach (-̈e)** mountain stream
der **Bergbau** mining
die **Berghang (-̈e)** mountain slope
die **Berkette (-n)** mountain range
das **Bergland (-̈er)** highland; mountainous country
die **Bergweide** mountain meadow or pasture
das **Bergwerk (-e)** mine
der **Bericht (-e)** report
berichten to report
berüchtigt notorious
berücksichtigen to take into account
der **Beruf (-e)** occupation; calling
die **Berufsschule (-n)** vocational or trade school
beruflich vocational; professional
die **Berufsausbildung (-en)** vocational or professional training
die **Berufsfachschule (-en)** higher vocational school
das **Berufsheer (-e)** professional army
die **Berufspraxis** professional practice
der **Berufsstand** guild, professional organization

berufstätig employed
die **Berufstaufe (-n)** initiation rite into a trade
beruhen to be based on
berühmt famous
die **Berührung (-en)** contact
besagen* to say; to mean
die **Besatzung (-en)** occupation
der **Besatzungssektor (-en)** occupied sector
beschädigen to damage, injure
beschäftigen to employ; **sich beschäftigen** to be busy
die **Beschäftigung (-en)** occupation; activity
bescheiden modest, simple
beschlossen agreed; settled
der **Beschluß (-̈e)** end; resolution
beschränken to confine, restrict
beschreiben* to describe; to write
beschuldigen to blame; to accuse
beseitigen to remove; to abolish
die **Beseitigung (-en)** removal, elimination
besessen possessed
besetzen to occupy
besichtigen to visit
die **Besichtigung (-en)** inspection; visit
besiedeln to settle; **dicht besiedelt** densely populated
besiegen to overcome; to beat
der **Besitz** possession
besitzen* to own, possess
besonder- (*adj.*) special; particular
besonders (*adv.*) especially; mainly
besprechen* to discuss
die **Besprechung (-en)** discussion; interview
besser better
best best; **am besten** the best
der **Bestandteil (-e)** component; element
bestätigen to confirm; to attest
bestaunen to marvel at
bestehen* to exist; to be made of; to defeat
bestellen to order
besticken to embroider
bestimmen to determine; to decide
bestrafen to punish
bestreben to strive; to be eager

bestreuen to strew

der Besuch (-e) visit

besuchen to attend; to visit

die Besucherzahl attendance

sich betätigen to participate in

die Betätigung (-en) activity

sich beteiligen to take part in

die Betonwüste concrete desert

betrachten to look at; to examine

beträchtlich substantial; important

betragen* to amount to

betreffen* to affect

betreiben* to practice, take part in

betreuen to care for; to assist

der Betrieb (-e) firm; operation; business; concern; im Betrieb working

das Betriebsklima (-ta) working conditions

die Betriebsleitung (-en) management

betroffen afflicted; shocked

betrunken drunk

das Bett (-en) bed

betteln to beg

der Bettler (-), die Bettlerin (-nen) beggar

beugen to bend

beurteilen to judge; to criticize

bevölkern to populate

die Bevölkerung (-en) population

die Bevolkerungsschicht (-en) (social) class

bevor before

bevorzugt favorite; privileged

bewachen to watch over; to guard

bewahren to preserve

bewaldet wooded

bewältigen to manage, cope

sich bewerben (um) to apply (for)

der Bewerber (-), die Bewerberin (-nen) applicant

bewirken to cause; to produce

bewohnbar inhabitable

der Bewohner (-), die Bewohnerin (-nen) inhabitant, resident

die Bewunderung admiration

bewunderungswürdig admirable; wonderful

bewußt known; conscious

das Bewußtsein awareness, consciousness

bezahlen to pay (for)

bezaubernd charming

bezeichnen to label, call, name

sich beziehen* auf to refer to; to correspond to

die Beziehung (-en) connection; relationship

der Bezirk (-e) district; precinct

die Bibliothek (-en) library

das Bier (-e) beer

der Bierkonsum beer consumption

die Biermarke (-n) brand of beer

der Bierverbrauch beer consumption

der Bierwagen (-) horse-drawn beer wagon

das Bierzelt (-e) beer tent or pavillion

bieten* to offer

das Bild (-er) picture; painting

bilden to form

der Bildhauer (-), die Bildhauerin (-nen) sculptor

der Bildschirm (-e) TV screen

die Bildung (-en) formation; education

der Bildungsabschluß (¨sse) diploma

der Bildungsroman (-e) psychological novel

die Bildungsstätte educational institution

das Bildungswesen education

billig cheap; inexpensive

die Birke (-n) birch tree

der Birkenzweig (-e) birch branch

bis until; to; as far as; by

der Bischof (¨e) bishop

bisher until now

bisherig (adj.) former

die Blaskapelle (-n) brass band

blättern to leaf through

blau blue

das Blei lead

bleiben* to remain

der Blick (-e) look; glance

blicken to look at; to glance

blitzen to sparkle; to flash

blühen to bloom

die Blume (-n) flower

der Blumenkasten (¨) window box

die Blütezeit (-en) heyday; golden season

blutig bloody

der Boden (¨) soil; floor

die Bodenfläche (-n) acreage; area

die Bodenreform (-n) agrarian reform

der Bodensee Lake Constance

die Bogenbrücke (-n) arched bridge

(das) Böhmen Bohemia

böhmisch Bohemian

der	**Bohnenkaffee** pure coffee		die	**Bulette (-n)** hamburger
die	**Bolschewisierung** Bolshevist takeover		der	**Bummel-Boulevard (-s)** street for strolling
	bombardieren to bomb		der	**Bund (⁻e)** alliance, federation
der	**Bombenangriff (-e)** bomb raid		der	**Bundesbürger (-), die Bundesbürgerin (-nen)** West German citizen
das	**Boot (-e)** boat			
das	**Bootsrennen (-)** boat race			
	böse angry; evil, mean		der	**Bundeskanzler (-), die Bundeskanzlerin (-nen)** head of the West German government
die	**Botschaft (-en)** message			
der	**Botschafter (-), die Botschafterin (-nen)** ambassador			
	boykottieren to boycott		der	**Bundesrat** West German Upper House; Senate
der	**Brand (⁻e)** fire			
die	**Brauch (⁻e)** custom		der	**Bundestag (-e)** West German parliament; Lower House
	brauchen to need			
das	**Brauchtum (⁻er)** custom		das	**Bundesverdienstkreuz (-e)** West German order of merit
die	**Brauerei (-en)** brewery			
	braun brown		die	**Bundesverfassung** West German constitution
	brausen to foam; to roar			
die	**Braut (⁻e)** bride		das	**Bundesverfassungsgericht** West German constitutional court
der	**Bräutigam (-e)** bridegroom			
das	**Brautpaar** bridal couple		das	**Bündnis (-se)** alliance, league
	breit broad; wide			**bunt** colorful, multicolored
die	**Breite (-n)** width		die	**Burg (-en)** castle; fortress
sich	**breiten** to spread		der	**Bürger (-), die Bürgerin (-nen)** citizen
	brennend burning			
die	**Brezel (-n)** pretzel			**bürgerlich** civil; middle-class
der	**Brief (-e)** letter		der	**Bürgermeister (-), die Bürgermeisterin (-nen)** mayor
der	**Brieffreund (-e), die Brieffreundin (-nen)** pen pal			
			das	**Bürgerrecht (-e)** civic right
der	**Briefmarkensammler (-), die Briefmarkensammlerin (-nen)** stamp collector		das	**Bürgertum** bourgeoisie
			die	**Bürgerwehr (-en)** militia
			das	**Büro (-s)** office
	bringen* to bring; to take		das	**Bürohaus (⁻er)** office building
das	**Brot (-e)** bread			
das	**Brötchen (-)** roll			**C**
die	**Brotzeit (-en)** snack			
die	**Brücke (-n)** bridge		das	**Caféhaus (⁻er)** coffeehouse
der	**Brunnen (-)** well; fountain		die	**Chancengleichheit** equal opportunity
das	**Bruttoeinkommen (-)** gross income			
				charakteristisch characteristic
das	**Buch (⁻er)** book		der	**Chefredakteur (-e)** chief editor
die	**Buchdruckerei (-en)** printing plant		die	**Chemie** chemistry
die	**Buchdruckerkunst** art of printing; typography			**chemisch** chemical
			der	**Chor (⁻e)** chorus
der	**Buchdrucker (-), die Buchdruckerin (-nen)** printer		das	**Christkind** Christ child
			der	**Christus** Christ
die	**Bücherei (-en)** lending library		der	**Cordsamt** corduroy
die	**Bücherverbrennung (-en)** book burning			
				D
die	**Buchtel (-n)** type of dumpling			
				da there; since; because
der	**Buchverlag (-e)** book publisher			**dabei** there; at the same time; by it; nearby
der	**Buckel** back			
die	**Bühne (-n)** stage; theater		das	**Dach (⁻er)** roof

der **Dachbalken (-)** rafter
dadurch thereby
dafür for it (that)
dagegen against it (that)
daher therefore
damalig then; of that time
damals then; in those days
die **Dame (-n)** lady
damit with that; in order that
der **Dammweg (-e)** way
der **Dämon (-en)** demon
dämonenhaften demonlike
dämonisch demonic
die **Dampfstraßenbahn (-en)** steam-powered streetcar
danach afterward
(das) **Dänemark** Denmark
der **Dank** thanks
dankbar thankful, grateful
dann then; after that
darauf about it; on it
    darauffolgend following; subsequent
daraufhin after that; as a result
daraus from this or that; thence
die **Darbietung (-en)** performance
dar · legen to disclose
dar · stellen to show; to describe
darüber over it; about it
darunter including; **verstehen darunter** to understand by it
daß that
das **Datum** date
die **Dauer** duration
dauern to last, continue
davon about it; of it
davor in front of it
dazu to that; for that
dazwischen between
decken to cover; to mark
die **Deern (-e)** girl (Northern Germany)
dehnen to extend
der **Deich (-e)** dike; dam
delegieren to delegate
dementsprechend accordingly
demnach therefore
der **Demokrat (en-*masc.*), die Demokratin (-nen)** democrat
die **Demokratie (-n)** democracy
demokratisch democratic
demonstrativ demonstrative
demonstrieren to demonstrate

die **Demontage (-n)** dismantling
demontieren to dismantle, take apart
demzufolge accordingly
denken* to think
der **Denker (-), die Denkerin (-nen)** thinker; philosopher
das **Denkmal (-̈er)** monument, statue
denn for; because; then
dennoch still; however; yet
die **Deponie** deposit or disposal area
derjenige he who; that which
deshalb therefore; for that reason
die **Despotie** despotism
dessen whose
deswegen therefore
deuten to indicate
deutlich clearly
der **Deutsche (-n), die Deutsche (-n)** German
(das) **Deutschland** Germany
deutschsprachig German-speaking
die **Devise (-n)** foreign currency
der **Devisenmangel** lack of foreign currency
der **Dezember** December
der **Dialekt (-e)** dialect
dicht close; tight
dichtbesiedelt densely populated
der **Dichter (-), die Dichterin (-nen)** poet
dick thick, fat
dienen to serve
der **Dienst (-e)** service; duty
diesmal this time
die **Differenz (-en)** difference
das **Diktat (-e)** dictate
diktatorisch dictatorial
die **Diktatur (-en)** dictatorship
das **Ding (-e)** thing; matter
das **Diplom (-e)** diploma
diplomatisch diplomatic
der **Dirigent (en-*masc.*), die Dirigentin (-nen)** director
dirigieren to direct
das **Dirnchen (-)** young girl
das **Dirndlkleid (-er)** Bavarian costume
die **Dirne (-n)** prostitute
die **Diskothek (-en)** discotheque
die **Diskrepanz (-en)** discrepancy
die **Diskussion (-en)** discussion, debate
diskutieren to discuss, debate

die **Distanz (-en)** distance
die **Disziplin** discipline
diszipliniert disciplined
doch still; however
die **Doktorprüfung (-en)** examination for a doctorate
die **Doktrin (-en)** doctrine
der **Dom (-e)** cathedral
dominieren to dominate
die **Donau** Danube (River)
die **Doppelmonarchie (-n)** double monarchy
doppelt double; twice
das **Dorf (¨er)** village
dort there; over there
dorthin there
das **Drachenfliegen** hang gliding
dramatisch dramatic
drängen to press; to push
sich **drehen um** to revolve around
das **Dreikönigsfest** festival of the Three Wise Men
das **Drittel (-)** third
die **Droge (-n)** drug
drogenabhängig addicted to drugs
der **Drogenkonsument (-en, en-**_masc._**)** drug consumer
drohen to threaten
drüben over there
drücken (auf) to weigh (upon)
der **Duft (¨e)** smell
dunkel dark
die **Dunkelheit** darkness
dünn thin
dünnsbesiedelt sparsely populated
durch through; by; because of
durch · brennen* to burn through
das **Durcheinander (-)** confusion
durch · führen to carry out, implement
durchgehend continuous
durch · greifen* to take drastic measures
die **Durchquerung (-en)** crossing
durchschnittlich average
durch · setzen to carry through; to enforce
durch · streifen to roam
durchwegs throughout
durchzogen (von) interlaced (with)
dürfen* to be permitted; may; must

dürftig poor
durstig thirsty
die **Dynastie (-n)** dynasty

E

eben just; even
die **Ebene (-n)** plain; level land
ebenfalls likewise; also
ebenso equally; **ebenso...wie** just as ... as
die **Ecke (-n)** corner
das **Edelholz (¨er)** rare wood
die **Effektivität** effectiveness
ehe before
die **Ehefrau (-en)** wife
ehemalig former
ehemals formerly, of old
eher rather; sooner
die **Eheschließung (-en)** marriage
der **Ehrendienst (-e)** honorary service
das **Ehrenmal (¨er)** monument, memorial
ehrgeizig ambitious
ehrwürdig venerable, respected
das **Ei (-er)** egg
der **Eid (-e)** oath
die **Eidgenossenschaft** confederacy
eifersüchtig jealous
eifrig eager, zealous
eigen own; special
die **Eigenart (-en)** individuality
eigenartig original; special
das **Eigenheim (-e)** private home
die **Eigenheit (-en)** peculiarity
eigens on purpose; particularly
die **Eigenschaft (-en)** quality, characteristic
eigentlich really; actually
die **Eile** haste
eilen to hurry
ein · betten to embed
ein · berufen* to summon, call up
ein · beziehen* to include; to incorporate
ein · binden* to bind
der **Einblick (-e)** view; glimpse
ein · büßen to forfeit; to lose
eindeutig unequivocal; definite
der **Eindruck (¨e)** impression

eindrucksvoll impressive, striking

einerseits on the one hand

einfach simply; simple, easy; one-way

der **Einfall** (-̈e) invasion

ein · fallen* to occur to; to invade

ein · fahren* to enter

die **Einfassung** (-en) border; fence

der **Einfluß** (-̈sse) influence; influx

einflußreich influential

ein · führen to introduce

ein · gehen* to enter; **auf etwas eingehen** to look into something

ein · gliedern to incorporate; to integrate

ein · greifen* to join in; to intervene

einheimisch native, indigenous

die **Einheit** unity; uniformity

einheitlich standard, uniform

ein · leiten to start; to introduce

die **Einheitspartei** (-en) unified party

einige several; a few; some

der **Einkauf** (-̈e) purchase

ein · kaufen to buy; to shop for

der **Einkaufsbummel** (-) shopping trip

die **Einkaufstasche** (-n) shopping bag

sich **ein · kleiden** to dress oneself

das **Einkommen** (-) income

einladend inviting, tempting

die **Einladung** (-en) invitation

einmal once; some day

einmalig solitary; **einmalig schön** simply wonderful

der **Einmarsch** (-̈e) entry; march into

ein · marschieren to enter; to march into

ein · nehmen* to have; to take

die **Einnahmequelle** (-n) source of income

die **Einreise** (-n) entry

einreisend entering

ein · richten to arrange; to equip, furnish

einsam solitary; lonely

ein · schalten to turn on

ein · schlafen* to fall asleep

ein · schlagen* to break; to smash

der **Einschnitt** cut; cleft

ein · setzen to begin

der **Einspänner** (-) one-horse carriage; coffee with cream (Austria)

ein · sperren to lock up; to put in jail

ein · steigen* to get in; to board

die **Einstellung** attitude; belief

einstig former

ein · teilen to divide; to distribute

eintönig monotonous; drab

ein · treten* to enter

der **Eintritt** (-e) entrance, admission

die **Eintrittskarte** (-n) ticket

der **Einwohner** (-), die **Einwohnerin** (-nen) inhabitant; resident

die **Einwohnerzahl** (-en) number of inhabitants

der **Einzelgänger** (-) outsider; loner

einzeln single; solitary; isolated

einzig only

einzigartig unique, unparalleled

die **Einzigartigkeit** uniqueness

das **Eis** ice

das **Eisbein** (-e) pickled pork

das **Eisen** (-) iron

die **Eisenbahn** (-en) railway

das **Eisenbahnnetz** (-e) railroad network

die **Eisenhütte** (-n) ironworks

eisern iron; of iron

eiskalt icy cold

der **Eisläufer** (-), die **Eisläuferin** (-nen) skater

das **Elbsandsteingebirge** name of a mountain range

elektrisch electric

das **Elektroauto** (-s) electric car

das **Elend** misery; need

das **Elendsquartier** (-e) slum

der **Empfang** (-̈e) reception

empfangen* to receive; to welcome

empfänglich susceptible; receptive

empfehlen* to recommend

die **Empfehlung** (-en) recommendation

empfinden* to perceive; to feel

empört angry; insulted

die **Empörung** resentment; revolt

emsig active; eager

das **Ende** (-n) end; **zu Ende gehen** to end

	enden to finish, end		**episch** epic
	endgültig final, definitive	die	**Epoche (-n)** epoch, period
	endlich finally		**erarbeiten** to acquire; to compile
die	**Endlösung (-en)** final solution		**erbauen** to erect; to build up
das	**Endspiel (-e)** final game	der	**Erbe (-n)** heir; successor
	eng narrow		**erbittert** embittered
das	**Engagement (-s)** commitment	der	**Erdboden** soil; earth
	enorm enormous	die	**Erde** earth
	entartet degenerate, decadent	die	**Erdkunde** geography
	enteignen to expropriate; to dispossess	das	**Ereignis (-se)** event; occurrence
	entfachen to provoke; to arouse		**ererben** to inherit
	entfalten to expand; to display		**erfahren*** to experience; to come to know
	entfernen to remove	die	**Erfahrung (-en)** experience
	entfernt distant; **weit entfernt** far from		**erfinden*** to invent; to discover
die	**Entfernung (-en)** distance	der	**Erfolg (-e)** success; outcome
die	**Entfremdung (-en)** estrangement; alienation		**erfolgreich** effective; successful
	entgegen against; contrary to		**erfreuen** to please
	entgegen · blicken to look forward to		**erfrischen** to refresh
	entgegen · kommen* to meet	die	**Erfrischungsbude (-n)** refreshment stand
	entgegen · wirken to oppose; to work against		**erfüllen** to fulfill; to carry out
	enthalten* to contain; to include	die	**Erfüllung (-en)** accomplishment; fulfillment
	enthusiastisch enthusiastic		**ergeben*** to prove; to result in
	entlang along; the length of	das	**Ergebnis (-se)** result, outcome
	entlassen* to release; to dismiss		**ergehen*** to issue; to extend; **etwas über sich ergehen lassen** to submit to, endure
	entmilitarisieren to demilitarize		
	entnehmen* to remove; to take from		**ergreifen*** to seize; to pick up
	entschädigungslos without compensation		**erhalten*** to receive; to obtain
(sich)	**entscheiden*** to decide		**erhältlich** available
die	**Entscheidung (-en)** decision; ruling	sich	**erheben*** to arise; to rise against
	entsetzen* to remove; **sich entsetzen** to be shocked at		**erhitzt** hot
sich	**entspannen** to relax		**erhoffen** to hope for; to expect
	entsprechend corresponding (to); suitable	die	**Erhöhung (-en)** increase; improvement
	entspringen* to spring from; to escape	sich	**erholen** to relax
		die	**Erholung (-en)** recreation
	entstehen* to emerge; to develop; to originate	das	**Erholungsgebiet (-e)** vacation spot
die	**Entstehung (-en)** origin		**erinnern** to remind; **sich erinnern** to remember
	enttäuschen to disappoint		
	entweder . . . oder either . . . or	die	**Erinnerung (-en)** remembrance; reminder
	entwerfen* to design; to outline		**erkälten** to chill; **sich erkälten** to catch a cold
	entwickeln to develop; **sich entwickeln** to grow		**erkennbar** recognizable
die	**Entwicklung (-en)** development; formation		**erkennen*** to recognize; to perceive
		das	**Erkerfenster (-)** bay window
	entzweigeschnitten cut in two		**erklären** to explain; **sich erklären** to account for
			erlassen* to enact; to cancel
			erlangen to attain; to achieve

erlauben to allow
die Erlaubnis (-se) permission; authority
erleben to experience; to live through
das Erlebnis (-se) experience; event
erleichtern to facilitate; to make lighter; to alleviate
das Erlernen mastery
erlesen exquisite; choice
erleuchten to enlighten; to light up
erliegen* to succumb; to fall victim to
die Erlösung (-en) relief
das Ermächtigungsgesetz (-e) Enabling Act
ermitteln to establish; to determine
ermöglichen to enable
ermüdend tiresome, fatiguing
ermutigen to encourage
die Ernährung (-en) food, nourishment
ernennen* to appoint; to nominate
erneuern to renew
die Erniedrigung (-en) humiliation
ernst serious; earnest
die Ernte (-n) harvest; crop
das Erntedankfest harvest thanksgiving festival
der Erntedanksonntag Sunday of harvest celebration
das Erntefest (-e) harvest festival
erobern to conquer; to capture
erproben to test; to prove
erreichen to reach, arrive at
die Errichtung (-en) construction
erringen* to obtain
der Ersatzteilmangel lack of (spare) parts
erscheinen* to appear
die Erscheinung (-en) appearance
erschießen* to shoot to death
erschließen* to open; to develop
erschreckend alarming; terrible
ersehen* to see; to observe
ersetzen to replace; to reimburse
erst first; at first
die Erstaufführung (-en) opening night, premiere
erstaunlich astonishing; surprising
erstens first; to begin with
ersticken to stifle, suffocate
sich erstrecken to extend
ertappen to catch

der Ertrag (¨e) yield; output
ertränken to drown
ertrödeln to buy second-hand
erwachen to wake (up)
der Erwachsene (-n), die Erwachsene (-n) adult
erwähnen to mention; to refer to
erwartungsvoll expectant
erweitern to expand; to enlarge
erwerben to acquire; to purchase
das Erwerbsleben labor market
erwerbstätig employed
erwidern to reply
das Erz (-e) ore
erzählen to tell, relate
die Erzählung (-en) story, account
der Erzbischof (¨e) archbishop
das Erzeugnis (-se) produce
das Erzgebirge name of a mountain range
erzielen to obtain; to achieve
der Esel (-e) donkey; ass
essen* to eat
die Essenszeit (-en) mealtime
das Estland Estonia
etwa about, approximately
etwas somewhat; something
europäisch European
der Europameister (-) European champion
evangelisch evangelical, protestant
das Evangelium (-ien) gospel
der Exil-Autor (-en) author in exile
die Existenz (-en) existence
experimentell experimental
die Experimentierfreudigkeit eagerness for experimentation
experimentieren to experiment
exportieren to export
der Expressionismus Expressionism
expressionistisch expressionistic

F

die Fabrik (-en) factory
die Fabrikation (-en) manufacture
das Fach (¨er) subject; specialty
der Facharbeiter (-), die Facharbeiterin (-nen) skilled worker
der Fachbereich (-e) school (in a university)
die Fachhochschule (-n) technical school

die **Fachkunde** special knowledge
die **Fachschule (-n)** vocational school
das **Fachwerkhaus ("er)** half-timbered house
die **Fähigkeit (-en)** capability; qualification
fahren* to drive; to travel; to go
fahrend traveling
die **Fahrt (-en)** trip; drive; passage
der **Fahrzeuglärm** vehicle noise
der **Faktor (-en)** fact
die **Fakultät (-en)** faculty; department, school
der **Fall ("e)** fall; case
das **Fallschirmspringen** parachuting
falsch false
die **Familie (-n)** family
der **Familienvater (")** family man
fanatisch fanatic
die **Farbe (-n)** color
farbenfroh colorful
die **Farbenindustrie (-n)** dyeing industry
farbenprächtig colorful
der **Farbfernseher (-)** color TV
Fasching carnival, Mardi Gras
der **Faschismus** fascism
das **Faß ("sser)** cask, barrel
der **Faßmacher (-)** cooper
das **Fassungsvermögen (-)** capacity
fast almost, nearly
die **Fastenzeit (-en)** Lent
die **Fastnacht** Shrove Tuesday, carnival
die **Fastnachtzeit** Mardi Gras, carnival
faszinieren to fascinate
favorisieren to favor
der **Februar** February
der **Federschmuck** plumed ornament
fehlen to be absent; to be missing
fehlend lacking; missing
der **Fehler (-)** mistake; drawback
die **Fehlplanung (-en)** poor planning
der **Feierabend (-e)** closing or leisure time; **Feierabend machen** to leave off work
feiern to celebrate
der **Feiertag (-e)** holiday
fein fine; delicate
feindlich hostile, enemy
die **Feinmechanik** precision mechanics
das **Feld (-er)** field
der **Felsen (-)** rock; cliff

der **Felsenriff (-s)** reef
das **Fenster (-)** window
die **Ferien** (*pl.*) holidays, vacation
das **Ferienparadies (-e)** vacation paradise
die **Ferienzeit (-en)** holiday time
fern distant, remote
das **Fernsehen** television
fern · sehen* to watch television
das **Fernsehgerät (-e)** television set
Fernstudium: im Fernstudium by correspondence course
das **Fernziel (-e)** distant goal
fertig finished
fertig · stellen to finish
die **Fertigstellung** completion
das **Fest (-e)** holiday; festival; party
fest definite
fest · halten* to record; to hold fast
festigen to strengthen; to consolidate
fest · legen to determine
festlich festive
die **Festlichkeit (-en)** festivity
der **Festplatz ("e)** festival ground
die **Festrede (-n)** speech of the day
fest · setzen to delimit
das **Festspiel (-e)** festival
fest · stellen to notice; to find; to establish
die **Festung (-en)** fortress
die **Festwoche (-n)** festival week
der **Festzug ("e)** procession; pageant; parade
fett fat; rich
das **Feuer (-)** fire
die **Feuerwaffe (-n)** firearm
das **Feuerwerk (-e)** fireworks
die **Figur (-en)** figure; character
das **Filmfestspiel (-e)** movie festival
der **Filzhut ("e)** felt hat
finanziell financial
die **Finanzhilfe (-n)** financial aid
finanzieren to finance, fund
das **Finanzsystem (-e)** financial system
finden* to find
der **Finne (-n), die Finnin (-nen)** Fin
der **Fisch (-e)** fish
der **Fischer (-)** fisherman
die **Fischerei** fishing
der **Fischfang** fishing
flach flat
das **Flachdach ("er)** flat roof

das	**Flachland (¨er)** flat country		der	**Frauenbund (¨e)** women's federation
die	**Flasche (-n)** bottle; **eine Flasche Bier** a bottle of beer		die	**Frauenschaft (-en)** women's association
der	**Fleck (-en)** spot		die	**Frauentracht (-en)** customary dress for women
der	**Fleiß** diligence			
	fleißig diligent		das	**Fräulein** young lady; Miss
das	**Fleisch** meat			**frei** free; **im Freien** in the open air
die	**Fleischerei** butcher shop			
das	**Fließband** assembly line		der	**Freiballonfahrer (-)** balloonist
	fließen* to flow; to run		die	**Freiheit (-en)** freedom; liberty
	fliegen* to fly		die	**Freiheitsglocke (-n)** liberty bell
	fliehen* to flee		der	**Freiheitsgrad** degree of freedom
	florieren to flourish, thrive		der	**Freiheitskampf (¨e)** battle for freedom
die	**Flöte (-n)** flute			
die	**Flotte (-n)** fleet		die	**Freilichtbühne** open-air theater
die	**Flucht (-en)** escape, flight		der	**Freistaat (-en)** independent state
die	**Fluchtbewegung (-en)** escape movement		der	**Freitag (-e)** Friday
			der	**Freitrunk (¨e)** free drink
	flüchten to flee, escape			**freiwillig** voluntary
	flüchtig cursory		der	**Freiwillige (-n), die Freiwillige (-n)** volunteer
der	**Flüchtling (-e)** fugitive, escapee; refugee			
			die	**Freizeit** free time
der	**Flüchtlingsstrom (¨e)** stream of refugees		die	**Freizeitbeschäftigung (-en)** leisure time activity
der	**Fluchtversuch (-e)** escape attempt		die	**Freizeitgesellschaft (-en)** leisure society
das	**Flugblatt (¨er)** pamphlet; leaflet		die	**Freizeitgestaltung** structuring of one's leisure time
das	**Flughafengebäude (-e)** airport building			**fremd** strange; foreign
der	**Flugplatz (¨e)** airport		der	**Fremde (-n), die Fremde (-n)** stranger; foreigner
	flüssig liquid			
	föderalistisch federal		der	**Fremdenverkehr** tourism
	föderativ federative		die	**Fremdsprache (-n)** foreign language
die	**Folge (-n)** effect; succession			
	folgen to follow		die	**Freskenmalerei (-en)** frescoe painting
	fordern to demand; to request; to require			**fressen*** to devour; to eat (animals)
die	**Forderung (-en)** demand; request		die	**Freude (-n)** joy, pleasure
die	**Förderung (-en)** promotion; assistance; support		der	**Freund (-e), die Freundin (-nen)** friend
die	**Forelle (-n)** trout			**freundlich** friendly
	formulieren to formulate		die	**Freundlichkeit (-en)** friendliness
	forschen to research		der	**Freundschaftsvertrag (¨e)** friendship treaty
die	**Forschung (-en)** research			
der	**Fortschritt (-e)** progress		der	**Frieden** peace
	fort · setzen to continue		die	**Friedensallianz (-en)** peace alliance
	fotografieren to photograph			
die	**Frage (-n)** question		das	**Friedensfest (-e)** peace celebration
	fragen to ask, question			
(das)	**Frankreich** France		der	**Friedensvertrag (¨e)** peace treaty
der	**Franzose (-n), die Französin (-nen)** Frenchman, Frenchwoman			**friedlich** peaceful
				friesisch Frisian
	französisch French			**frisch** fresh
die	**Frau (-en)** woman; wife			

frischgeröstet freshly roasted
froh joyful, cheerful
fröhlich merry, cheerful
die **Fröhlichkeit (-en)** cheerfulness, mirth
frohlocken to shout for joy
das **Fronleichnamsfest** Corpus Christi
die **Frucht (¨e)** fruit
fruchtbar fertile, prolific
die **Fruchtbarkeit** fertility
früh early
früher former
das **Frühjahr** springtime
der **Frühling** spring
das **Frühstück** breakfast
fühlen to feel; **sich wohl fühlen** to feel at ease, well
führen to lead
der **Führer (-), die Führerin (-nen)** leader, head
die **Führung (-en)** leadership
das **Fundament (-e)** foundation
fünfmal five times
fünfstöckig five-story
das **Fünftel** fifth
funkeln to sparkle, glisten
funktionieren to function, work
für for; **was für . . .?** what kind of . . .?
furchtbar terrible, awful
furchterregend frightening, alarming
die **Fürstengruft (¨e)** prince's tomb
die **Fürstenhochzeit (-en)** prince's marriage
das **Fürstentum (¨er)** principality
der **Fuß (¨sse)** foot
der **Fußball (¨e)** soccer
der **Fußballbund** soccer federation
der **Fußballplatz** soccer field

G

die **Galerie (-n)** gallery
der **Gamsbart (¨e)** tuft of goat's hair
der **Gang (¨e)** walk; **gang und gäbe** customary, usual; **in vollem Gang** in full swing
der **Gänsebraten (-)** roast goose
ganz complete, entire
ganzjährig throughout the year
gar: gar kein none at all; **gar nicht** not at all
garantieren to guarantee
der **Garten (¨)** garden

das **Gartenhaus (¨er)** garden cottage
die **Gasse (-n)** narrow alley, lane
der **Gast (¨e)** guest
der **Gastarbeiter (-), die Gastarbeiterin (-nen)** guest worker
gastfreundlich hospitable
das **Gasthaus (¨er)** restaurant, inn
der **Gasthof (¨e)** restaurant
die **Gastvorstellung (-en)** guest performance, guest appearance
das **Gebäck** baked goods
das **Gebäude (-)** building
geben* to give; **es gibt** there is, there are
das **Gebeit (-e)** area, territory
das **Gebirge (-)** mountain range
gebirgig mountainous
der **Gebrauch** use; **die Gebräuche** (*pl.*) customs
die **Gebührenpflicht (-en)** liability to a fee
die **Geburt (-en)** birth
geburtenstark (*adj.*) having a high birth rate
gebürtig native
das **Geburtshaus** house of birth
die **Geburtsstadt (¨e)** native town
der **Geburtstag (-e)** birthday
die **Gedächtniskirche (-n)** memorial church
gedämpft subdued
der **Gedanke (-n)** thought
das **Gedicht (-e)** poem
die **Gefahr (-en)** danger
gefährden to endanger
gefährlich dangerous
gefallen* to please; **Es gefällt mir.** I like it.
das **Gefängnis (-se)** prison
die **Gefängnisstrafe (-n)** term of imprisonment
das **Gefühl (-e)** feeling, emotion
gegen against
die **Gegend (-en)** region; district; area
die **Gegenkraft (¨e)** counterforce
die **Gegenoffensive (-n)** counteroffensive
die **Gegenreformation (-en)** counterreformation
der **Gegensatz (¨e)** contrast
die **Gegenwart** present; presence
gegenwärtig (*adj.*) present
der **Gegner (-)** adversary
gehen* to go

der **Gehilfe (-n), die Gehilfin (-nen)** assistant

gehören to belong (to)

der **Gehorsam** obedience

der **Geigenbauer (-)** violin maker

der **Geiger (-), die Geigerin (-nen)** violinist

der **Geist (-er)** ghost

die **Geistesgeschichte** intellectual history, history of ideas

geistig intellectual; spiritual

der **Geistliche** clergyman

die **Gelegenheit (-en)** occasion; opportunity

der **Gelegenheitsrabeiter (-)** casual worker; handyman

gelegentlich occasionally

gelten* to count as; to be regarded as

gelüsten (nach) to crave, have a craving (for)

das **Gemälde (-)** painting

die **Gemeinde (-n)** community; congregation; municipality

die **Gemeindeschwester (-n)** parish nurse

gemeinsam common, mutual

die **Gemeinschaft (-en)** community

die **Gemeinschaftseinrichtung (-en)** community facility

das **Gemüse** vegetables

gemütlich comfortable, cozy

die **Gemütlichkeit** joviality; cozy atmosphere

genau exact; **genau so** just as

genehmigen to approve; to grant

der **Generalsekretär (-e), die Generalsekretärin (-nen)** secretary general

genießen* to enjoy

genug enough

genügend sufficient

die **Genußmittel** (*pl.*) luxury foodstuffs

geographisch geographical

gepökelt cured

das **Gepräge** character

gerade (*adv.*) just, exactly, precisely

geradezu absolutely

die **Geranie (-n)** geranium

das **Gerät (-e)** appliance; set

geräuchert smoked

gerecht just; righteous

geregelt regular

das **Gericht (-e)** court; dish

gering small, modest

germanisch Germanic

gerne gladly; **gerne etwas tun** to like to do something

der **Geruch (-̈e)** smell

das **Gesammelte** collected items

gesamt entire

die **Gesamtbevölkerung (-en)** total population

die **Gesamtfläche (-n)** total surface

die **Gesamthochschule (-n)** type of university

die **Gesamtschule (-n)** type of secondary school

die **Gesamtzahl (-en)** total number

der **Gesangverein (-e)** glee club

das **Geschäft (-e)** store; business

die **Geschäftigkeit** activity; bustle

der **Geschäftsmann (-̈er), die Geschäftsfrau (-en)** merchant; businessman, businesswoman

geschehen* to happen

das **Geschenk (-e)** gift

die **Geschichte (-n)** history; story

geschichtlich historical

die **Geschicklichkeit (-en)** skill, dexterity, ability

das **Geschlecht (-er)** sex, gender

der **Geschmack** taste

das **Geschmeide (-)** jewelry

das **Geschwätz** talk; prattle; gossip

die **Geschwister** (*pl.*) brothers and sisters

der **Geselle (-n)** journeyman

die **Geselligkeit** sociability

die **Gesellschaft (-en)** society; company

gesellschaftlich social

die **Gesellschaftsform** socio-political organization

gesellschaftwissenschaftlich belonging to the social sciences

das **Gesetz (-e)** law

gesetzgebend legislative

die **Gesetzgebung** legislation

das **Gesicht (-er)** face

das **Gespenst (-er)** ghost, spectre

die **Gespenstergeschichte (-n)** ghost story

die **Gestalt (-en)** shape; form; figure

gestalten to structure, arrange; to make, create

die **Gestaltung (-en)** creation; organization

gestern yesterday

das **Gestüt (-e)** stud farm
gesund healthy
die **Gesundheit** health
das **Getränk (-e)** beverage, drink
das **Getreide (-)** grain
gewagt risky
gewähren to grant
gewährleisten to guarantee
die **Gewalt (-en)** power, force; authority
die **Gewaltenteilung** separation of power
gewaltig mighty, strong
gewerblich industrial, professional
die **Gewerkschaft (-en)** trade union
der **Gewerkschaftsbund (-̈e)** association of trade unions
die **Gewinnbeteiligung (-en)** profit-sharing
gewiß certain, sure
das **Gewissen (-)** conscience
der **Gewissensgrund (-̈e)** reason of conscience
gewöhnlich usually
das **Gewölbe (-)** vault; cellar
der **Gipfel (-)** summit, top
der **Glanz** splendor; distinction
glänzend shining; glorious
die **Glasscheibe (-n)** glass panel
glatt smooth
glauben to believe; to think
glaubhaft believable
der **Gläubige (-n), die Gläubige (-n)** believer, faithful (person)
gleich same; equal
gleichgültig indifferent
gleich · machen to make equal; **dem Erboden gleichmachen** to raze, level
gleich · schalten to eliminate opponents; to coordinate
die **Gleichschaltung** political coordination or suppression
gleichzeitig at the same time
der **Gletscher (-)** glacier
gliedern to segment; to arrange, organize; **sich gliedern (in)** to be composed (of)
die **Gliederung (-en)** organization; formation; arrangement

die **Glocke (-n)** bell
der **Glockenturm (-̈e)** bell-tower
das **Glück** luck; happiness; fortune
glücken to succeed; **es ist ihm geglückt** he succeeded in
glücklich happy; fortunate
glücklicherweise luckily; fortunately
gnadenlos without mercy
die **Golfanlage (-n)** golf course
der **Golfplatz (-e)** golf course
gotisch gothic
der **Gott (die Götter)** God
gottseidank thank God
die **Graduierung (-en)** graduation
der **Graf (en-*masc.*), die Gräfin (-nen)** count, countess
grammatisch grammatical
grandios grandiose
die **Granitwand (-̈e)** granite wall
das **Gras (die Gräser)** grass
grau gray
grausam cruel
greifen* to reach; to grab
grell glaring
die **Grenze (-n)** border
grenzen to border
die **Grenzgebühr (-en)** border tax, duty
der **Grenzpfahl (-̈e)** border sign
der **Grenzübergang (-̈e)** border crossing
der **Grenzübertritt (-e)** border crossing
die **Greueltat (-en)** atrocity
der **Grieche (-n), die Griechin (-nen)** Greek
(das) **Griechenland** Greece
grillen to barbecue
der **Grog** grog
gröhlen to bawl

(das)	**Grönland** Greenland		**habsburgisch** Hapsburgian
	groß great; big, large	der	**Hafen** (") harbor, port
die	**Großmutter** (") grandmother	die	**Hafenstadt** ("e) harbor town
der	**Großvater** (") grandfather	die	**Haftzeit** (-en) time of imprisonment
der	**Großkonzern** (-e) conglomerate	der	**Hahn** ("e) cock, rooster
			halb half; **eine halbe Million** half a million
die	**Großmacht** ("e) superpower	die	**Hälfte** half
der	**Großstadt** ("e) metropolis	die	**Hallig** (-en) small islands in the North Sea
der	**Großteil** larger part	der	**Hals** ("e) neck
	großzügig generous; on a large scale	das	**Halstuch** ("er) neckerchief
	grotesk grotesque		**halten*** to hold; **halten für** to consider, deem
der	**Gruß** ("sse) greeting; **Gruß Gott!** How are you?	die	**Haltung** (-en) attitude
		der	**Handel** commerce; business; trade
das	**Grün** greenery		**handeln** to act; to behave
die	**Grünanlage** (-n) park	das	**Handeln** action; behavior
der	**Grund** ("e) reason	der	**Handelsbund** ("e) business or economic association
	gründen to found	die	**Handelsmesse** (-n) trade fair
der	**Gründer** (-) founder	der	**Handelsverkehr** business dealings
die	**Grundform** (-en) basic form	der	**Händler** (-), **die Händlerin** (-nen) merchant, trader
das	**Grundgesetz** (-e) basic law	die	**Handlung** (-en) action; deed
die	**Grundlage** (-n) basis; foundation	die	**Handschrift** (-en) manuscript
	grundlegend basic	der	**Handwerker** (-) artisan
	gründlich thorough		**hängen*** to hang
das	**Grundnahrungsmittel** (-) basic food, staple	die	**Hanse** name of a medieval economic association
der	**Grundsatz** ("e) principle		**hart** hard; difficult; severe
	grundsätzlich fundamental, basic	der	**Harz** name of a mountain range
die	**Grundschule** (-n) elementary school	das	**Haschisch** hashish
			hassen to hate
der	**Grundstücksbesitzer** (-) landowner		**häufig** often
		das	**Haupt** ("er) head, leader
die	**Gründung** (-en) founding, establishment	die	**Hauptgeschäftsstraße** (-n) main shopping street
der	**Grüngurtel** (-) "green belt," park	die	**Hauptrolle** (-n) main role; main character
die	**Gruppe** (-n) group		**hauptsächlich** mainly
das	**Gulasch** goulash (type of meat stew)	die	**Hauptschule** (-n) type of secondary school
	günstig favorable	der	**Hauptsitz** (-e) headquarters
	gut good; well	die	**Hauptstadt** ("e) capital
das	**Gymnasium** (-ien) secondary school	das	**Hauptthema** (-themen) main topic
		das	**Haus** ("er) house
		der	**Hausbesitzer** (-) homeowner
	H	die	**Hausfrau** (-en) housewife
		der	**Haushalt** (-e) household
das	**Haar** (-e) hair	das	**Haushaltsgeld** housekeeping money
(das)	**Habsburg** the house of Hapsburg		

das	**Hausmärchen (-)** fairytale		**hervor · gehen*** to go forth; to
der	**Hausmeister (-), die**		proceed
	Hausmeisterin (-nen) caretaker		**hervor · ragen** to jut out,
die	**Hauswirtschaft** housekeeping		project
die	**Hautfarbe (-n)** skin color		**hervor · rufen*** to cause
das	**Heer (-e)** army	das	**Herz (en-**_masc._, _sing._ **-n,** _pl._ **-en)**
das	**Heftchen (-)** notebook; notepad		heart
der	**Heide (-n)** heathen, pagan	der	**Herzog (⁻e), die Herzogin (-nen)**
die	**Heide** heath, moor		duke, duchess
das	**Heidekraut** heather		**hetzen** to pursue, hunt
	heidnisch pagan		**heutig** of today
das	**Heilbad (⁻er)** mineral bath		**heutzutage** nowadays
	heil intact; whole; safe	die	**Hexe (-n)** witch, sorceress
	heilend healing		**hiesig** local
	heilig holy; **Heilig Abend**	die	**Hilfe (-n)** help
	Christmas Eve	die	**Himbeer (-e)** raspberry
der	**Heilige (-n), die Heilige (-n)** saint		**himmelweit** miles apart
das	**Heilmittel (-)** remedy; medicament		**hinaus · treiben*** to drive out
die	**Heilquelle (-n)** mineral springs		**hin · richten** to execute
	heim homeward	die	**Hinsicht (-en)** respect, regard
das	**Heim (-e)** home		**hinsichtlich** regarding
die	**Heimat (-en)** home, homeland		**hinter** (_prep._) behind, in back of
der	**Heimatdichter (-)** regional poet	der	**Hintergrund (⁻e)** background
	heimatlos homeless	der	**Hinterhof (⁻e)** backyard
	heimkehren to return home		**hinter · lassen*** to leave behind; to
das	**Heimweh** homesickness		bequeath
	heiraten to marry; to get married		**hin · weisen** to show
	heiß hot	sich	**hin · ziehen** to last
	heißen* to be called	das	**Hirn (-e)** brain
der	**Heißluftballon (-e** _or_ **-s)** hot-air	der	**Hirt (en-**_masc._**)** shepherd
	balloon		**historisch** historical
	heiter in a good mood; cheerful		**hoch** high; highly
die	**Heizung (-en)** heating	das	**Hochdeutsch** standard German
der	**Hektar (-e)** hectare	das	**Hochhaus (⁻er)** skyscraper
	helfen* to help	die	**Hochschätzung** esteem
	hell light; bright	die	**Hochschule (-n)** college
das	**Hemd (-en)** shirt		**höchst** highest
der	**Henker (-)** hangman		**hochwertig** high-grade
	heran · wachsen to grow up	die	**Hochzeit (-en)** wedding
	heraus · ragen to project,		**hoffen** to hope
	stick out		**hoffentlich** hopefully
	heraus · ziehen* to remove,	die	**Hoffnung (-en)** hope
	extract	der	**Höhepunkt (-e)** highpoint
	herbei · führen to bring about	die	**Höhle (-n)** hole; cave
der	**Herbst** autumn		**holen** to get, fetch
der	**Herd (-e)** hearth; home	das	**Holz (⁻er)** wood
	herkömmlich traditional	der	**Honig** honey
	herrlich magnificent, splendid		**hören** to hear; to listen to
die	**Herrschaft** dominion; mastery;	der	**Horsaal (-säle)** lecture room
	rule	die	**Hose (-n)** pants, trousers
	herrschen to rule; to predominate		**hübsch** pretty; charming
	herstellen to produce		**hüftbedeckend** covering the
die	**Herstellung** production		haunches
	hervor · bringen* to bring forth,	der	**Hügel (-n)** hill
	generate		**hugelig** hilly

humanistisch humanistic
die **Humanität** humanity
der **Humor** humor; sense of humor
humorvoll humorous
der **Hund (-e)** dog
der **Hundezüchter** dog breeder
hungrig hungry
der **Hut (-̈e)** hat
hypnotisch hypnotic

I

idealistisch idealistic
die **Idee (-n)** idea
identifizieren to identify
identisch identical
die **Ideologie (-n)** ideology
ideologisch idealogical
der **Imbißstand (-e)** refreshment
stand
immatrikulieren to matriculate,
register
imperalistisch imperialistic
imponierend impressive
importieren to import
imposant impressive
der **Inbegriff (-e)** essence
das **Individium (-ien)** individual
indoktrinieren to indoctrinate
industrialisieren to industrialize
die **Industrie (-n)** industry
die **Industriemesse (-n)** industrial fair
sich **informieren (über)** to inform
oneself (about)
der **Ingenieur (-e), die Ingenieurin
(-nen)** engineer
der **Inhaber (-), die Inhaberin (-nen)**
owner
inhaftieren to arrest
das **Inkrafttreten** coming into force
inmitten (*adv. + prep.*) in the
midst of
das **Innenministerium** Department of
the Interior
die **Innenpolitik** domestic policy
das **Innere** interior, core
innerhalb (*adv. + prep.*) within,
inside of
die **Insel (-n)** island
insgesamt (*adv.*) all together,
collectively
insofern to that extent; so far
inspirieren to inspire
die **Inszenierung (-en)** staging,
production
integrieren to integrate

interessant interesting
das **Interesse (-n)** interest
sich **interessieren für** to be
interested in
interpretieren to interpret
investieren to invest
inwiefern to what extent
inzwischen meanwhile, in the
meantime
irgend any; **irgendein** any
ironisch ironic
isolieren to isolate

J

die **Jagd (-e)** chase; hunt
jagen to chase; to hunt
das **Jahr (-e)** year
jahrelang (lasting) for years
die **Jahreszeit (-e)** season
der **Jahrgang (-̈e)** age group; vintage
das **Jahrhundert (-e)** century
die **Jahrhundertwende** turn of the
century
jährlich annually
der **Januar** January
je ever; at a time; each; **je nach**
according to
jeder each; every; either; any
jederzeit always
jedesmal each time
jedoch (*adv.*) however,
nevertheless
jeglich each; every; all
jeher: von jeher from time
immemorial
jemand someone; anyone
jetzig present, modern
jetzt now, at present
jeweilig current
jeweils at present
jodeln to yodel
der **Jubel** rejoicing, jubilation
jubeln to shout with joy
der **Jude (-n), die Judin (-nen)** Jew
judisch Jewish
die **Jugend** youth
der **Jugendliche (-n), die
Jugendliche (-n)** young
person, adolescent
der **Juli** July
jung young
der **Junge (en-*masc.*)** young man
die **Jungfrau (-en)** girl
der **Juni** June
die **Justiz** justice

K

der **Kaffee** coffee
der **Kaffeeliebhaber** coffee lover
kahl bare; bald
der **Kaiser (-), die Kaiserin (-nen)**
  emperor, empress
das **Kalb (¨er)** calf
kalt cold
der **Kamerad (-en, en-*masc.*)**
  companion
der **Kamm (¨e)** comb
die **Kammermusik** chamber music
der **Kampf (¨e)** fight, struggle
kandieren to candy
die **Kantine (-n)** cantine
der **Kanton (-e)** canton (Swiss)
der **Kantor (-en)** organist
der **Kanzler (-)** chancellor
das **Kapitel (-)** chapter
kapitulieren to surrender
Karibisch Caribbean
der **Karneval** carnival, Mardi Gras
der **Karpfen (-)** carp
die **Kartoffel (-n)** potato
das **Karzer (-)** detention room
der **Käse (-)** cheese
die **Kaserne (-n)** barracks
katholisch Catholic
die **Katze (-n)** cat
kaufen to buy
der **Kaufmann (¨er)** merchant
kaum scarcely, hardly
kein no, not a, none, not any
keineswegs in no way
der **Keller (-)** cellar
der **Kellner (-), die Kellnerin (-nen)**
  waiter, waitress
keltisch Celtic
kennen* to be acquainted with
kennen · lernen to meet, make
  the acquaintance of
der **Kern (-e)** core, heart
die **Kerze (-n)** candle
die **Kette (-n)** chain
die **Kiefer (-n)** Scots pine
das **Kind (-er)** child
die **Kindheit** childhood
das **Kipfer (l)** croissant, roll
die **Kirche (-n)** church
kirchlich ecclesiastical
die **Kirschtorte (-n)** cherry cake
der **Kirschwasserschnaps (¨e)** cherry
  liqueur
der **Kitt (-e)** cement, glue
klar clearly, evidently

die **Klasse (-n)** class
klassisch classical
der **Klatschkolumnist (en-*masc.*), die**
  Klatschkolumnistin (-nen)
  gossip columnist
das **Kleid (-er)** dress
sich **kleiden** to dress
die **Kleidung (-en)** clothing
klein small, little
das **Klima (-s)** climate
das **Kloster (¨)** monastery
die **Kneipe (-n)** tavern
das **Knie (-s)** knee
der **Knöchel (-)** ankle
der **Knödel (-)** dumpling
kochen to cook; to boil
der **Koffer (-)** suitcase; trunk
die **Kohle (-n)** coal; carbon
der **Kollege (-n)** colleague
die **Kolonie (-n)** colony
kombinieren to combine
der **Komiker (-), die Komikerin**
  (-nen) comedian, comedienne
die **Kommandantur** commandant's
  office
kommen* to come
die **Kommerzialisierung**
  commercialization
der **Kommunist (en-*masc.*)**
  communist
die **Komödie (-n)** comedy; play; farce
komplett complete
der **Komponist (en-*masc.*)** composer
die **Konditorei (-en)** pastry shop,
  café
der **König (-e), die Königin (-nen)**
  king, queen
das **Konkordat (-e)** treaty, pact
können* to be able, can
der **Konservatismus** conservatism
die **Konsolidierung (-en)**
  consolidation
sich **konstituieren** to be constituted of
kontrollieren to control
sich **konzentrieren** to concentrate
der **Kopf (¨e)** head
das **Kopfschütteln** shaking of heads
der **Korbball (¨e)** basketball
der **Korb (¨e)** basket
der **Kornbranntwein** whisky
körperlich physical
die **Körperpflege** care of the body
kostbar expensive
kosten to cost
kostlich expensive
kostspielig expensive

das	**Kostüm (-e)** costume	die	**Lage (-n)** position; location;
	kostumieren to dress in costume		condition
die	**Kraft (ⁱe)** power, might	das	**Lagerhaus (ⁱer)** warehouse
	krähen to squawk	das	**Land (ⁱer)** country; region; **auf**
	krank sick		**dem Land(e)** in the country
das	**Krankhaus (ⁱer)** hospital	die	**Landkarte (-n)** map
die	**Krankenversicherung** health		**ländlich** rural, rustic
	insurance	die	**Landschaft (-en)** landscape,
die	**Krankfeier (-n)** taking time off for		scenery, countryside
	sick leave	der	**Landstrich (-e)** region
der	**Kranz (ⁱe)** wreath	die	**Landung (-en)** landing
	kratzen to scratch	der	**Landvogt (ⁱe)** provincial governor
	krebsig scarlet	die	**Landwirtschaft** farming,
der	**Kreise (-n)** circle; area; sphere		agriculture
der	**Kreiselauf (ⁱe)** circulation		**lang** long; **wie lange?** how long?
die	**Kriesleitung (-en)** district office		**länglich** longish, oblong
der	**Krieg (-e)** war, warfare		**langsam** slow; slowly
	kriegerisch war, warlike	der	**Lärm** noise
die	**Kriminalität** crime		**lassen*** to allow, permit, let; + *inf.*
die	**Krise (-n)** crisis, turning point		to get or have done, made, etc.
die	**Kritik (-en)** criticism		**lästig** annoying
	kritisieren to criticize	das	**Latein** Latin
die	**Krönung (-en)** coronation	die	**Laterne (-n)** lantern; light
	krumelig crumbly	die	**Laube (-n)** bower, arbor
die	**Kruste (-n)** crust	der	**Laubengang (ⁱe)** arcade, covered
der	**Kubismus** cubism		way
die	**Küche (-n)** kitchen; cuisine;	der	**Lauf (ⁱe)** course; **im Laufe der**
	cooking		**Jahre** over the years
die	**Kuckucksuhr (-en)** cuckoo		**laufen** to run; to walk; to go
	clock		**laut** loud; loudly; openly
der	**Kugel (-n)** ball		**lauten** to sound; to read, go
die	**Kuh (ⁱe)** cow		**leben** to live
der	**Kuhglocke (-n)** cowbell	das	**Leben** life
	kühl cool		**lebendig** alive
	kühn boldly	die	**Lebensmittel** (*pl.*) food; provisions
die	**Kunde** information, knowledge;	der	**Lebensraum** living space; territory
	der Kunde (-n), die Kundin	der	**Lebensunterhalt** livelihood,
	(-nen) customer, client		subsistence
	künftig future		**lebenswert** worth living
die	**Kunst (ⁱe)** art	die	**Leberwurst (ⁱe)** liverwurst
der	**Künstler (-)** artist, performer		**lebhaft** lively; **lebhaft geht es . . .**
die	**Kur (-en)** cure, treatment		it's active, busy
die	**Kurbel (-n)** handle	der	**Lebkuchen** gingerbread
der	**Kurfürst (en-***masc.***)** elector (in the		**lecker** delicious
	German empire)	das	**Leder (-)** leather
der	**Kurort (-e)** spa		**lediglich** merely; only
	kurz short; shortly; for short		**leer** empty
die	**Kurzweil (-e)** entertainment		**legen** to lay; to put, place
die	**Küste (-n)** coast	die	**Lehre (-n)** instruction; lesson;
der	**Kutter (-n)** cutter (nautical)		teaching
			lehren to teach
	L	der	**Lehrer (-), die Lehrerin (-nen)**
			teacher
	lächelnd smiling	der	**Lehrling (-e)** apprentice
	lachen to laugh		**leicht** easy; light

leidenschaftlich enthusiastic, passionate

leider unfortunately

sich leisten (+ *dat.*) to afford

die Leistung (-en) performance; achievement

der Leitartikel leading article

sich leiten von to be derived

der Leiter (-) conductor

die Leitung (-) direction

lernen to learn

das Lernniveau (-s) standard of learning

der Lernschwerpunkt (-e) special study interest

lesen* to read

das Lettland Latvia

letzt last; past; latest

leuchten to glimmer, shine

die Leute (*pl.*) people

das Licht (-er) light

lieb dear

lieben to like; to love

die Liebe love

lieber rather; ich sehe lieber ... I'd prefer to see ...

liebevoll kind; kindly

lieblich lovely

der Lieblingssport favorite sport

das Lied (-er) song

liefern to furnish, provide

liegen* to lie; to be (situated)

lila lilac; light violet

der Liliputaner (-) small person

die Linie (-n) line; figure; in erster Linie first of all, above all, mainly

linientreu faithful

links: von links nach rechts from left to right

die Liste (-n) roll; register; list

literarisch literary

das Loch (¨er) hole, nook

locken to attract, entice

der Lockruf (-e) call-note (of a bird)

der Lohn (¨e) reward

lohnen to reward, pay off

das Lokal (-e) pub, small restaurant

der Löwe (en-*masc.*) lion

die Luft (¨e) air

die Luftbrücke (-n) airlift

das Luftschiff (-e) airship, zeppelin

die Lust (¨e) pleasure, desire; Lust haben zu to feel like

lustig: es geht lustig zu there is great merriment

lyrisch lyrical

M

machen to make; to do; eine Prüfung machen to taken an exam; eine Reise machen to take a trip

die Macht (-e) power, might; zur Macht kommen to rise to power

der Machtbereich (-e) sphere of influence

die Machtergreifung (-en) seizure of power

mächtig powerful; big, thick

die Machtübernahme (-n) seizure of power

mager thin

magisch magic(al)

die Magisterprüfung (-e) exam for a master of arts degree

der Magisterrat municipal council

die Mahlzeit (-en) meal; mealtime

der Mai May

der Maibaum (¨e) maypole

Main Main (River)

das Mal (-e) time, point of time; jedes Mal every time; sag' mal just tell me; schon mal ever; zum ersten (letzten) Mal for the first (last) time

malen to paint

der Maler (-) painter, artist

die Malerei (-) painting

malerisch picturesque

man (*indef. pron.*) one, people, they, you

manch- (-er, -e, -es) (*ind. adj.* + *pron.*) many, many a (one)

manchmal (*adv.*) sometimes

der Mangel (¨e) need, scarcity

der Mann (¨er) man; husband

die Mannigfaltigkeit variety

die Mannschaft (-en) team

der Mantel (¨) overcoat

das Märchen (-) fairytale

märchenhaft fabulous, legendary

die Mark (-en) boundary; territory

die Mark (-) mark (coin)

der Markt (¨e) market, marketplace

der Marktplatz (¨e) marketplace

der März March

	maskieren to mask	das	**Meßgerät (-e)** things used to celebrate mass
die	**Masse (-n)** mass		
die	**Massenflucht (-e)** mass flight		**miauen** to mew
	massenweise in large numbers	das	**Mieder (-)** bodice
das	**Maß (-e)** measure, measurement; **in beschränktem Maße** to a lesser extent; **in dem Maße als** to the extent that	die	**Miete (-n)** rent
			mieten to rent
		die	**Mietskaserne (-n)** large block of apartments
	maßgebend determining	die	**Milch** milk
die	**Maßnahme (-n)** precaution, measure	die	**Milchwirtschaft** dairy industry
			militarisch military
	mathematisch mathematical	der	**Militarismus** militarism
die	**Mauer (-n)** wall	der	**Militär** soldier
die	**Medizin (-en)** (science of) medicine	der	**Militärsbefehlshaber** commanding officer in the military
das	**Meer (-e)** sea		
	mehr more; **immer mehr** more and more; **je mehr . . . umso mehr . . .** the more . . . the more . . .; **mehr als** more than; **nie mehr** never again	die	**Milliarde** billion
			mindestens at least
		das	**Ministerium (-ien)** department
		der	**Ministerpräsident (en-*masc.*)** prime minister
	mehrere (*pl. adj.*) several	der	**Ministerrat** cabinet council
	mehrgeschossig having several floors	der	**Minnesänger (-)** minstrel
		die	**Mischung (-en)** mixture
die	**Mehrheit** majority	der	**Mißbrauch (¨e)** misuse
	mehrmals (*adv.*) several times		**mißlingen*** to fail
das	**Mehrzweckpferd (-e)** horse that has many uses	die	**Mitarbeit (-en)** cooperation
		das	**Mitglied (-er)** member
	meinen to believe, think, have the opinion	der	**Mitläufer (-)** nominal members
		der	**Mitmensch (en-*masc.*)** fellow human
die	**Meinung (-en)** opinion; **Ihrer Meinung nach** in your opinion	der	**Mittag (-e)** noon; midday; **zu Mittag** at noon
	meist most; generally; mostly; **am meisten** for the most part, most of all; **die meisten** most; **die weitaus meisten** by far the most	die	**Mitte (-n)** middle, midst; **Mitte der fünfziger Jahre** the mid-fifties
		das	**Mittel (-)** means; remedy
		das	**Mittelalter (-)** Middle Ages
	meistens (*adv.*) generally, for the most part		**mittelalterlich** medieval
		das	**Mittelmeer** Mediterranean Sea
der	**Meister (-)** master	der	**Mittelpunkt (-e)** focus; center
	meisterhaft masterfully, skillfully	die	**Mittelschule (-n)** type of secondary school
die	**Melange** coffee and milk mixture (Austria)		
			mitten: mitten in in the middle of
	melden to announce; report; to enroll; **sich melden** to come forth	die	**Mitternacht** midnight
			mittler middle; central; average, medium(-sized)
die	**Melodie (-n)** melody	der	**Mittwoch** Wednesday
die	**Menge (-n)** quantity; crowd; **eine Menge** a great many	die	**Mitverantwortung** shared responsibility
		das	**Möbel** piece of furniture; (*pl.*) furniture
die	**Mensa (-)** student restaurant		
der	**Mensch (en-*masc.*)** man, human, (*pl.*) people	die	**Mode (-n)** style, fashion
			modernisieren to modernize
	merklich markedly		**mögen*** to want, wish, desire, be inclined to; to be allowed, permitted; may, might
das	**Merkmal (-e)** sign, indication		
die	**Messe (-n)** fair		
das	**Messer (-)** knife		

möglich possible

die **Möglichkeit (-en)** possibility

die **Monarchie (-n)** monarchy

der **Monat (-e)** month

monatelang for a month

monatlich monthly

der **Mondschein** moonlight

die **Mongolei** Mongolia

monoton boring, monotonous

die **Monotonie** monotony

der **Montag** Monday

moralisch moral

der **Morgen (-)** morning; dawn; **in den frühen Morgen** in the early morning; (adv.) tomorrow

das **Morgenland** Orient, East

die **Mosel** Mosel (River)

die **Mundart (-en)** dialect

die **Mundung (-en)** (river) mouth

das **Münster (-)** cathedral

das **Museum (-een)** museum

die **Mußestunde (-n)** leisure hour

müssen to be obliged to, have to, must

die **Musik** music

musikalisch musical

der **Musikant (en-masc.)** musician

der **Musiker (-)** musician

der **Musikliebhaber (-), die Musikliebhaberin (-nen)** music lover

musizieren to make music

muskulös muscular

der **Mut** courage, spirit

die **Mütze (-n)** cap

N

na (int. expressing doubt) well

nach (dat.) to; after; according to; in accordance with; **bis nach** as far as; **erst nach** only after, not until after; **Ihrer Meinung nach** in your opinion; **je nach** (dat.) according to, depending on; **nach dem Vorbild** (gen.) on the model of; **nach dem Westen hin** towards the west; **nach (der) Meinung vieler Bürger** in the opinion of many citizens; **nach wie vor** now as ever, still; **(je) nach Wunsch** as desired; **Wunsch nach** (dat.) desire for

nach · ahmen to imitate, copy

der **Nachbar (-n)** neighbor

die **Nachbarschaft (-en)** neighborhood, vicinity; (coll.) neighbors; **die ganze Nachbarschaft** all the neighbors

nachdem (conj.) after

nach · denken* (über) (acc.) to reflect (on)

der **Nachdruck** emphasis; **Nachdruck legen auf** (acc.) to place emphasis on

nach · geben* (dat.) to give in (to)

die **Nachkriegsjahre** (pl.) post-war years

die **Nachkriegszeit** post-war era

der **Nachmittag (-e)** afternoon; **nachmittags** in the afternoon, afternoons

die **Nachricht (-en)** news

die **Nachrichtenmedien** (pl.) news media

nach · spielen to reenact

nächst(-) next; **in den nächsten Jahren** in the next few years

nachstehend following

die **Nacht (¨e)** night; **bei Nacht und Nebel** under the cloak of darkness

der **Nachteil (-e)** disadvantage, drawback

das **Nachtleben** night-life

nächtlich nocturnal, night

das **Nachtlokal (-e)** nightclub, all-night café or bar

nah close

die **Nahe** the Nahe (river)

die **Nähe** vicinity; **ganz in der Nähe** (gen.) very close to **nahegelegen** nearby, neighboring

das **Nähere** (or **Näheres**) details

der **Nahrungsbedarf** (total) food needs

das **Nahrungsmittel (-)** food(stuff), source of nutrition

die **Nahrungsmittelindustrie** food industry

namens by the name of

namhaft well-known, noted

nämlich namely, that is; (colloq.) you see

der **Narr (en-masc.)** fool; jester

die **Nase (-n)** nose

naßkalt rainy and cold, raw

das **Nationalbewußtsein** sense of
national identity

die **Nationalhymne (-n)** national
anthem

der **Nationalismus** nationalism
nationalistisch nationalistic

die **Nationalität (-en)** nationality

die **Nationalmannschaft**
(-en) national team

der **Nationalrat** (in Switzerland and
Austria) National Council

die **Nationalversammlung**
(-en) national assembly

die **Natur** nature

der **Naturforscher (-)** naturalist
natürlich (*adj.*) natural; (*adv.*)
naturally, of course

das **Naturschutzgebiet (-e)** natural
preserve, sanctuary
naturverbunden (closely) linked
with nature

die **Naturwissenschaften** the
(natural or physical) sciences
naturwissenschaftlich
(*adj.*) (natural) science;
pertaining to the natural
sciences

der **Nazi (-s)** (from **der**
Nationalsozialist) Nazi, National
Socialist
nazistisch (*adj.*) Nazi

der **Naziverbrecher (-)** Nazi criminal

der **Nebel (-)** fog, mist; **bei Nacht und**
Nebel under the cloak of
darkness
neben (*dat. or acc.*) next to, close
to; alongside; besides, aside
from; in addition to
nebeneinander side by side; **das**
nebeneinander von the
juxtaposition of, the existence
side by side of
nebeneinander · stehen* to stand
side by side

das **Neckartal** Neckar Valley
negativ (*adj.*) negative; (*adv.*)
negatively
nehmen* to take; **einen Einfluß**
nehmen auf (*acc.*) to influence;
sich (*dat.*) **das Leben**
nehmen to take one's own life,
commit suicide; **sich** (*dat.*) **Zeit**
nehmen to take one's time
neigen (zu) to be inclined to, tend
to, lean toward

die **Neigung (-en)** inclination,
preference; **seinen Neigungen**
entsprechend depending on
one's preference (or inclination)

der **Neigungsschwerpunkt**
(-e) preferred area of
concentration
nennen* to name, call; to mention;
nennen (nach) to name (after);
sich nennen to be called,
entitled
nett nice
neu (*adj.*) new, recent; (*adv.*)
newly, recently; (once) again,
anew; **in neuerer Zeit** in recent
times, of late

der **Neubau (-ten)** rebuilding,
reconstruction; newly erected
building

das **Neubaugebiet (-e)** new building
sector, newly developed area

die **Neubausiedlung (-en)** new
housing development

die **Neubauwohnung (-en)** apartment
in a newly erected building

der **Neubürger (-)** new resident, new
citizen
neugotisch neo-Gothic

das **Neujahrslied (-er)** New Year's
song

der **Neujahrstag** New Year's Day
neuklassisch neoclassical
neulich (*adv.*) recently
neusprachlich
(*adj.*) modern-language

die **Neutralität** neutrality

die **Neuwahl (-en)** new election
nichtakademisch non-academic

der **Nichtangriffspakt**
(-e) nonaggression pact

die **Nichtigkeit (-en)** trifle, trinket
nichts nothing
nie never; **nie mehr** never again
nieder · brennen* (sein) to burn
down

das **Niederdeutsch** Low German

die **Niederlage (-n)** defeat

(das) **Niederösterreich** Lower Austria

(das) **Niedersachsen** Lower Saxony
nieder · schlagen* to put down,
crush
nieder · schreiben* to write down,
record
niedlich cute, pretty
niedrig low

niemals never; **noch niemals** never (yet)

niemand no one

der **Nikolaus** St. Nicholas

das **Nikolauslied (-er)** Christmas songs

der **Nikolaustag** St. Nicholas' Day (the sixth of December)

nimmer never, nevermore

nirgends nowhere

nobel noble, aristocratic; stylish

noch still; yet; in addition; (w. neg.) as yet; **(auch) heute noch** still, even today, to this day; **bis heute noch** to this very day; **auch noch** as well, in addition; **immer noch** still, even now; **noch am Ende des 19. Jahrhunderts** as late as the end of the nineteenth century; **noch ausführlicher** in greater detail; **noch einmal** once again, yet again; **noch größer** even greater, greater still; **noch immer** still, even today; **noch jahrelang** for years to come; **noch nicht** not yet; **noch nie(mals)** never (before); **noch niemand** no one as yet; **noch stärker** even more strongly; **noch vor zehn Jahren** just ten years before; **noch zwölf Jahre bis zur** still twelve years to go before; **nur noch** (now) only, just; **weder ... noch** neither ... nor

der **Nord** north

nordfriesisch North Frisian

nördlich (*adj.*) northern, northerly; (*adv.*) (to the) north (of)

der **Nord-Ostsee-Kanal** Kiel Canal

(das) **Nordrhein-Westfalen** North Rhine-Westphalia

die **Nordsee** North Sea

die **Norm (-en)** norm; quota

die **Normandieküste** Normandy Coast

(das) **Norwegen** Norway

die **Nostalgie** nostalgia, sentimentality

die **Not (ⁱe)** hardship, distress, (state of) privation

das **Notaufnahmelager (-)** emergency relief center

notdürftig in makeshift fashion

die **Note (-en)** grade, mark

der **Notendurchschnitt** grade point average

das **Notengeben** (practice of) giving grades

der **Notfall (ⁱe)** emergency; **im Notfall** if necessary

notieren to note

nötig necessary, requisite

die **Notiz** notice, attention; **etwas** (*dat.*) **Notiz widmen** to pay attention to sthg., take note of sthg.

notwendig necessary

NSDAP (Nationalsozialistische Deutsche Arbeiter-Partei) National Socialist German Workers' Party

nüchtern sober; austere, spiritless

die **Nudel (-n)** noodle

null zero; **Stunde Null** zero hour; new starting point (for Germany after fall of the Third Reich)

der **Numerus clausus** admissions quota

nun now; then; well; **von nun an** from then on, from now on

nur only, just, merely; exclusively; **nicht nur ... sondern auch** not only ... but also; **nur wenig** (only) seldom, rarely; **nur wenige** few; **Was ... nur ...?** Just what ...?; **Was taten die Leute nur am Abend?** Just what did people do in the evening?; **Wenn ... nur** If only; **wie denn nur** just how, in just what manner

die **Nuß (ⁱe)** nut

O

die **Oase (-n)** oasis

ob if, whether, as to whether; **als ob** as if

obdachlos homeless

oben above, on high; **dort oben** up there; **ganz oben** right at the top; **ganz oben im Norden** to the extreme north, way up north

ober (*adj.*) upper, higher; **oberst** supreme; uppermost

der **Ober (-)** waiter

(das) **Oberbayern** Upper Bavaria

der **Oberbefehlshaber (-)** commander-in-chief

oberhalb (*gen.*) above

die **Oberhoheit** sovereignty

das	**Oberland** (**ⁱer**) upland, highland		**originell** original, unusual,
die	**Oberschicht** (**-en**) upper level		inventive
die	**Oberschule** (**-n**) high school,	der	**Ort** (**-e**) place; village; setting,
	modern or non-classical		scene
	secondary school	der	**Ortsrand** outskirts, periphery
	obgleich although	der	**Ost(en)** east
das	**Objekt** (**-e**) object, item	das	**Osterei** (**-er**) Easter egg
das	**Obst** fruit	das	**Osterfest** Easter; Easter
der	**Obstgarten** (**ⁱ**) orchard		celebration
	obwohl although	der	**Osterhase** (**en-**_masc._) Easter
	öde empty, deserted		rabbit (or bunny)
die	**Oder** the Oder (river)	(das)	**Ostern** Easter; **zu Ostern** at
der	**Ofen** (**ⁱ**) stove		Easter time
	offen open, open-air		**österreichisch-ungarisch**
	öffentlich (_adj._) public; (_adv._)		Austro-Hungarian; **die**
	publicly, in public		**österreichisch-ungarische**
die	**Öffentlichkeit** public; **in aller**		**Doppelmonarchie** the
	Öffentlichkeit in public		Austro-Hungarian Dual
	offiziell official		Monarchy (1867–1918)
der	**Offizier** (**-e**) (commissioned)	der	**Osterstrauß** (**ⁱe**) Easter bouquet
	officer	die	**Ostersüssigkeit** (**-en**) Easter
	öffnen to open; (_dat._) to make		candy
	accessible to	das	**Ostfriesland** East Frisia
	oft often		**östlich** (_adj._) eastern; (_adv._) (_gen._)
	öfters frequently, often		or **von**) (to the) east (of)
	ohne without	die	**Ostmark** East German mark, East
	ohrenbetäubend ear-splitting,		German currency
	deafening	der	**Ostrand** eastern edge, eastern
	ökonomisch economic		periphery
das	**Oktoberfest** (**-e**) Bavarian autumn	die	**Ostsee** Baltic Sea; **der Nord-**
	festival		**Ostsee-Kanal** Kiel Canal
das	**Olympia-Stadion** (**-dien**) olympic	der	**Ozean** (**-e**) ocean
	stadium		
die	**Olympischen Winterspiele**		**P**
	Winter Olympic		
	Games, Winter Olympics		**paar** (_invar. adj._) **ein paar** a
die	**Oper** (**-n**) opera; opera house		couple of, a few
die	**Operette** (**-n**) operetta	das	**Paar** (**-e**) pair, couple
der	**Operettenkönig** (**-e**) master of		**packen** to pack
	operetta		**pädagogisch** pedagogical,
die	**Operettenmusik** operetta		educational; **die Pädagogische**
	compositions, operettas		**Hochschule** School of
die	**Opernaufführung** (**-en**) opera		Education, teachers' training
	performance		college
die	**Opernvorführung** (**-en**) opera	der	**Palast** (**ⁱe**) palace
	production	die	**Palastwache** Palace Guard
das	**Opfer** (**-**) victim, casualty; sacrifice	der	**Panzer** (**-**) tank
die	**Optik** optics	die	**Panzerkolonne** (**-n**) convoy of
	optisch optical		tanks
der	**Orangensaft** orange juice	die	**Papierfabrik** (**-en**) paper factory,
das	**Orchester** (**-**) orchestra		paper mill
	organisieren to organize	das	**Paradies** (**-e**) paradise
	orientieren to orient	das	**Parlament** (**-e**) parliament
die	**Orientierungsstufe**		**parlamentarisch** parliamentary
	(**-n**) orientation level	die	**Partei** (**-en**) (political) party

das	**Parteiprogramm (-e)** party platform	das	**Pflichtbewußtsein** conscientiousness
die	**Party (-s** or **-ties)** party, celebration	das	**Pflichtfach (¨er)** required course
der	**Paß (¨e)** pass, passport; mountain pass	die	**Pflichtschule** compulsory school(ing)
die	**Paßkontrolle (-n)** passport inspection	das	**Pfund (-e)** pound
	passieren to happen, occur	die	**Phantasie (-n)** imagination
das	**Passionsspiel (-e)** Passion play		**phantasievoll** imaginatively, fancifully
	passiv passive	die	**Philharmonie** philharmonic (hall)
das	**Patrizierhaus (¨er)** patrician home (or residence)	der	**Philosoph (en-***masc.***)** philosopher
die	**Paulskirche** St. Paul's (Church)	der	**Photoapparat (-e)** camera
der	**Pegel (-)** gauge		**physisch** physically
der	**Pelzladen (-)** fur store	der	**Pilger (-)** pilgrim
die	**Pension (-en)** bed-and-breakfast place		**pilgern** to make a pilgrimage
		der	**Pilgerort (-e)** pilgrimage spot
		die	**Pille (-n)** pill; (contraceptive) pill
	persönlich (*adj.***)** personal; (***adv.***) personally, individually	der	**Pilz (-e)** mushroom, fungus
		die	**Piste (-n)** ski run
			plagen to plague, trouble
die	**Persönlichkeit (-en)** personality		**planen** to plan
		die	**Planung** planning
die	**Pest (-en)** plague	die	**Platte (-n)** record
die	**Pestepidemie (-n)** plague epidemic	der	**Platz (¨e)** place, spot; room, space; (city) square or plaza; **etwas (***dat.***) Platz machen** to make room for sthg.
die	**Peterskirche** St. Peter's (Church)		
	petrochemisch petrochemical		
die	**Petunie (-n)** petunia	der	**Platzmangel** insufficient number of openings
der	**Pfad (-e)** path, track		
die	**Pfalz** Palatinate	das	**Plauderstündchen (-)** chat
	pfälzisch (*adj.***)** Palatine, of the Palatinate	(das)	**Polen** Poland
		die	**Politik** politics; policy
der	**Pfannkuchen (-)** pancake, fritter		**politisch** political, politically active
der	**Pfarrer (-)** pastor		**politisierend** political, politicising
der	**Pfeil (-e)** arrow; **Pfeil und Bogen** bow and arrow	die	**Polizei** police
		der	**Polizeistaat (-en)** police state
das	**Pferd (-e)** horse; **zu Pferde** on horseback, mounted		**polnisch** Polish
		der	**Ponyhof (¨e)** pony farm
die	**Pferdebahn (-en)** racetrack	die	**Popularität** popularity
der	**Pferdewagen (-)** horse-drawn vehicle	die	**Porta Nigra** ("black gate") Roman-built city gate of Trier
(das)	**Pfingsten** Pentecost		
die	**Pflanzenwelt** plant world	das	**Porträt (-** or **-e)** portrait, sketch
die	**Pflege** cultivation, pursuit		
	pflegen to cultivate, nurture; **pflegen (w. zu** + infin.) to be accustomed to, to be in the habit of (doing sthg.)		**positiv** positive
		das	**Postamt (¨er)** post office
		die	**Pracht** splendor
die	**Pflicht (-en)** obligation, duty	die	**Prachtstraße (-n)** magnificent avenue

	prägen to leave an impression on, dominate
	praktisch practical
der	**Prämienanreiz (-e)** (incentive) bonus
	präservieren to preserve
der	**Präsident** (en-*masc.*) president
das	**Präsidium (-dien)** presidency, presiding over
der	**Preis (-e)** price; prize
die	**Presse** press
die	**Pressekammer (-n)** press room
(das)	**Preußen** Prussia
	preußisch Prussian
der	**Priester (-)** priest
der	**Prinz (en-*masc.*)** prince, **die Prinzessin (-nen)** princess
das	**Prinzip (-e** or **-zipien)** principle
	privat (*adj.*) private, privately owned; (*adv.*) privately; on one's own; **von privater Seite** by, through the private sector
die	**Privatleute** (persons acting as) private individuals
	pro per, each, every; **pro capita Einkommen** per capita income; **pro Kopf und Jahr** per person each year
	probieren to test, sample
	problemerregend (*adj.*) causing difficulty, giving rise to problems
das	**Produkt (-e)** product; produce
die	**Produktivität** productivity
	produzieren to produce
	profitieren to profit (from); to be of profit to (*dat.*), to benefit
das	**Programm (-e)** program; platform
	progressiv progressive
das	**Projekt (-e)** project; plan
	proklamieren to proclaim
die	**Prominenz** leading figures, celebrities; **die literarische Prominenz** leading literary figures
die	**Prosa** prose
die	**Prostituierte** (*declined adj.*) prostitute
das	**Protein** protein
	protestantisch Protestant
der	**Protestantismus** Protestantism
die	**Provinz (-en)** province
die	**Provinzstadt (¨e)** city in the province(s), provincial city

das	**Prozent (-e)** percent
der	**Prozentsatz** percentage
der	**Prozeß (-e)** process, procedure
die	**Prüfung (-en)** examination; **eine Prüfung machen** to take an examination
der	**Prunk** splendor, pageantry
die	**Prunkstraße (-n)** showcase avenue
	psychologisch psychological
das	**Publikum** public; audience
	pulsierend pulsating
das	**Pulver (-)** (gun)powder
der	**Punkt (-e)** point
	pünktlich punctually
der	**Puritaner (-)** Puritan
der	**Putschversuch (-e)** attempted coup
	putzen to clean

Q

der	**Quadratkilometer (-)** square kilometer
die	**Qualität** quality
die	**Quelle (-n)** spring

R

die	**Rache** revenge
das	**Rad (¨er)** bicycle
	rad · fahren* (sein and **haben)** to ride a bicycle
der	**Rahmen (-)** framework; setting; context; bounds
der	**Rand (¨er)** edge, periphery; **am Rand(e)** (*gen.*) on the outskirts of; **außer Rand und Band sein** to be beside oneself
die	**Randpartei (-en)** minor party
der	**Rang (¨e)** rank
	rasch quick
sich	**rasieren** to shave; **glatt rasiert** clean-shaven
die	**Rasse (-n)** race
die	**Rassenschande** disgrace to one's (or the) race (Nazi term)
die	**Raststätte (-n)** rest area
der	**Rat (¨e)** council
	raten* (*dat.*) to advise
das	**Rathaus (¨er)** city hall
die	**Ratsche (-n)** rattle
der	**Ratskeller (-)** city-hall (basement) restaurant
die	**Ratte (-n)** rat

der	**Rattenfänger (-)** rat catcher; **der Rattenfänger von Hameln** the Pied Piper of Hamelin
die	**Rattenplage** infestation of rats
der	**Räuber (-)** robber
der	**Raubritter (-)** robber-knight; knight living by (highway) robbery
	rauchen to smoke
der	**Raucher (-)** smoker
der	**Raum (¨e)** space, area
das	**Rauschgift** narcotic
die	**Rauschgiftwelle** drug wave
	rauschen to rustle
	reagieren (auf) (*acc.*) to react (to)
die	**Realschule (-n)** type of secondary school
	rechnen (mit) to count (on), reckon (on)
	recht quite, very
das	**Recht (-e) (auf)** (*acc.*) right (to); claim (to); **mit Recht** rightfully
	rechts on the right, to the right
der	**Rechtsanwalt (¨-)** lawyer
	rechtsstaatlich constitutional
das	**Rechtssystem (-e)** judicial system
	rechtswidrig unlawfully, illegally
die	**Rede (-n)** speech
	reden to speak; **(von)** to talk (about)
	reduzieren (auf) (*acc.*) to reduce (to), cut down (to)
	reformieren to reform
die	**Regel (-n)** rule; **zur Regel werden** to become the norm
	regelmässig regularly
	regelrecht real, proper
der	**Regen (-)** rain
	regieren to rule, govern
die	**Regierung (-en)** government
die	**Regierungsstelle (-n)** government department
	regnen to rain
	reich (*adj.*) rich, wealthy; (*adv.*) richly, lavishly; **reich (an)** (*dat.*) rich (in); **eine reiche Auswahl** a wide selection
das	**Reich (-e)** Reich, empire, realm; **das (alte) Deutsche Reich** the Holy Roman Empire; **das Deutsche Reich** the German Empire; **das (Zweite) Deutsche Reich** the Second Empire (Hohenzollern Empire, Empire of 1871, the Reich); **das Dritte Reich** the Third Reich; **das**
	Fränkische Reich the Franconian Empire; **das Großdeutsche Reich** the German Empire (including Austria); **das Heilige Römische Reich Deutscher Nation** the Holy Roman Empire; **heim ins Reich** back to the Reich, home to the Reich
	reichen to reach, extend
	reichgeschmückt richly decorated
	reichlich amply
die	**Reichsstadt (¨e)** imperial or free city (of the Holy Roman Empire)
der	**Reichstag** (until 1806) the Imperial Diet (of the Holy Roman Empire); (1871–1945) the (German) Reichstag
der	**Reichtum (¨er)** richness; wealth, affluence
	reichverziert richly ornamented, very ornate
die	**Reihe (-n)** string, line; succession, series; slew; rank
sich	**reihen (an)** (*acc.*) to follow
	rein (*adj.*) pure; simple, sheer; (*adv.*) purely; **rein vom Architektonischen her** speaking purely from an architectural standpoint
die	**Reise (-n)** trip
	reisefreudig travel-loving, enthusiastic about travel
der	**Reiseführer (-)** (tour) guide; guidebook
die	**Reisegesellschaft (-en)** travel agency
das	**Reiseland (¨er)** popular country to visit, tourist country
	reisen (nach) to travel (to)
der	**Reisende** (*declined adj.*) traveller
	reißen* to tear; **sich den Hut vom Kopf reißen** to whip off one's hat
	reiten* (haben and **sein)** to ride (a horse)
der	**Reiter (-)** (horseback) rider
das	**Reiterspiel (-e)** equestrian contest
der	**Reiterverein (-e)** equestrian society
der	**Reitstall (¨e)** riding stable
der	**Reiturlaub (-e)** vacation devoted to horseback riding
der	**Reitweg (-e)** riding track, bridle path

der Reiz (-e) charm
reizend charming
reizvoll lovely, charming
religiös religious
die Renke (-n) whitefish
rennen* (haben and **sein)** to run
renommiert renowned, well-known
renovieren to renovate
sich **rentieren** to be worthwhile, profitable
der Rentner (-) pensioner, recipient of a pension
die Reparatur (-en) repair
reparieren to repair; **etwas notdürftig reparieren** to repair sthg. in makeshift fashion
der Repräsentant (en-*masc.*) representative
reservieren to reserve
die Residenz (-en) (place of) residence; palace
das Residenzschloß (-schlösser) castle of residence (belonging to a prince or archbishop)
die Residenzstadt (-e) seat of a court, city serving as residence of a prince or archbishop
der Rest (-e) rest, remainder; (*pl.*) remains
restaurieren to restore
die Restaurierung (-en) restoration
restlich rest of, remaining
das Resultat (-e) end-effect, result
die Retorte (-n) (chem.) retort
retten (vor) (*dat.*) to save (from)
der Retter (-) savior
revidieren to revise
revoltieren (gegen) to revolt (against), to rise up (against)
Rhaeto-Romanisch Rhaeto-Romanic; relating to group of dialects (Ladin, Romansch, Friulian) spoken in SE Switzerland)
das Rheinfeld (-er) open country along the Rhine
rheinisch (of the) Rhine
die Rheinstrecke (-n) section (or stretch) of the Rhine
die Rhone the Rhone (river)
der Rhythmus (-men) rhythm, beat
richten (gegen) to direct (against)
sich **richten (nach)** to follow, go according (to); be determined (by)

das Richtfest (-e) roofing ceremony, celebration following completion of timber-work on a house under construction
richtig right, correct; real, bonafide; proper
der Richtkranz (-e) (roof garland), wreath mounted on a house under construction to mark erection of roof timbers
die Richtlinie (-n) guideline; **die Richtlinien der Politik** general policy guidelines
das Riesenrad (-er) ferris wheel
riesig huge, enormous, colossal
das Rind (-er) (head of) cattle; (*pl.*) cattle
ringsherum (*dat.*) all around
das Rippchen: Kasseler Rippchen (-) smoked porkchop
die Rippe (-n) rib
der Ritt (-e) ride (on horseback), horseback parade; **der Georgi-Ritt** equestrian parade on St. George's Day
der Ritter (-) knight
der Ritus (-ten) rite
ritzen to scratch, carve
der Rock (-) skirt
der Rohbau (-ten) rough structure, frame
das Rohopium unrefined opium
die Rohstoffe (*pl.*) natural resources
Rokoko- (*comb. form*) rococo (style)
die Rolle (-n) role
rollen to roll, sweep; to surge
der Rollschuh (-e) roller skate
der Roman (-e) novel
romanisch Romance, Romanic; (art and arch.) Romanesque
romantisch romantic; (art and music) Romantic; **die Romantische Straße** the Romantic Road
der Römer (-) Roman
die Römerzeit Roman Age, Roman period
römisch Roman; **römisch-germanisch** Roman-German(ic); **römisch-katholisch** Roman Catholic
der Rosenmontag Shrove Monday, last Monday before Lent
der Rosenmontags(um)zug Shrove Monday procession

die **Rosine (-n)** raisin, currant
rot red
rotieren to revolve
der **Rotsandstein** red sandstone
der **Rotwein (-e)** red wine
die **Rübe (-n)** beet; **(weiße)**
Rübe turnip; **(gelbe)**
Rübe carrot
rückgängig retrogressive; **etwas**
rückgängig machen to render
sthg. null and void
der **Rückkehrer (-)** returning person,
home-comer
der **Rücksack (-̈e)** knapsack
rücksichtslos inconsiderate;
reckless; ruthless
der **Rückzug (-̈e)** withdrawal, retreat
das **Ruderboot (-e)** rowboat
der **Ruf (-e)** reputation, repute;
standing
die **Ruhe** peace, quiet; rest; **Laß mich**
damit in Ruh! Don't bother me
with that!
ruhelos restless
ruhen (auf) (*dat.*) to rest (on),
linger (upon)
die **Ruhestörung** disorderly conduct,
disturbance of the peace
ruhig (*adj.*) placid; (*adv.*) placidly
rühmlich noteworthy, glorious
die **Ruhrfestspiele** (*pl.*) Ruhr Festival
die **Ruine (-n)** ruin(s)
der **Rum** rum
rund (*adj.*) round; (*adv.*) around;
about, approximately; **rund um**
die Uhr around the clock
rundlich plump
das **Rundstück (-e)** (*N. Ger. dial.*)
(bread)roll
rußgeschwärzt blackened with
soot, sooty
russisch Russian
das **Rußland** Russia
die **Rüstungspolitik** armament policy
die **Rute (-n)** twig, stick

S

der **Saarländer (-), Saarlander**
inhabitant of the Saar region
saarländisch (*adj.*) of the
Saarland
die **Sache (-n)** thing
(das) **Sachsen** Saxony
die **Sage (-n)** legend, tale

sagen to say, tell; **auf Anhieb**
sagen to say off the top of
one's head
sagenhaft legendary
der **Sagenheld (en-***masc.***)** legendary
hero
der **Salat (-e)** salad
das **Salzbergwerk (-e)** salt mine
die **Salzgewinnung** salt production
salzig salty
das **Salzlager (-)** salt deposit
die **Sammlung (-en)** collection
sandig sandy
der **Sänger (-)** minstrel
satirisch satirical
satt full, satiated; **sich satt**
essen to eat one's fill
sauber clean
säumen to border, fringe
das **Schach** chess
schade (*adj.*) unfortunate, a pity
schaffen* to create, build; **etwas**
aus dem Wege schaffen to
remove something from one's
way, to get something out
of one's way
der **Schäffler (-)** (*dial.*) cooper
der **Schäfflertanz** traditional dance of
the coopers' guild
das **Schafsfleisch** mutton
die **Schar (-en)** group, flock, bunch
schätzen to estimate
schätzungsweise approximately,
roughly
der **Schau (-en)** show
die **Schaubude (-n)** booth, stall (at a
fair)
schauen (auf) (*acc.*) to look (at)
das **Schaufenster (-)** shop window
der **Schauprozeß (-e)** propaganda (or
show) trial
schaurig eerily, horrifyingly
das **Schauspiel (-e)** play, drama
der **Schauspieler (-); die**
Schauspielerin (-nen) actor,
actress, performer
schauspielerisch theatrical
die **Schauspielschule (-n)** drama
school
scheiden* to separate; **sich**
scheiden lassen von
jemandem to get a divorce
from someone
scheinen* to appear, seem
scheitern (haben and **sein)** to fail
der **Schenkel (-)** thigh

schenken (*dat.*) to give as a
  present; to accord, grant;
  **jemandem Vertrauen
  schenken** to place one's trust
  in someone, have confidence in
  someone
scheuen to shy away from
die Schicht (-en) level; **aus allen
  gesellschaftlichen
  Schichten** from all classes of
  society
schicken to send, dispatch
das Schicksal (-e) fate
das Schiefergebirge (*pl.*) slate
  mountains
die Schießbude (-n) shooting
  gallery
schießen* to shot
das Schießpulver gunpowder
das Schiff (-e) ship, boat
schiffbar navigable
der Schiffer (-) sailer, seaman
die Schiffswerft (-en) shipyard
das Schild (-er) sign
das Schindeldach (¨-er) shingle roof
der Schinken ham
der Schirmherr
  (en-*masc.*) patron, protector
das Schisma (-men) schism
die Schlacht (-en) battle
schlafen* to sleep
schlagartig abruptly
schlagen* to beat, strike; to
  defeat; to sing, warble
das Schlagobers (*Austr.*) whipped
  cream
die Schlagzeile (-n) headline
schlank slim; **auf die schlanke
  Linie bedacht** concerned
  about a slim figure
die Schlankheitskur (-en) weight
  reduction regimen
schlecht bad, inferior
schlechthin absolutely; **West
  Berlin ist die deutsche
  Theaterstadt schlechthin.**
  West Berlin is *the* German
  drama center.
die Schleife (-n) loop
schleppen to lug (around)
schließen* to close; to enter into,
  conclude (a treaty); **sich
  schließen*** to shut, close
schließlich finally, in the final
  analysis
schlimm bad; serious

das Schloß (¨-er) castle
schlucken to swallow
der Schluß (¨-sse) end; **zum
  Schluß** finally
schmackhaft appetizing, savory
schmal narrow
schmecken to taste
schmelzen* **(haben** and **sein)** to
  melt
der Schmetterling (-e) butterfly
der Schmuck jewelry
der Schmuckladen (-) jewelry store
schmücken to decorate, adorn
schmuggeln to smuggle
der Schnaps (¨-e) (hard) liquor;
  Wacholder Schnaps gin
der Schnee snow
der Schneidermeister (-) master
  tailor
schnell (*adj.*) swift, rapid; (*adv.*)
  quickly
der Schnellimbiß (-sse) snack bar
der Schnitt (-e) (colloq. for
  durchschnitt) average; **im
  Schnitt** on the average
schnitzen to carve
schnüren to tie, lace
die Schokolade (-n) chocolate
schon already; **jetzt
  schon** already; **schon
  (ein)mal** ever, already, before;
  schon früher already at an
  earlier date; **schon
  immer** always; **schon
  lange** for a long time now;
  schon sehr bald very soon
  thereafter; **schon sehr
  früh** very early on; **schon seit
  Jahren** for years now; **schon
  seit langem** for a long time
  now; **schon von jeher** since
  (or from) time immemorial;
  schon von weitem already
  from a distance; **schon vor
  Jahrhunderten** already
  centuries before; **schon
  Wochen vorher** already weeks
  before, weeks in advance
schön (*adj.*) beautiful, pretty,
  lovely, attractive; nice;
  (*adv.*) beautifully; **bei schönem
  Wetter** in nice weather
die Schönheit beauty
schöpfen (aus) to draw, derive
  (from); **Mut schöpfen aus** to
  summon courage from

der **Schoppen (-)** German liquid measure ranging from one-half pint to a pint, depending upon the geographical region

die **Schrammeln** (*pl.*) instruments necessary for **Schrammelmusik**, popular Viennese music; usually combination of violin, guitar and accordion

der **Schrebergarten (-̈)** garden plot

schrecklich horrible

der **Schrei (-e)** cry, screech

schreiben* (über) (*acc.*) to write (about)

schreien* to cry, shout; **der Esel schrie** the donkey brayed

der **Schriftsteller (-)** writer, author, novelist

die **Schrippe (-n)** (*dial.*) breakfast roll

der **Schritt (-e)** step

schrittweise step by step

der **Schuh (-e)** shoe

der **Schuhplattlertanz (-̈)** (Bavarian) clog dance

die **Schulausbildung** education, schooling

die **Schuld (-en)** blame; **jemandem die Schuld geben** to blame someone

die **Schule (-n)** school; **höhere Schule** secondary school

der **Schüler (-); die Schülerin (-nen)** pupil; (*pl.*) pupils, school children

die **Schulpflicht** compulsory education

schulterlang shoulder-length

das **Schulterpolster (-)** shoulder pad

der **Schulungsabend (-e)** evening education class

die **Schürze (-n)** apron

der **Schuß (-̈sse)** dash, shot

die **Schüssel (-n)** dish, bowl; (of a meal) dish, course

der **Schutt** rubble, debris

der **Schutz** protection; **zum Schutz von** for the protection (or safety) of

der **Schütze (en-*masc.*)** marksman, shot

schützen (vor) (*dat.*) to protect (from)

das **Schützenfest (-e)** shooting match

der **Schützenkönig (-e)** champion marksman

der **Schützverein (-e)** rifle club, riflemen's association

die **Schutzstaffel** (*Nat. Soc.*) the SS

der **Schwabe (en-*masc.*)** Swabian

(das) **Schwaben** Swabia

schwäbisch Swabian

schwach weak

die **Schwäche (-n)** weakness

der **Schwamm (-̈e)** sponge; mushroom

schwärmen (für) to go into raptures (about), have a passion (for)

schwarz black, dark; **schwarz-weiß** black and white

der **Schwarzwald** Black Forest

schweigen* to remain silent; **ganz zu schweigen von** not to mention, let alone

das **Schwein (-e)** pig; pork

der **Schweinebraten (Schweinsbraten) (-)** roast pork

die **Schweinshaxe (-n)** pig's knuckle, pork hock

schwer (*adj.*) hard, difficult; grievous, weighty, heavy; (*adv.*) heavily

schwerfällig heavy

das **Schwergewicht** (main) emphasis

schwermütig melancholy

das **Schwert (-er)** sword

der **Schwertschlucker (-)** sword swallower

schwierig difficult

die **Schwierigkeit (-en)** difficulty, trouble

das **Schwimmbad (-̈er)** swimming pool

schwimmen* (haben and **sein)** to swim; **sich fitschwimmen** to get in shape by swimming

schwören* to swear, pledge; **Gehorsam schwören** to swear obedience

der **Schwung (-̈e)** motion; liveliness, animation; **etwas in Schwung bringen** to set something in motion, get something going

Schwyz (a Swiss canton)

(das) **Schwyzerdeutsch** Swiss German

sechsjährig (*adj.*) six year old

sechzig sixty; **in den sechziger Jahren** in the sixties

der **See (-n)** lake; **Vierwaldstätter See** Lake of Lucerne

die **See (-n)** sea, ocean

der **Seefahrer (-)** sailor, seafarer

der **Seehafen (¨)** (sea)port, harbor

die **Seeleute** (*pl. of* **Seemann**) mariners, sailors

seelisch spiritually

der **Seemann, die Seeleute** mariner, sailor

das **Segelboot (-e)** sailboat

das **Segelfliegen** gliding

der **Segelflugverein (-e)** gliding club

das **Segelflugzeug (-e)** glider

die **Segelregatta (-gatten)** sailing regatta

sehen* to see, regard, look at; **etwas leuchten sehen** to see something shining

sehenswert worth seeing, remarkable

die **Sehenswürdigkeit (-en)** sight, place of interest

der **Sehnsucht** longing, yearning

seiden silk

der **Seidenplüschhut (¨e)** silk pile hat

die **Seilbahn (-en)** cable car; cable railway

sein (*poss. adj.*) his, her, its

sein* (sein) to be; **der Meinung sein** to be of the opinion; **sei er dunkel oder hell** whether it be dark or light

seinerzeit (*adv.*) at that time, then, in those days

seit (*dat.*) since; for, since . . . ago; **seit den siebziger Jahren** since the seventies; **seit langem** for a long time (now); **seit wann** since when, how long; **Er wohnt seit zehn Jahren in Braunschweig.** He has been living in Braunschweig for ten years (now).

seitab (*adv.*) to the side

seitdem (*adv.*) since then, since that time

die **Seite (-n)** side; **von privater Seite** by the private sector; **zu beiden Seiten** on both sides

seither (*adv.*) since then

der **Sekt (-e)** champagne

selbe (*adj.*) same; **zur selben Zeit** at the same time

selbst (*refl. pron.*) himself, herself, itself, themselves; by oneself; (*adv.*) even; **selbst im tiefsten Winter** even in the depths of winter; **selbst Mitte der fünfziger Jahre** even in the mid-fifties; **selbst wenn** even if

selbständig independent

die **Selbständigkeit** independence

der **Selbstbedienungsladen (-)** self-service store

die **Selbstbestimmung** self-determination

der **Selbstmord (-e)** suicide

die **Selbstverpflichtung (-en)** self-imposed obligation

selbstverständlich (*adj.*) self-evident, a matter of course; (*adv.*) naturally, self-evidently

selten (*adj.*) rare; (*adv.*) rarely, seldom

die **Semmel (-n)** (*Bavarian and Austr.*) roll

der **Senat (-e)** senate

senden* to send

die **Sendung (-en)** broadcast, (radio or television) program

der **Senior (-en)** senior citizen

der **Senn (-e)** Alpine herdsman or dairyman

der **Senner (-)** (*dial.*) see **Senn**

der **Sennerbrauch (¨e)** custom or tradition of the Alpine herdsmen

sensationell sensational, given to sensationalism; **sensationell aufgemacht** sensationalized

seriös serious

servieren to serve

sicher secure

die **Sicherheit** security; stability

sicherlich certainly, of course

sichern to secure

sichtbar visible

die **Siedlung (-en)** settlement; housing development

der **Sieg (-e)** victory

siegen to conquer; be victorious, triumph

der **Sieger (-)** victor, winner

die **Siegermacht (¨e)** victorious power

(der) **Silvester** New Year's

die **Sinfonie (-n)** symphony

das **Sinfonieorchester (-)** symphony orchestra

singen* to sing

der **Sinn (-e)** mind; sense

sinnlos senseless, meaningless

sinnvoll meaningful, sensible

die **Sitte (-n)** custom
der **Sitz (-e)** seat
sitzen* to sit; **zu Pferde sitzen** to be on horseback
die **Sitzmöbel** furniture (for sitting)
die **Sitzordnung (-en)** seating arrangement
die **Sitzung (-en)** session
die **Skatkarte (-n)** skat card
der **Ski (-er)** ski
skilaufen to ski
der **Skiurlaub (-e)** ski vacation
so thus, so; such; as; **je mehr . . . um so mehr** the more . . . the more; **so etwas** such a thing; **so groß es auch war** as large as it was; **so streng wie** as stringent as; **so wie wir** just like us; **um so bewunderungswürdiger** all the more admirable; **wenn . . . , so** if . . . , then; **wie . . . , so** as . . . so (also)
soeben just, just now, a moment ago
sofort immediately
sogar even
sogenannt so-called
der **Sohn (-̈e)** son
solange (conj.) as long as
solch such; **als solches** as such; **es gibt auch solche, die** there are also those, which (or who)
der **Soldat (en-**masc.**)** soldier
sollen* ought to, should; shall; to be said to, supposed to
somit thus, accordingly, hence
der **Sommer (-)** summer
sondern (conj.) but (rather), instead; **nicht nur . . . sondern auch** not only . . . but also
die **Sonderschule (-n)** special school
der **Sonderstatus** special status
die **Sonne (-n)** sun
der **Sonnenschein** sunshine
sonnig sunny
sonntags on Sunday, Sundays
sonst (adv.) else, otherwise; **was sonst** whatever else
die **Sorge (-n)** trouble, care
sorgen (für) to provide (for), take care (of); **dafür sorgen, daß** to see to it that
die **Sorte (-n)** kind, variety

souverän sovereign
die **Souveränität** sovereignty
soviel so much, as much; (pl.) as many
sowie as well as
sowjetisch Soviet
die **Sowjetunion** Soviet Union
sowohl (conj.) **sowohl . . . als auch** both . . . and
sozial social
der **Sozialismus** socialism
der **Sozialist (en-**masc.**)** socialist
sozialistisch socialist
die **Sozialkunde** social studies
die **Sozialversicherung** social security
die **Spaltung (-en)** division, separation
der **Spanier (-)** Spaniard
spanisch Spanish
die **Spannung (-en)** tension
sparen (auf) (acc.) to save (up for)
der **Spargel (-)** asparagus
die **Sparsamkeit** thrift(iness), economy
spät late
später (adj.) (compar. of **spät**) later, future; (adv.) later, afterwards, subsequently
die **Spätzle** type of noodle
spazieren to walk
spazieren · gehen* (sein) to take a walk
der **Spaziergang (-̈e)** walk
der **Speck (-e)** bacon
die **Speise (-n)** food; dish
die **Speisekarte (-n)** menu
der **Speisewagen (-)** dining car
der **Spektakel (-)** show, display
spektakulär spectacular
sperren to blockade
die **Sperrung (-en)** closing; blockade
die **Sperrzone (-n)** prohibited area
die **Spezialität (-en)** speciality
die **Spielbude (-n)** gambling (or game) booth
spielen to play
der **Spieler (-)** player
das **Spielkasino (-s)** gambling casino
der **Spielplan (-̈e)** program(me); repertoire
die **Spielwaren** (pl.) toys
die **Spirituosen** (pl.) spirits, alcoholic beverages

die **Spitze (-n)** top, peak; spire; lace; **an der Spitze** at the head of, at the top of

der **Spitzel (-)** informer, spy

spitzgiebelig (*adj.*) with pointed gables (or arches)

der **Spitzturm (¨e)** steeple

der **Sport (-e)** sport; athletics

das **Sportfest (-e)** sports meet

die **Sportgelegenheit (-en)** sports event, opportunity to engage in sports

der **Sportler (-)** sportsman, athlete

sportlich (*adj.*) athletic; (*adv.*) athletically

der **Sportplatz (¨e)** playing field, athletic ground(s)

der **Sportunterricht** physical education

die **Sprache (-n)** language

sprachlich linguistic

der **Sprachraum (¨e)** speech (or linguistic) area; **im deutschen Sprachraum** in German-speaking territory

sprechen* (wider) (*acc.*) to speak (out against)

die **Spree** Spree (river)

das **Sprichwort (¨er)** proverb, saying

sprichwörtlich proverbial

springen* (haben and **sein)** to jump

spritzen to inject; **Drogen spritzen** to shoot drugs

der **Spritzer (-)** fizzy drink

die **Spur (-en)** trace

spürbar noticeable, perceptible; **spürbar sein** to be in evidence, be felt

spüren to feel, sense, detect

spurlos (*adj.*) without (leaving) a trace

der **Staat (-en)** state; nation; **die Vereinigten Staaten** the United States

staatlich (*adj.*) state; governmental; national; public

das **Staatsexamen (-)** state examination

das **Staatsoberhaupt (¨er)** head of state

der **Staatsstreich (-e)** coup (d'état)

der **Stab (¨e)** rod; (military) staff; (military) headquarters

der **Stacheldraht** barbed wire; **der Stacheldrahtzaun (¨e)** barbed wire fence

das **Stadion (-dien)** stadium; **das Olympia-Stadion** Olympic stadium

die **Stadt (¨e)** city

die **Stadtbefestigung (-en)** city fortification

das **Stadtbild (-er)** townscape, character of a city (or town)

die **Stadtbückerei (-en)** municipal (or town) library

das **Städtchen (-)** town

der **Städtebund (¨e)** league of cities

der **Städter (-)** city dweller

die **Stadtmitte** city center

der **Stadtsieger (-)** municipal champion

der **Stadtstaat (-en)** city-state

der **Stadtteil (-e)** section of the city

die **Stadtväter** (*pl.*) the city fathers

das **Stadtzentrum (-tren)** city center, downtown area

der **Stahl (¨e)** steel

der **Stamm (¨e)** tribe, clan, race

das **Stammcafé (-s)** favorite café

stammen (aus, von) to originate, stem, come (from)

der **Stammgast (¨e)** regular visitor, regular customer

der **Stammtisch (-e)** regular table; meeting of regular (tavern) patrons at their usual table

das **Standbild (-er)** statue

der **Ständerat (¨e)** (Swiss) federal representative body of the cantons

ständig (*adj.*) constant, permanent; (*adv.*) constantly

stark (*adj.*) strong; heavy; considerable; (*adv.*) strongly; heavily; highly; sharply; **stark vertreten** strongly represented

die **Stärke (-n)** strength, strong point

die **Stationierung** stationing, placing

die **Statistik (-en)** statistics

statistisch statistical

statt · finden* to take place, occur; be held or staged

die **Stätte (-n)** place

der **Staufer (-)** (member of the House of) Hohenstaufen

stecken to be (af)fixed, stuck; be hidden; **(hinter)** (*dat.*) to lie behind

stehen* (zu) to stand (by); **hoch im Kurs stehen** to be popular, fashionable; **zur Verfügung**

stehen to be at (one's) disposal, be available to; **die zur Verfügung stehende Freizeit** the free time at one's command

stehen · bleiben* (sein) to remain standing; to stand still

die **Steiermark** Styria

steigen* (sein) to climb; to increase, rise

steigend rising, increasing; **die stark steigenden Lohnkosten** the soaring cost of labor

steigern to increase, heighten; **sich steigern** to intensify, become worse

steil steep; **steil abfallen** to drop sharply

die **Steilküste (-n)** steep coast, bluff

Steirer Gwandl Styrian dress or clothing

die **Stelle (-n)** place; position, job; **an erster Stelle** in first place; above all; **an Stelle von** in place of

stellen to place; to provide; **eine Frage stellen** to ask a question; **die Opposition stellen** to constitute the opposition; **jemanden vor Gericht stellen** to bring someone to trial, put someone on trial

sich **stellen (auf)** (acc.) to get on top of, climb on top of; **(unter)** (dat.) **sich unter dem Schutz des Reiches stellen** to place oneself under the protection of the Reich

die **Stellung (-en)** position, job; rank, status, place

der **Stephansdom** St. Stephen's Cathedral

sterben* (sein) to die; **(an)** (dat.) to die (of, from)

die **Stereoanlage (-n)** stereo set

stereotyp(isch) (adj.) stereotype

der **Stern (-e)** star; magazine by that title

das **Sternsingen** Epiphany caroling

der **Sternsinger (-)** Epiphany caroler

stets always, continuously

das **Steuer (-)** steering wheel

die **Steuer (-n)** tax, levy

der **Stiefel (-)** boot

das **Stift (-e)** (religious) foundation; seminary

stiften to bring about, cause

der **Stil (-e)** style

die **Stilepoche (-n)** (art and arch.) period

die **Stille** stillness, silence

stilrein absolutely true to style

die **Stimme (-n)** voice; vote

stimmen to be right, true

das **Stimmrecht** right to vote

stimmungsvoll full of atmosphere, cheerfully

das **Stockwerk (-e)** story, floor

der **Stollen (-)** fruit-loaf

der **Stolz** pride

stolz (auf) (acc.) proud (of)

die **Störung (-en)** disruption

die **Strafe (-n)** punishment, penalty; sentence; **eine Strafe verbüßen** to serve one's term (of imprisonment)

strahlenförmig radially

der **Strand (¨e)** beach, shore

die **Straße (-n)** street, road

die **Straßenbahn (-en)** streetcar

die **Straßensperre (-n)** roadblock, barricade

der **Straßenzug (¨e)** street lined with houses

die **Strecke (-n)** stretch, section

die **Streitmacht (¨e)** armed force, troop(s)

das **Streitobjekt (-e)** object of dispute, bone of contention

streng severe, strict, stringent

die **Strenge** severity

der **Streß (-sse)** stress, strain

das **Stroh** straw

das **Strohdach (¨er)** thatched roof

strohgedeckt straw-covered

die **Strohpuppe (-n)** straw doll

der **Strohstern (-e)** star made from straw

der **Strom (¨e)** stream; electricity

strömen (aus) to flow (out from)

die **Stromerzeugung** generation of electric current

der **Strudel (-)** eddy, whirlpool

das **Stück (-e)** piece; play

das **Stückchen (-)** small piece

die **Studentenunruhen** (pl.) student unrest

der **Studentenwohnheimbau** dormitory construction

der **Studienanfänger (-)** beginning (or entering) student

der **Studienbewerber (-)** university applicant

der **Studiengang (-̈e)** course of study

die **Studiengebühren** (*pl.*) tuition fees

der **Studienplan (-̈e)** curriculum

der **Studienplatz (-̈e)** student slot

studieren to study

der **Studierende** (*declined adj.*) student

das **Studium (-dien)** study (at a university); studies

die **Stufe (-n)** step, stair

der **Stuhl (-̈e)** chair

die **Stunde (-n)** hour; **fünfzig Stunden die Woche (in der Woche)** fifty hours per week

die **Stundenkilometer** (*pl.*) kilometers per hour

stundenweise by the hour

der **Sturm (-̈e)** storm

stürmisch turbulent

der **Sturz (-̈e)** overthrow, fall

stürzen to overthrow; to plunge; **ins Verderben stürzen** to cast into ruin

suchen (nach) to search (for), seek

süchtig completely captivated, deliriously

der **Süd(en)** south

südlich (*adj.*) southern, southerly; **südlichst** southernmost; (*adv.*) south, southerly, to the south

summen to hum

der **Supermarkt (-̈e)** supermarket

die **Suppenkonserven** (*pl.*) canned soup(s)

die **Süßigkeiten** (*pl.*) candy, sweets; goodies

symbolisch symbolic; (*adv.*) symbolically

symbolisieren to symbolize

die **Sympathie (gegen)** fellow-feeling (for)

sympathisch congenial, likeable

sympathisieren (mit) to have sympathy (with), be in agreement with

die **Synagoge (-n)** synagogue

die **Szene (-n)** scene

T

die **Tabakindustrie** tobacco industry

der **Tafelspitz** (*Aust.*) boiled fillet of beef

der **Tag (-e)** day; **am Tag, pro Tag** per day; **eines Tages** one day; **die „Tollen Tage"** the "wild days"

tagen to convene

der **Tagesausflug (-̈e)** day trip

der **Tagesbetrag (-̈e)** daily sum of money, daily expenditure

die **Tagesordnung** agenda, order of the day

die **Tagesschau** television news program

die **Tageszeitung (-en)** daily newspaper

tageweise by the day

täglich daily

der **Tagungsort (-e)** convention site

die **Taille (-n)** waist; bodice

das **Tal (-̈er)** valley

der **Tannenbaum (-̈e)** fir tree

das **Tannengrün** fir sprigs

die **Tante (-n)** aunt

der **Tanz (-̈e)** dance

tanzen to dance

der **Tänzer (-)** dancer

die **Tasche (-n)** pocket; pocketbook, bag

die **Tasse (-n)** cup

die **Tat (-en)** deed, act(ion); **in der Tat** indeed, in (point of) fact

tatenlos idly, passively

tätig active; employed

die **Tätigkeit (-en)** activity, occupation

die **Tatsache (-n)** fact

tatsächlich in fact, actually, really

das **Taubertal** the Tauber Valley

die **Taufe (-n)** baptism, christening

das **Tausend (-e)** thousand

tausendjährig thousand-year-old

technisch technical, technological

die **Teeindustrie** tea industry

der **Teich (-e)** pond

die **Teigspeisen** (*pl.*) pastry dishes

der **Teil (-e)** part, section; constituent, element; **den größten Teil** the majority; **zu gleichen Teilen** in equal proportion; **zum großen Teil** largely, to a great extent

teilen to divide

	teil · nehmen* (an) (*dat.*) to take part (in), participate (in)	die	**Torburg (-en)** fortress (or castle) having a large gate
der	**Teilnehmer (-)** participant	die	**Torte (-n)** torte, fancy cake
die	**Teilung (-en)** division, separation; partition(ing)	die	**Toscana** Tuscany
	teilweise partly, in part		**total** (*adj.*) absolute, all-consuming; (*adv.*) completely
der	**Teller (-)** plate		
	tempelartig temple-like	der	**Tote** (*declined adj.*) dead person, casualty
der	**Tennisplatz (ˉe)** tennis court		
	teuer expensive		**töten** to kill
der	**Teufel (-)** devil	die	**Tracht (-en)** traditional (or national) costume
die	**Textilfabrik (-en)** textile plant		
die	**Textilien** (*pl.*) textile goods		**traditionsbewußt** tradition-conscious
das	**Theaterstück (-e)** (stage)play, drama		
			traditionsreich rich in tradition
die	**Theatervorstellung (-en)** theatrical performance, show		**tragen*** to wear; to bear, carry
		die	**Tragödie (-n)** tragedy
die	**Theke (-n)** counter, bar (of a tavern)	der	**Trainer (-)** trainer, coach
			trainieren to train, be in training
das	**Thema (-men)** theme; **zu diesem Thema** on this subject	die	**Trambahn (-en)** tram; highway
			transsibirisch Trans-Siberian
der	**Theologe (en-***masc.***)** theologian	der	**Trauernde** (*declined adj.*) mourner
die	**Theologie (-n)** theology		
	theologisch theological	der	**Traum (ˉe)** dream
	theoretisch theoretical		**träumen (von)** to dream (of, about)
das	**Thermalbad (ˉer)** thermal bath		
die	**These (-n)** thesis, proposition		**traurig** sad
der	**Thronsaal (-säle)** throne room		**treffen*** to hit; to encounter, come upon; meet; **sich treffen (mit)** to meet
	tief deep; profound; low; extreme; **im tiefsten Winter** in the depths of winter		
		das	**Treffen (-)** meeting; meet
die	**Tiefebene (-n)** lowland(s), plain	der	**Treffpunkt (-e)** meeting place
	tiefherabgezogen low-hanging	das	**Treiben (-)** activity
die	**Tiefkühltruhe (-n)** freezer storage chest		**treiben* (aus)** to drive (out)
		die	**Trennung (-en)** separation; partition(ing)
das	**Tiefland** lowlands		
das	**Tier (-e)** animal		**treten* (haben** and **sein) in Kraft treten** to go into effect
das	**Tintenfaß (ˉsser)** ink pot		
der	**Tintenfleck (-e)** ink spot, ink stain	die	**Trimm-dich Aktion (-en)** "get into shape" program, "slim-down" activities
der	**Tiroler (-)** Tyrolean		
das	**Tischtennis** table tennis, ping-pong		
		der	**Trimm-dich Pfad (-e)** conditioning course, track
der	**Toast (-e** or **-s)** toast; **einen Toast ausbringen** to propose a toast		
		das	**Trimmy-Abzeichen (-)** "trimmy-pin"
das	**Toben (-)** raging		**trinken*** to drink
der	**Tod (-e)** death	die	**Trinkgewohnheit (-en)** drinking custom
die	**Toleranz** tolerance, tolerant attitude		
		die	**Trinksitte (-n)** drinking custom
	toll marvelously, terrifically; wild		**triumphieren** to triumph
	tönen to sound, echo	der	**Trommel (-n)** drum
der	**Tonfilm (-e)** talking (or sound) film, talkie		**tropisch** tropical
			trotz (*gen.*) in spite of, despite
das	**Tor (-e)** goal; gate(way)		

trotzdem nevertheless; all the
same

die **Trümmer** (*pl.*) rubble, ruins

die **Trümmerwüste (-n)** wasteland of
rubble

der **Trunk (-̈e)** (*Austr.*) drink

die **Trunkenheit** drunkenness

die **Truppe (-n)** (military) troop

die **Tschechoslowakei**
Czechoslovakia

tun* to do; **aber aussprechen tut
man es "Breetche"** but one
pronounces it "Breetche";
etwas zu tun pflegen to be in
the habit of doing something;
tun als ob to act as if, pretend

die **Tür (-en)** door

der **Türke (en-***masc.***)** Turk

der **Turm (-̈e)** tower; steeple

turnen to do gymnastics

der **Turnerbund (-̈e)** gymnastics
association

die **Turnerschaft (-er)** gymnastic
club

die **Turnhalle (-n)** gymnasium

typisch (für) typical, characteristic
(of); (*adv.*) typically

U

üben to practice; **Kritik üben
(an)** (*dat.*) to criticize

über (*dat.* or *acc.*) over; above;
across; (*acc.*) about; **das
ganze Jahr über** throughout
the entire year

überall everywhere

überaus exceedingly, extremely

überdacht covered (by a roof)

überdecken to cover up, mask

die **Überdosis (-sen)** overdose

der **Übergang (-̈e)** crossing; transition

überhaupt in general, on the
whole; at all; **überhaupt gar
nicht** not in the least

überheblich arrogant, overbearing

überlassen* (*dat.*) to leave (up) to,
entrust to

überleben to survive

überlegen to reflect on, consider
(the question)

die **Übermacht** superior strength

übernachten to spend the night

übernehmen* to take on, assume

überraschend surprisingly

überrascht surprised

überschatten to overshadow

überschaubar viewable

die **Überschwemmung (-en)** flooding,
flood

der **Überseehandel** overseas trade

übersehen* to oversee

die **Übersetzung (-en)** translation

überwachen to watch over,
supervise

über · wechseln (zu) to change
over (to), transfer (to)

überwiegen* to predominate

überwiegend mainly, chiefly,
predominantly; **in den
überwiegenden Fällen** in the
majority of cases

überwinden* to overcome,
surmount

überzeugen (von) to convince
(of); **sich überzeugen (von)** to
see for oneself, satisfy oneself
(about)

üblich customary

übrig remaining, rest

übrig · bleiben (sein) (*dat.*) to be
left, remain; **Es blieb ihnen
nichts anderes übrig, als . . .**
There remained nothing else for
them to do except . . .

übrigens by the way; besides

die **Übung (-en)** practice, exercise

das **Ufer (-)** bank; shore

die **Uhr (-en)** clock, watch; o'clock;
rund um die Uhr around the
clock

um (*acc.*) about, around, for, by
(so much), at; **je mehr . . . um
so mehr** the more . . . the
more; **um des Friedens
willen** for the sake of peace;
um Mitternacht at midnight;
um so bewunderungswürdiger
all the more admirable;
um . . . zu in order to

umbetauscht exchanged,
converted

um · bringen* to kill

umfangreich extensive,
comprehensive

um · fassen to include, comprise

die **Umfrage (-n)** poll

der **Umgang** contact

umgeben* to surround; **umgeben
von** surrounded by

die **Umgebung** neighborhood, vicinity; outskirts
umgekehrt vice versa
umhin · können* (*w.* **nicht**) cannot help but
um · kommen* (sein) to die
umrahmen to frame, surround
um · schlagen* (sein) (in) (*acc.*) to turn (into)
die **Umsiedlung (-en)** resettlement
um · taufen (auf) (*acc.*) to rechristen, rename (with the name)
um · tauschen (in) (*acc.*) to convert (to)
um · wandeln (in) (*acc.*) to turn, transform (into)
die **Umwelt** surroundings, environment
um · ziehen* (sein) (in) (*acc.*) to move (to)
der **Umzug (ːe)** procession, parade
unabhängig (von) independent (of)
die **Unabhängigkeit** independence, autonomy
unablässig incessantly
unbändig unbridled, uncontrollable
unbedeutend insignificant
unbedingt without fail
unbegreiflich incomprehensible, incredible
unbegrenzt unbounded, unlimited
unbekannt unknown, unheard of, unfamiliar
der **Unbekannte** (*declined adj.*) unknown (or obscure) person
unbestimmt uncertain
undurchdringlich impenetrable
unermeßlich immeasurable, immense
ungarisch Hungarian
(das) **Ungarn** Hungary
ungeduldig impatiently
ungefähr about, roughly
ungenügend insufficiently
ungerecht unjust
ungerechterweise unjustly
ungestört undisturbed
unglücklich unhappy
unheimlich eerie, unearthly
der **Universitätsdienst** university employ(ment)

die **Unkosten** (*pl.*) expense(s), costs
die **Unmasse (-n)** enormous quantity
unmittelbar direct
unmöglich impossible
die **Unsicherheit** uncertainty; precariousness
unsnobistisch not stuck up
unter (*dat.* or *acc.*) under, beneath; among, amidst; **unter den Deutschen** among the Germans; **unter dem Jubel** amidst the rejoicing
unterbrechen* to interrupt; to suspend
unterbringen* to house
die **Unterdrückung** suppression, oppression
untereinander among themselves, mutually
der **Untergang (ːe)** fall, decline
unter · gehen* (sein) to go under, perish
unterhalten* to support, maintain; to entertain
unterhaltsam entertaining
die **Unterhaltung** maintenance; entertainment
unterirdisch underground
der **Unterlaß: ohne Unterlaß** without pause, unceasingly
unternehmen* to undertake
unternehmerisch entrepreneurial, enterprising; **unternehmerische Fähigkeiten haben** to possess the qualities of an enterprising businessman
der **Unterricht (-en)** instruction; school, classes
das **Unterrichtsfach (ːer)** subject (of instruction), discipline
unterscheiden* to distinguish, make a distinction between
sich **unterscheiden* (von)** to differ (from)
der **Unterschied (-e)** difference; **gesellschaftliche Unterschiede** social distinctions
unterschiedlich different; varied, variable; **recht unterschiedlich sein** to vary greatly
unterstehen* (*dat.*) to be subordinate to, to be responsible (answerable) to

unterstellen (*dat.*) to put under the command of, to make subordinate to

unterstützen to support, assist

die **Unterstützung (-en)** aid, support, allowance

die **Untersuchung (-en)** investigation, study

unterzeichnen to sign

die **Unterzeichnung (-en)** signing

unterziehen* (*dat.*) to submit, subject to

ununterbrochen (*adj.*) uninterrupted; (*adv.*) continuously; **in fast ununterbrochener Folge** in almost uninterrupted succession

unvergeßlich unforgettable

unvernünftig unreasonable, nonsensical, foolish

unzählig countless, innumerable

die **Unzufriedenheit** dissatisfaction

unzureichend insufficient

unzuverlässig unreliable

der **Urbeginn** very beginning

urig (*colloq. for* **urwüchsig**) native; earthy, rugged

der **Urkanton (-e)** original (or founding) canton

die **Urkunde (-n)** certificate

der **Urlaub (-e)** vacation; **auf Urlaub gehen** to go (away) on vacation; **im Urlaub** on vacation

der **Ursprung (-̈e)** origin, beginning

ursprünglich (*adj.*) original; (*adv.*) originally

das **Urteil (-e)** judgment; opinion, view

urteilen (über) (*acc.*) to pass judgment (on)

V

vaterlandsbewußt patriotic

der **Velours** velours

(das) **Venedig** Venice

verabschieden to bid farewell, disband; to pass, adopt (a bill, etc.)

sich **verändern** to change

die **Veränderung (-en)** change

verankern to anchor; **verankert (in)** (*dat.*) rooted in

veranlassen* to instigate, initiate

veranschaulichen to make clear, illustrate

veranstalten to organize, hold

sich **verantworten (vor)** (*dat.*) to answer for, account for oneself (before)

verantwortlich (für) responsible (for)

die **Verantwortung** responsibility

der **Verband (-̈e)** association

verbergen* to conceal, hide; **indem sie sie bei sich verbargen** by hiding them in their own homes

sich **verbessern** to improve

die **Verbesserung (-en)** improvement

verbieten* to forbid, prohibit; to outlaw

verbinden* (mit) to unite, connect (with, to); to associate (with); **ebenfalls mit Wien verbunden** likewise associated with Vienna

die **Verbindung (-en)** connection, joining; coupling

verbrauchen to spend, expend; to use, consume

der **Verbraucher (-)** consumer

verbreiten to spread; **sich verbreiten** to spread (out over); **weit verbreitet** widespread, very common

verbringen* to spend

die **Verbundenheit** bond, ties

sich **verbünden (mit)** to ally oneself (with), enter into an alliance (with)

verbüßen to atone for; **eine Strafe verbüßen** to serve out one's sentence, do one's time

verdanken to owe, be indebted to

das **Verderben (-)** ruin; **ins Verderben stürzen** to bring to ruin

verdienen to earn; to deserve

der **Verdienst (-e)** earnings, wage(s)

verdient deserved; **sich um etwas verdient machen** to serve something well, be of great service to something

verdrängen to suppress; to drive out

sich **verdreifachen** to triple

der **Verein (-e)** club, association

die **Vereinigung (-en)** union

das **Vereinsleben (-)** membership in a club, affiliation with a club

die **Vereinssammlung (-en)** club meeting

vereint united
verfahren* to lead astray
der Verfall deterioration, decay
verfärbt discolored
die Verfassung (-en) constitution; system of government
verfeindet hostile
verfolgen to follow; to persecute
der Verfolgte (declined adj.) victim of persecution
die Verfolgung (-en) persecution
die Verfügung disposal; zur Verfügung stehen to stand at (one's) disposal, to be available to
die Vergangenheit past
die Vergänglichkeit transitoriness, mortality
vergessen* to forget
verglast glassed-in
der Vergleich (-e) comparison; im Vergleich zu compared to, in comparison with
vergleichen* to compare
sich vergnügen to enjoy oneself, amuse oneself
die Vergnügung (-en) pleasure, entertainment, recreation
vergrößern to increase; sich vergrößern to grow larger, intensify
verhaften to arrest, take into custody
das Verhalten (-) behavior
sich verhalten* to behave, conduct oneself
das Verhältnis (-se) relation(ship); im Verhältnis zu compared with
verhältnismäßig relatively
die Verhaltung restraint, repression
verheiratet married
verhelfen* to help; jemandem zu etwas verhelfen to help someone achieve something; ihnen zur Flucht verhelfen to help them escape
verherrlichen to glorify, celebrate
die Verherrlichung glorification
verhindern to prevent
verhöhnen to deride, ridicule
verkaufen to sell
der Verkehr traffic; transportation; contact
der Verkehrsknotenpunkt (-e) traffic junction

das Verkehrsmittel (-) means of transportation, vehicle
der Verkehrsplatz (-̈e) center of commerce
das Verkehrszeichen (-) (traffic) marker
verkleidet dressed up, disguised
verkleinern to make smaller, form the diminutive
die Verknüpfung (-en) connection
verkörpern to embody; to personify; to represent
verkünden to proclaim
die Verkündigung (-en) proclamation
verkürzen to shorten
der Verlag (-e) publishing house
verlangen to demand; call for, require; nach etwas verlangen to long for something
das Verlangen (-) desire
verlassen* to leave, quit
der Verlauf course
verlaufen* (sein) to run
verlegen (auf) (acc.) to transfer (to), shift (to)
verleihen* to lend, confer
verletzen to injure
verlieren* to lose; an Prestige verliern to lose prestige
der Verlust (-e) loss
vermeiden* to avoid
vermissen to miss
sich vermischen to mix, blend
vermitteln to impart
die Vermittlerrolle (-n) role of mediator, intermediary role
vermutlich presumably, probably
verneinen to respond in the negative, say no
vernichten to eradicate, exterminate
die Vernichtung annihilation, destruction
das Vernichtungslager (-) extermination camp
verpestet contaminated, polluted
verpflichten to obligate
die Verpflichtung (-en) obligation, commitment
verraten* to betray
verräterisch treasonous
verreisen (sein) to go away, go on a trip

versagen to fail, break down; **den Dienst versagen** to fail to function

versammeln to bring together; **sich versammeln** to gather

die **Versammlung (-en)** meeting, assembly

sich **verschärfen** to become more pronounced

verschieden different, various

verschiedenartig diverse, varied

die **Verschiedenartigkeit** diversity

sich **verschlechtern** to worsen

verschleppen to deport

verschlingen* to engulf, swallow up

die **Verschmutzung** pollution

verschollen missing

verschont (von) spared (from)

verschreiben* to prescribe

sich **verschwören (gegen)** to conspire (against)

der **Verschwörer (-)** conspirator

versinnbildlichen to represent, symbolize

die **Versinnbildlichung** (symbolic) representation

versorgen to provide (for), supply

die **Versorgung** supplying, maintenance

versprechen* to promise

verstaatlichen to transfer to state ownership, to nationalize

sich **verständigen (mit)** to communicate (with)

verstecken to hide

verstehen to understand; to know how to; **etwas von Weinen verstehen** to know something about wine; **Was verstehen Sie unter dem Ausdruck . . .?** What does the expression . . . mean to you?

der **Verstorbene** (declined adj.) (the) deceased

der **Versuch (-e)** attempt

versuchen to try, attempt; **sein Glück versuchen** to try one's luck

verteidigen defend

verteilen (über) (acc.) to spread out (over), distribute; **beim Verteilen von Flugblättern** while distributing fliers; **sich verteilen (auf)** (acc.) to be distributed, spread out (among)

die **Verteilung** distribution

der **Vertrag (¨-e)** treaty

das **Vertrauen** confidence, trust

vertreiben* to drive away, expel; **sich die Zeit vertreiben** to while away the time

vertreten* to represent

der **Vertreter (-)** representative

der **Vertriebene** (declined adj.) refugee, displaced person

verüben to commit

verursachen to cause

verurteilen (zu) to condemn, sentence (to)

verwalten to administer, manage

die **Verwaltung** administration; supervision

sich **verwandeln (sein) (in)** (acc.) to turn, be transformed (into)

die **Verwandschaft** relatives

der **Verwandte** (declined adj.) relative

verweigern to refuse, deny; **den Wehrdienst verweigern** to refuse (to do) military service

verweisen* (auf) (acc.) to refer (to); **jemanden auf etwas verweisen** to refer someone to something

verwenden to use, make use of; **zum Ziehen verwenden** to use for pulling (a load)

die **Verwirrung (-en)** confusion; **Verwirrung stiften** to create confusion

verzeichnen to record, register; to quote

die **Verzerrung (-en)** distortion

verzweifeln to despair; **Es ist zum Verzweifeln!** It's enough to drive one to despair!

das **Vieh** cattle, livestock

die **Viehwirtschaft** cattle industry

die **Viehzucht** cattle breeding

viel much, a lot (of); **viele** (pl.) many; **Vieles hat sich verändert.** A lot has changed.

vielfältig multi-faceted

vielleicht perhaps

die **Vielzahl** multitude, great number

die **Viersprachigkeit** quadrilingualism

das **Viertel (-)** fourth; district, quarter

viertletzt fourth to the last

der **Vierwaldstätter See** Lake of
Lucerne

der **Vogel (-̈)** bird

das **Volk (-̈er)** people, nation
völkerrechtlich under
international law

die **Völkerwanderung (-en)** mass
migration; historical migration

die **Volksarmee (DDR)** People's Army

der **Volksbrauch (-̈e)** popular (or
national) custom

das **Volksfest (-e)** public festival, fair;
auf vielen Volksfesten at
many festivals

die **Volkshochschule (-n)** adult
education classes

der **Volkssport (-e)** popular sport

der **Volksstamm (-̈e)** tribe, race
volkstümlich national; popular
voll (adj.) complete, full; (adv.)
fully
vollenden to complete
völlig totally
volljährig of (legal) age
vollständig (adj.) complete; (adv.)
completely

die **Vollzeitschule (-n)** full-time school
vollziehen* to carry out, execute;
sich vollziehen to take place,
come about
von (dat.) from, out of; of; by;
about; **das Feinste vom
Feinen** the finest of the fine;
drei von vier Arbeitnehmern
three out of four employees;
**rein vom Architektonischen
her** speaking purely from an
architectural standpoint; **von
hier aus** from this point; **von
jeher** from time immemorial;
von nun an from now on, from
that point on; **von
unermeßlichem Wert** of
inestimable value; **von weitem**
from afar; **von wo aus** from
where, from which place
voneinander from one another,
from each other
vonstatten: vonstatten gehen to
proceed
vor (dat. or acc.) in front of;
before; ago; **bis vor kurzem**
until just recently; **nach wie vor**
still; **vor allem** above all; **vor
fast einem Jahr** almost a year ago

voran · gehen* (sein) to progress,
proceed

die **Voraussetzung (-en)**
(pre-)condition, presupposition
vorbei past, over
vorbei · fahren* (sein) (an) (dat.)
to pass (by), ride past
vorbei · fliegen* (sein) to fly past
(or by)
vor · bereiten (auf) (acc.) to
prepare (for)

das **Vorbild (-er)** model; example;
prototype
vorbildlich exemplary

die **Vorbildung** preparation,
preparatory training

das **Vordach (-̈er)** canopy

die **Vorderseite (-n)** front, facade
vorerst first of all; for the time
being

die **Vorführung (-en)** performance,
production

der **Vorgänger (-)** predecessor

das **Vorgehen (-)** action; procedure
vorgesehen (p.p. of **vorsehen**)
designated, provided for
vorhanden available, existing
vorher before, previously

die **Vorkenntnis (-se)** prior
knowledge; basic knowledge;
previous experience
vor · kommen* (sein) to happen,
occur

das **Vorkriegsdeutschland** pre-war
Germany
vor · lassen* to let (someone) go
first
vorläufig for the time being
vor · legen to put before,
present
vor · lesen* to read aloud

die **Vorlesung (-en)** lecture

die **Vorliebe** preference

der **Vormittag (-e)** morning, forenoon
vorn(e) at the beginning; **noch
einmal von vorne** once again
from the beginning, all over
again
vornehm of high rank, aristocratic;
die vornehme Gesellschaft
high society

der **Vorort (-e)** suburb

der **Vorrat (-̈e) (an)** (dat.) supply,
stock (of)
vor · sehen* to provide for

	vor · setzen to place before, serve; **etwas vorgesetzt bekommen** to have something placed in front of one		die	**Wahl (-en)** choice; election
	vorsichtshalber as a precaution			**wahlberechtigt** eligible to vote
				wählen to choose; to elect
der	**Vorsitzende** (*declined adj.*) president, chairman		der	**Wähler (-)** voter
			die	**Wählerstimme (-n)** vote
die	**Vorstadt (¨e)** suburb(s)		der	**Wahlkampf (¨e)** election campaign
	vor · stellen to place before, put forward, present; **sich vorstellen** to imagine		das	**Wahlversprechen (-)** campaign promise
			der	**Wahn** illusion; **ein leerer Wahn** a delusion, vain hope
	vor · täuschen to feign, pretend			
der	**Vorteil (-e)** advantage		der	**Wahnsinn** madness
	vor · tragen* to perform			**wahr** true, real
	vorüber over			**während** (*prep.*) during, in the course of; (*conj.*) whereas, while
	vorüber · gehen* (sein) (an) (*dat.*) to pass over (or by)			
				wahrscheinlich (*adj.*) probable; (*adv.*) probably, in all likelihood
	vorübergehend temporarily			
das	**Vorurteil (-e)** prejudice; preconception		die	**Währungsreform (-en)** currency (or monetary) reform
der	**Vorwand (¨e)** excuse, pretext; **unter dem Vorwand** on the pretext, with the plea		das	**Wahrzeichen (-)** symbol; distinctive landmark
			der	**Wald (¨er)** forest, woods
	vorwärts · kommen* (sein) to advance, make headway, improve one's position		das	**Waldgebirge (-)** (*pl.*) wooded mountains
			die	**Waldlichtung (-en)** forest clearing
die	**Vorweihnachtszeit** the (pre-) Christmas season			**wälzen** to rotate
			der	**Walzer (-)** waltz
	vor · ziehen* (*dat.*) to prefer something (to)		die	**Wand (¨e)** wall
			der	**Wandel (-)** change
			der	**Wanderer (-)** traveler, hiker
	W		die	**Wandergans (¨e)** migratory goose
			die	**Wanderkarte (-n)** trail map
die	**Wache (-n)** guard, watch; **Wache halten** to keep watch			**wandern** to go hiking
			die	**Wanderung (-en)** hike, walk
	wachen to keep watch		der	**Wanderurlaub (-e)** hiking trip
die	**Wachleute** (*pl.* of **der Wachmann**) watchmen		der	**Wanderweg (-e)** hiking trail
			die	**Wandlung (-en)** change
der	**Wacholder (-)** juniper berry; **Wacholder Schnaps** gin			**wann** (*interr.*) when, (at) what time; **seit wann** since when (for) how long
der	**Wacholderbusch (¨e)** juniper tree			
	wachsen* (sein) to grow			**warm** warm; **warm essen** to have a hot meal
der	**Wachturm (¨e)** watchtower			
	wadenlang calf-length		die	**Wärme** warmth
die	**Waffe (-n)** weapon			**warten (auf)** (*acc.*) to wait (for)
der	**Waffenstillstand (¨e)** armistice, truce		die	**Wartezeit (-en)** waiting period
				waschen* to wash
	wagen to dare; **sich auf die Straßen wagen** to venture into the streets		der	**Wasserarm (-e)** inlet, branch of a river
			die	**Wasserburg (-en)** castle with a moat
	waghalsig daring, daredevil; **für die Waghalsigeren** for those (who are) more daring			
			der	**Wassersport (-e)** water sport(s)
			der	**Wasserweg (-e)** waterway
			das	**Wattenmeer (-e)** mud-flats
			der	**Wechselkurs** exchange rate
				wechseln to change

wechselnd changing, alternating, rotating

die **Wecke (-n)** (*dial.*) (bread)roll

weder: weder . . . noch neither . . . nor

der **Weg (-e)** way, path; route, access; **auf dem Wege nach** on the way to; **auf dem Wege** along the way

weg away

wegen (*gen.*) because of, on account of; **gerade wegen** (*gen.*) precisely because (of)

weg · fahren* (**sein**) to drive away, set off

das **Weh (-e)** pain, affliction; lamentation

der **Wehrdienst** military service; **Wehrdienst ableisten** to do military service

die **Wehrmacht (⸚e)** (*mil. hist.*) armed forces

die **Wehrpflicht** compulsory military service; conscription

wehen to blow (in the breeze)

weich soft

weichen* (*dat.*) to yield (to), give way (to)

die **Weide (-n)** pasture; **eine fette Weide** a lush pasture

weiden to graze

das **Weidenkätzchen (-)** pussy willow

sich **weigern** to refuse

die **Weihnachten** Christmas

weihnachtlich relating to Christmas; **etwas weihnachtlich schmücken** to decorate something for Christmas

der **Weihnachtsbaum (⸚e)** Christmas tree

das **Weihnachtsbrot (-e)** Christmas loaf

die **Weihnachtsgans (⸚e)** Christmas goose

das **Weihnachtsgebäck** Christmas cookies and baked goods

die **Weihnachtslichter** (*pl.*) Christmas lights

das **Weihnachtslied (-er)** Christmas carol

der **Weihnachtsmarkt (⸚e)** Christmas fair

das **Weihnachtsplätzchen (-)** Christmas cookie

weil (*conj.*) because, since

der **Wein (-e)** wine

der **Weinbau** wine-growing, viticulture

der **Weinberg (-e)** vineyard

die **Weinernte (-n)** grape harvest, vintage

der **Weinfaß (⸚er)** wine cask

der **Weingarten (⸚)** vineyard

das **Weingut (⸚er)** grape-growing estate

die **Weinlese (-n)** grape harvest, vintage

das **Weinlokal (-e)** wine pub

die **Weinprobe (-n)** wine tasting

die **Weinschenke (-n)** wine tavern

die **Weise (-n)** way, manner; **auf diese Weise** in this way; **auf welche Weise** by what means, in what manner

weiß white; **schwarz-weiß** black and white

das **Weißbier** light or pale ale, beer

weißlich whitish

die **Weißwurst (⸚e)** whitish veal sausage

weit far; widely; **so weit auseinander** so far apart; **von weit über** of well over; **von weitem sichtbar** visible from afar

weitaus by far, much

weiter further; **und so weiter** et cetera

sich **weiter · bilden** to broaden one's education

weiter · führen to carry on; **eine weiterführende Schule** school which takes students beyond level of education required by law

weiter · gehen* (**sein**) to continue

weiterhin in the future, **er verfolgte weiterhin** he continued to pursue

weiter · kämpfen to continue to fight, fight on

weiter · leben to survive, live on

weiter · leiten to continue to conduct

weiter · reichen to pass on (or along)

weiter · studieren to continue one's studies

weitgehend (*adj.*) extensive; (*adv.*) to a large extent, largely

weitverbreitet widespread, common, prevalent

das **Weizenmehl** wheat flour

welch (*interr. adj.*) which, what; (*interr. pron.*) which one; (*rel. pron.*) who, which, that

die **Welle (-n)** wave; trend

weltanschaulich ideological

die **Weltmeisterschaft** world championship

die **Weltoffenheit** cosmopolitan nature

der **Weltraum** (outer) space

die **Weltstadt (-̈e)** metropolis

der **Wendepunkt (-e)** turning point

wenig (*adj., adv., usually indecl. in sing.*) little, not much; (*pl.*) a few, few; **immer weniger** less and less

wenigst (*superl. adj.*) least; **die wenigsten** only very few

wenigstens at least

wenn (*conj.*) when, whenever; as long as; as soon as; if, provided that; **auch wenn** even if; **als wenn** as if; **selbst wenn** even when, even if; **wenn ... auch** even though; **wenn immer möglich** whenever possible; **wenn ... nur** if only

die **Werbung (-en)** advertisement, (sales) promotion

werden to become; to grow; shall, will

werfen* (nach) to throw (at)

das **Werk (-e)** work; undertaking

werktätig working

der **Werktätige** (*declined adj.*) working person

der **Werkzeugschrank(-̈e)** tool cabinet

der **Wermut** vermouth

wert worth; worthy; **etwas** (*gen.*) **wert sein** to be worth something

der **Wert (-e)** value, worth

die **Wertsteigerung** appreciation, valuable, precious

wertvoll increase in value

das **Wesen (-)** essence; being

wesentlich (*adj.*) essential, important; (*adv.*) considerably, substantially

wessen (*interr. pron., gen of* **wer**) whose

der **Westen** west

das **Westfalen** Westphalia

westfälisch Westphalian

der **Wettbewerb (-e)** competition, contest

der **Wettkampf (-̈e)** competition, contest; **bei dem Wettkampf** at the competition

wichtig important; influential; **jemandem wichtig sein** to be important to someone

wider against

widerrufen* to retract, recant

der **Widerstand** resistance

wie (*adv.*) how; (*conj.*) as, such as, like; **in dem Maße wie** to the extent that; **so ... wie** as ... as; **So wie wir.** Just like us.; **wie durch ein Wunder** as if by a miracle; **wie ..., so** as ..., so

wieder again; **immer wieder** again and again

der **Wiederaufbau** reconstruction

wieder · erkennen* to recognize

wieder · geben* to quote; to describe

wiederholen to repeat

wiederum again; on the other hand; in turn

Wien Vienna

die **Wiese (-n)** meadow, field

wieso (*interr. adv.*) why

wieviel how much; (*pl.*) how many

wild fierce, frenzied

der **Wille** (*dat. and acc. sing.* **-n**, *gen. sing.* **-ns**, *pl.* **-n**) determination; intention, wish, inclination

willen (*gen.*): **um ... willen** for the sake of

willig agreeable

willkommen (in) (*dat.*) welcome (to)

die **Windmühle (-n)** windmill

das **Winzerfest (-e)** vintage festival

der **Wirbel (-)** whirlpool, eddy

wirken to be active; to have an effect; **abschreckend wirken** to have an intimidating effect

wirklich really

die **Wirklichkeit** reality

die **Wirkung (-en)** effect

die **Wirtschaft (-en)** economy

wirtschaftlich (*adj.*) economic; (*adv.*) economically

die **Wirtschaftskunde** economics

das	**Wirtshaus (⁻er)** inn, tavern		die	**Wohnung (-en)** apartment

das   **Wirtshaus (⁻er)** inn, tavern
wissen* to know

das   **Wissen (-)** knowledge

die   **Wissenschaft (-en)** science; knowledge

der   **Wissenschaftler (-)** scientist
wissenschaftlich scientific

der   **Witwer (-)** widower

der   **Witz (-e)** joke

wo (*interr. adv.*) where; (*rel.*) where, in which; (*conj.*) when; **von wo aus** from which place
wobei whereby

die   **Woche (-n)** week; **die Fünf-Tage-Woche** five-day workweek; **pro Woche, in der Woche** per week, a week

das   **Wochenblatt** weekly (paper, magazine)

das   **Wochenende (-)** weekend

der   **Wochenmarkt (⁻e)** weekly (outdoor) market; **auf dem Wochenmarkt** at the weekly market

der   **Wochentag (-e)** weekday
wöchentlich weekly

wodurch (*interr. adv.*) by what means, how; on what account; (*rel. adv.*) through which

woher from where

wohin where, to what place

wohl well; probably

der   **Wohlfahrtsverband (⁻e)** charitable organization

wohlhabend wealthy, well-to-do; **wohlhabend sein** to be well off

der   **Wohlstand** prosperity

die   **Wohnanlage** housing development

der   **Wohnbau (-ten)** residential building

der   **Wohnblock (⁻e)** block of apartment buildings; apartment house

wohnen to live

wohnfeindlich not suitable to live in

die   **Wohngemeinschaft (-en)** communal household

das   **Wohnhaus (⁻er)** residential building, apartment house

das   **Wohnheim (-e)** domitory

die   **Wohnsiedlung (-en)** housing development

die   **Wohnstube (-n)** living room

die   **Wohnung (-en)** apartment

die   **Wohnungsnot** housing shortage

der   **Wohnwagen (-)** mobile home, camper

die   **Wohnwelt** living environment

das   **Wohnzimmer (-)** living room

wollen* to want, to intend to

womit (*interr. adv.*) with what; (*rel. adv.*) by which, whereby

wonach (*interr. adv.*) for what; (*rel. adv.*) according to which

woran (*interr. adv.*) about what; by what, how

woraus (*interr. adv.*) from what

das   **Wort (-e and ⁻er)** word

der   **Wortschatz** vocabulary

worüber (*interr. adv.*) about what

das   **Wunder (-)** wonder, miracle
wunderbar (*adj.*) wonderful; (*adv.*) wondrously

wundersam wondrous

wunderschön (*adj.*) lovely; (*adv.*) exquisitely; very beautifully

der   **Wunsch (⁻e) (nach)** desire (for); **nach Wunsch** as desired

wünschen to wish

das   **Würstchen (-)** small sausage
würzig spicy
wütend furious

Z

zaghaft timid, timorous

der   **Zaghafte** (*declined adj.*) timid person

die   **Zahl (-en)** number
zahlen to pay
zählen to count; **zählen zu** to be counted (among), belong (to, with)

zahlreich numerous

der   **Zahn (⁻e)** tooth

das   **Zahnweh** toothache

der   **Zar (en-*masc.*)** tsar

der   **Zauber** spell; magic

das   **Zehntel (-)** tenth

das   **Zeichen (-)** sign, indication

der   **Zeichner (-)** designer, artist

zeigen to show; **sich zeigen** to become evident

die   **Zeit (-en)** time; **zur Zeit** at present

das   **Zeitalter (-)** age

der   **Zeitgenosse** (*declined adj.*) contemporary

zeitgenössisch contemporary

der Zeitpunkt (-e) moment, time

die Zeitschrift (-en) magazine

die Zeitspanne (-n) span of time

zeitweilig temporary; occasional

das Zelt (-e) tent

die Zensur (-en) (sing.) censorship; grade, mark

das Zentrum (-tren) center

zergrübeln; das Hirn zergrübeln to worry one's head about

zerschellen (sein) to be dashed to pieces, be shipwrecked

zerstören to destroy

die Zerstörung (-en) destruction, devastation

der Zeuge (en-masc.) witness

das Zeughaus (¨er) arsenal

das Zeugnis (-se) grade; Zeugnis ablegen to bear witness

ziehen* to draw, attract, pull; to move; to march, parade

das Ziel (-e) goal; destination

ziemlich rather

die Zinne (-n) pinnacle

der Zisterzienser (-) Cistercian

das Zitat (-e) quote, quoted passage

die Zivilbevölkerung civilian population

der Zoll (¨e) toll, duty

der Zollturm (¨e) toll-tower

zu (prep. w. dat.) at; for; to; (adv.) too; zu beiden Seiten on both sides; zu diesem Thema on this subject; zu etwas billigeren Preisen at somewhat lower prices; zu gleichen Teilen in equal proportions; zu Mittag at noon-time; zum Schutz des Volkes for the protection of the people; zu Tode erschrocken scared to death; zur Zeit at present; zur Zeit des Kriegsausbruches at the outbreak of the war

zuallererst first of all

zu · bereiten to prepare

die Zubereitung (-en) preparation

zubetoniert concrete-covered

zu · bringen* to spend

züchten to grow, raise

zuerst first

zufällig chance, incidental

die Zuflucht (-en) refuge

zufrieden satisfied, content

die Zufriedenheit contentment, satisfaction

der Zug (¨e) train

der Zugang (¨e) (zu) access, entry (to)

zugänglich accessible

zugehörig (dat.) belonging (to)

zugereist newly arrived

zugeritten broken in

zugleich at the same time

zugrunde · gehen* (sein) to go to ruin

das Zuhause home

die Zukunft future

zukünftig future; in the future

zu · lassen* (zu) to admit (to); grant entry (to)

die Zulassungsbeschränkung (-en) restricted admission

zuletzt finally

zu · mauern to wall up

zumindest at least

zumute sein: wie es ihnen zumute gewesen sein muß (to feel) how they must have felt

zunächst to begin with; at first; for the time being

zu · nehmen* to increase, accelerate

zunehmend increasing; increasingly

der Zunftsbrauch (¨e) guild custom

zurück · blicken (auf) (acc.) to look back (on)

zurück · fahren* (sein) to travel back

zurück · gehen* (sein) (in, auf) (acc.) to go back to, hark back to

zurück · gewinnen* to win back, regain

zurück · kehren (sein) to return

zurück · kommen* (sein) (auf) (acc.) to return (to), get back (to)

zurück · nehmen* to take back

sich zurück · versetzen (in) (acc.) to go back (in one's imagination) to, put oneself back in

zu · rufen* (dat.) to call out to

zusammen · brechen* (sein) to collapse, go to pieces

der Zusammenbruch (¨e) collapse, breakdown

zusammen · fallen* (mit) to coincide (with)

zusammen · fassen to unite, join together

zusammen · halten* to hold together, to consist

der **Zusammenhang (ːe)** connection

das **Zusammenleben (-)** living together

sich **zusammen · schließen* (zu)** to unite, join together; form an alliance

der **Zusammenschluß (ːsse)** union, consolidation

sich **zusammen · setzen (aus)** to be composed, consist (of)

zusammen · sitzen* to sit together

zusammen · stellen to put together, form

der **Zusammenstoß (ːsse)** conflict, clash

zusammen · treffen* (sein) (mit) to meet (one another)

zusammen · zählen to count up, total

zusätzlich zu in addition to

zu · schauen (*dat.*) to look at, watch

der **Zuschauer (-)** spectator

zu · schreiben* (*dat.*) to attribute to

der **Zuschuß (ːsse)** subsidy

zusehends visibly, noticeably

zu · sprechen* (*dat.*) to award, grant to

der **Zustand (ːe)** condition, state of affairs

zustande · kommen* (sein) to come to pass

zu · treffen* (für) to apply (to), be valid (for)

zuviel too much

zuvor before, previously

der **Zuwachs** increase, growth

zuweilen at times, now and then

zuwider · handeln (*dat.*) to act contrary to

zwanglos uninhibited, informal

zwanzigstöckige having twenty floors

zwar to be sure, of course

der **Zweck (-e)** purpose

der **Zweifel (-)** doubt

zweifelhaft doubtful

der **Zweig (-e)** twig

zweiteilig two-part, bipartite

zweitgrößt second largest

zweitkleinst second smallest

zweitstärkst second strongest

die **Zwiebel (-n)** onion

die **Zwiebelsuppe** onion soup

zwingen* (zu) to force (to)

die **Zwischenprüfung (-en)** intermediate examination

die **Zwischenzeit** intervening time

die **Zwölftonmusik** twelve-tone music

der **Zylinder (-)** chimney; top-hat